中國傳統　經典與解釋

入其國，其教可知也……其爲人也：溫柔敦厚而不愚，則深於《詩》者也；疏通知遠而不誣，則深於《書》者也；廣博易良而不奢，則深於《樂》者也；絜靜精微而不賊，則深於《易》者也；恭儉莊敬而不煩，則深於《禮》者也；屬辭比事而不亂，則深於《春秋》者也。

——《禮記·經解》

中國傳統 經典與解釋
Classici et Commentarii

典籍校釋

劉小楓　周春健 ● 主編

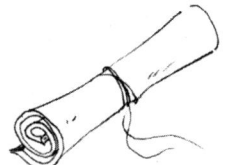

修訂版

論語輯釋

陳大齊 ◎ 著
周春健 ◎ 校訂

華夏出版社
HUAXIA PUBLISHING HOUSE

古典教育基金·"資龍"資助項目

"典籍校釋"出版説明

　　晚清以降,西學入華,華夏道術分崩離析,我國學術和文教制度經歷了史無前例的大變局——晚近十餘年"奮不顧身"的現代化使得華夏學術和大學教育的本來面目更爲模糊不清。整頓大學文科、重新鋪展學術的基本格局,已然成爲深化改革開放的重大學術課題乃至新時代的艱巨使命——昇平之世必有文治。

　　文治之始,必基於整理舊故,賡續傳統。華夏文明亘古綿長,經典富贍,如今尤其需要我們加以整理,承前啓後——"典籍校釋"系列志在承接清代學人的學術統緒,進一步推進數百年來學人整理故籍的學術大業,在現代之後的學術語境中重新收拾我們自家的傳統經典。中國古代學術以繹讀經典爲核心和傳統,歷代碩儒"囊括大典,網羅衆家,删裁繁誣,刊改漏失"的學術抱負和"皓首窮經"的敬業精神,在今天需要我們從自身的語境出發重新發揚光大。

　　百年來,我國學界整理故籍成就斐然,但尚待整理的故籍不在少數,仍需數代學人爲此付出辛勞。本系列着意在兩個方面推進我國的故籍整理:1.點校、注釋的範圍向次級經典擴展;2.以普及古典學術的整理方式整理故籍:繁體橫排,施加現代標點,生僻古字附注拼音,針對難解語詞、人物職官、典章制度、重要事件等下簡明注釋。如今的古籍整理，大多僅點校爲止，如此習慣做法使古書仍然是"古書"，我們的企望是，通過校注使得故書重新成爲當今向學青年的活水資源。

古典文明研究工作坊
中國典籍編注部甲組
2005 年 10 月

校訂說明

陳大齊先生(1886—1983),字百年,原籍浙江海鹽。六歲入私塾,十七歲留學東瀛,畢業於東京大學哲學門。辛亥年學成歸國,初任於北平政法專門學校,後任北京大學哲學門教授,又赴德國柏林大學研修,回國後歷任北大哲學系系主任、北大教務長、考試院秘書長、代理校長。著述二十餘部。

《論語輯釋》系陳大齊先生遺稿,由其友人整理刊行於世。此次重刊,以台北商務印書館1990年的刊本爲底本。格式上,由繁體豎排改爲繁體橫排。作爲原稿主體的輯釋文字部分,未曾施加引號和書名號,在很大程度上影響著讀者對於文義的準確理解。此次校訂,全面添加了現代引號和書名號。除此,還對原稿中明顯的文字錯訛及句讀失當之處,悉數作了訂正。

中山大學古典學中心
中國典籍整理小組
2009年元月

修訂說明

　　此次修訂，又與底本通校一過，糾正了文字、標點及句讀上的一些失誤。目録及正文中標注引書之起止頁碼，原稿皆爲漢字，爲醒目起見，悉改爲阿拉伯數字。

　　修訂既畢，研究生仝廣秀又通讀全稿，改正了一些遺漏的問題，在此謹致謝忱。

　　校書如歸落葉，加之本人水平所限，書稿中定然還存在各樣問題，敬祈方家不吝郢正，在下不勝感激之至！

周春健　敬識

2015 年 9 月

目　　錄

序 ………………………………………… 1
凡例 ……………………………………… 3
引用書目 ………………………………… 5

學而第一 ………………………………… 1
爲政第二 ………………………………… 17
八佾第三 ………………………………… 37
里仁第四 ………………………………… 58
公冶長第五 ……………………………… 69
雍也第六 ………………………………… 83
述而第七 ………………………………… 95
泰伯第八 ………………………………… 113
子罕第九 ………………………………… 123
鄉黨第十 ………………………………… 135
先進第十一 ……………………………… 140
顏淵第十二 ……………………………… 161
子路第十三 ……………………………… 174

憲問第十四	187
衛靈公第十五	206
季氏第十六	220
陽貨第十七	232
微子第十八	247
子張第十九	256
堯曰第二十	263
劉逢祿《論語述何序》	269

序

　　台北政治大學首任校長陳大齊先生，字百年，平生於辦學、從政、講學之餘，不斷從事研究著述，成書二十餘部，論文百餘篇，靡不究極原委，剖析折衷。另有尚未發表之手稿，亦字字珠璣，彌足珍貴。去歲，"陳百年先生學術基金會"著手整理先生遺著，出版《陳百年先生文集》第一輯，裒集先生闡述孔、孟、荀思想之論文三十三篇，凡三十餘萬言，都爲一冊。刊行以來，學者深佩其獨窺堂奧，能發前人之所不能言，誠有功於儒學之弘揚。

　　今春，喬衍琯教授又從先生遺稿中，整理出手鈔《論語輯釋》二十餘萬言。此係摘錄《皇清經解》內涉及《論語》之句讀、校勘、訓詁、文法、考證等文字，間亦輯有宋儒與近人著述，以便於查閱。《論語》一書，百年先生鑽研至勤且深，故嘗慨嘆《論語》所載孔子言論，辭簡意賅，而古來注釋之不相一致，甚或相反，終而釀成至極紛亂之現象（見《八十二歲自述》）。今考歷代之研治《論語》者，著述頗富，但以何晏《論語集解》爲今世全帙具存之最古注本。其書擷采漢魏古訓，偏重於詳訓詁、辨名物、考制度。下逮趙宋，朱子《集注》出，本之注疏以闡義理，遂集伊洛以來精理名言之大成，自元迄明，學者莫不奉爲圭臬。清代經學復興，詮釋經文，多出新意。而《皇清經解》搜輯乾嘉諸儒說經之書，淵乎大觀，學者可於是而攬其勝也。唯《經解》兼收群經，冊數繁多，檢索費時，百年先生乃薈萃諸家《論語》注文爲一編，其亦類似何晏《集解》、朱子《集注》之彙集衆說以成書者也。

治世自接辦基金會會務，恒念前輩學人之風範，可爲世則，而百年先生於耄耋之齡，猶孜孜於經書之研讀，並手鈔注文逾二十萬言，其治學之勤，用心之專，尤足以爲吾儕後生之師法也。故本書原或僅爲百年先生方便一己研究所用，未必有意付梓，而基金會同仁乃決定出版者，豈無微意哉？是爲序。

陳治世謹識
一九八八年三月二十八日
於政治大學校長室

凡　　例

一、本書係鈔輯而成，既非一次鈔出，而又經增改，復有他人鈔寫，加以剪貼者，是以體例不甚劃一。此次整理，儘量依照原式，除非必要，不加更動。

二、每章先錄經文。原稿間有所錄並非全章，或僅錄首句者，今全部補錄完整。然全未輯錄注釋各章，仍依原稿，不錄經文。章次則從何晏《集解》。

三、原稿句讀，僅用小點，今改用新式標點。

四、原稿於各條注釋前或錄經文，或無經文，體例不一。今視需要而加去留或補錄。凡經文簡短，注釋不多，經文從省。如經文較長，注釋又多，則分別標出經文，以便查閱。

五、原稿所鈔資料，每加刪節。而刪節處或加刪節號，或不加，今全從原稿。

六、原稿多鈔自藝文印書館影印本《皇清經解》，每則均標有長編頁碼，間有加注冊次。今將冊次略去，而在卷首所附引用書目各書下，分別注明冊次。復興書局所印精裝本，頁碼、冊次與藝文印書館相同。平裝本則分冊較多，並不一致。

七、原稿偶有筆誤或脫文，今逕據《經解》本補正。如有疑義，另加按語說明。

八、《經解》本於原注注文,均作雙行小字。今爲便於排印,改作單行,加圓括弧。

九、原稿行間或天頭,有百年先生眉批或按語。今改置於適當位置,或全段之後。加"眉批"或"齊按"字樣,以便分別。

十、原稿所引資料,均用簡稱,採著者姓氏,下加書名首字,而另行列表對照爲引用書目,附於書前。有書中引用而未列入原表者,增補在原表之後。至於偶一引用之資料,則不用簡名。

十一、原稿在《學而篇》前,有兩頁在第一行各標第一章經文一句。然内容係綜論仁德,與經文無關,又不宜作全書總論,因而未予收入,留待編入其他論文集。

十二、原稿又有劉逢祿《論語述何序》一篇,今附於全書之末。

引用書目

《王困》:王應麟《困學紀聞》,商務本。

《洪容》:洪邁《容齋隨筆》,商務本。

《俞癸》:俞正燮《癸巳存稿》,商務本。清黟縣人,字理初,道光舉人。

《顧日》:顧炎武《日知錄》,商務本。崑山人,生於明萬曆間。初名絳,字寧人,號亭林,入清改名炎武。

《錢十》:錢大昕《十駕齋養新錄》,見《皇清經解》第七冊(藝文精裝本,下同),卷439－442,頁4959－4998。清嘉定人,字曉徵,又字辛楣,號竹汀,乾隆進士。按:書中引錢大昕《潛研堂集》,在《經解》同冊,卷443－448,頁4999－5068。

《翟四》:翟灝《四書考異》,見《皇清經解》第七冊,卷449－484,頁5069－5303。清仁和人,字大川,改字晴江,乾隆進士。

《惠九》:惠棟《九經古義》,見《皇清經解》第六冊,卷369－374,頁3803－3894。清吳縣(旁注:元和)人,字定宇,號松崖,乾隆間以經明行修薦。

《閻四》:閻若璩《四書釋地》、《續》、《又續》、《三續》,《皇清經解》第一冊,卷20－23,頁185－284。清太原人,字百詩,號潛邱,康熙中舉鴻博,報罷。

《毛論》：毛奇齡《論語稽求篇》，《皇清經解》第三冊，卷 177，頁 1751－1784。清蕭山人，字大可，原名甡，字初晴，學者稱西河先生。本明諸生，明亡遁隱。康熙間舉鴻博，授檢討。

《毛四》：毛奇齡《四書賸言》，《皇清經解》第三冊，卷 184－189，頁 1785－1808。

《臧經》：臧琳《經義雜記》，見《皇清經解》第三冊，卷 195－204，頁 1845－2019。

《王經》：王引之《經傳釋詞》，世界書局本。

《俞古》：俞樾《古書疑義舉例》。

《孫讀》：孫志祖《讀書脞錄》，《皇清經解》第八冊，卷 491、492，頁 5395－5410。

《孫讀續》：孫志祖《讀書脞錄續編》，同上，卷 493、494，頁 5411－5424。

《段經》：段玉裁《經韻樓集》，《皇清經解》第十冊，卷 661－666，頁 7619－7697。

《孔經》：孔廣森《經學卮①言》，《皇清經解》第十一冊，卷 711－716，頁 8325－8378。

《李群》：李惇《群經識小》，《皇清經解》第十二冊，卷 719－726，頁 8409－8475。

《武經》：武億《經讀考異》，《皇清經解》第十二冊，卷 727－734，頁 8476－8521。

《凌校》：凌廷堪《校禮堂文集》，《皇清經解》第十二冊，卷 797，頁 9079－9091。

---

① 卮，原作"厄"，誤，據《皇清經解》孔氏原書書名改。

《劉遺》：劉台拱《劉氏遺書·論語駢枝》，《皇清經解》第十二冊，卷798，頁9093－9038。①

《阮揅》：阮元《揅經室集》，《皇清經解》第十五冊，卷1068－1074，頁11331－11418。

《焦論》：焦循《論語補疏》，《皇清經解》第十六冊，卷1164、1165、頁12361－12383。

《臧拜》：臧庸《拜經日記》，《皇清經解》第十六冊，卷1170－1177，頁12421－12508。

《臧拜文》：臧庸《拜經文集》，《皇清經解》第十六冊，卷1178，頁12509－12532。

《劉論》：劉逢祿《論語述何》，《皇清經解》第十九冊，卷1297－1298，頁14209－14221。何謂何休，見附張劉逢錄序。按：今附於本書之末。

《崔吾》：崔應榴，海鹽人，《吾亦廬稿》，《皇清經解》第十九冊，卷1323－1326，頁14415－14444。

《方論》：方觀旭《論語偶記》，《皇清經解》第十九冊，卷1327，頁14445－14457。

《朱經》：朱彬《經傳考證》，《皇清經解》第二十冊，卷1361－1368，頁14807－14855。

《宋四》：宋翔鳳《四書釋地辨證》，《皇清經解》第十九冊，卷1329、1330，頁14481－14492。

《全經》：全祖望《經史問答》，《皇清經解》第五冊，卷302－308，頁3235－3292。

---

① 9038，疑當作"9098"。

《馬氏文通》:馬建忠。

《助字辨略》:劉淇。

《經詞衍釋》。

《述學》:汪中。

《荀子》。

學而第一

[一]子曰:"學而時習之,不亦說乎?有朋自遠方來,不亦樂乎?人不知而不慍,不亦君子乎?"

【《翟四》頁5092】　皇侃《論語義疏》本,"說"字作"悅"。按:古"喜說"、"論說"同字,漢後增从心字別之。"悅"初見《廣韻》,徐鉉《新修字義》云:"經典只作'說'。……皇本俱作'悅',惟《先進》'無所不說'、《子路》'易事而難說',仍如監本。""有朋自遠方來",陸德明《論語釋文》曰:"有,或作友,非。"《白虎通·辟雍篇》引《論語》曰:"朋友自遠方來。"

【《毛論》頁1751】　同門曰朋,此是古注。自《說文》及《詩》注、《左傳》注、《公羊傳》注皆然。孔氏《正義》曰:"《周禮·大司徒》注,同師曰朋。"便不如同門之當。蓋朋是門戶之名,凡曰朋黨、曰朋比,比是鄉比,黨是黨塾,皆里門閭戶、學僮居處名色。故朋爲同門,此是字義本爾,不可易也。

【《毛四》頁1785】　《論語》"人不知而不慍",《孔疏》原有二義:一是不知學,一是不知我。今人但知後說,似于本章言學之意反未親切。何平叔云:"凡人有所不知,君子不怒。"其云有所不知者,言學有所不解也;君子不怒者,猶言君子易事不求備也。蓋獨學共學,教人以學,皆學中事。夫子一生祇學不厭、教不倦,自言如此(見"默識"節)、門弟子言如此(見"公西華"節)、後人言如此(見《孟子》),故首章即以此發明之。

【《毛四補》頁1801】 "人不知而不慍",舊解謂凡人不知學,君子不怒。《集注》不用其說,不知此即教也。學未有不兼教者,蓋學者,斅也。《說命》"惟斅學半",言斅居學之半也。故《學記》記教學之法,其最要者,云學必問而後語,惟"力不能問,然後語之,語之而不知,雖舍之可也"。此正"人不知而不慍"之明注也。所謂君子教人,不苦以所難也,蓋《論語》者,教人之書也。

【《王經》頁139】 凡言"不亦"者,皆以"亦"爲語助。……趙岐①注《孟子·滕文公篇》曰:"不亦者,亦也。"失之。

【《焦論》頁12361】 "學而時習之,不亦說乎",《注》:"王曰:時者,學者以時誦習之,誦習以時,學無廢業,所以爲說懌。"循按:當其可之謂時。說,解悅也。"不憤不啟,不悱不發",時也;"中人以上可以語上,中人以下不可以語上",時也;"求也退,故進,由也兼人,故退",時也。學者以時而說,此大學之教所以時也,教者學者皆期其能解悅。《邢疏》引譙周說,說深樂淺,未是。

"人不知而不慍,不亦君子乎",《注》:"慍,怒也。凡人有所不知,君子不怒。"循按:《疏》有二說,前一說,他人不見知而我不怒,此非《注》義。《注》言人有所不知,則是人自不知,非不知己也,有所不知,則亦有所知。我所知而人不知,因而慍之,矜也;人所知而我不知,又因而慍之,忌也。君子不矜則不忌,可知其心休休,所以爲君子也。《後漢·儒林傳》注引《魏略》云:"樂詳,字文載,黃初

---

① 岐,原作"歧",誤。

中徵拜博士十餘人,學多褊,又不熟悉。惟詳五業並授,其或難質不解,詳無慍色,以杖畫地,牽譬引類,至忘寢食。"

【《劉論》頁14209】 學,謂刪定《六經》也。當春秋時,異端萌芽已見,夫子乃述堯舜三王之法,垂教萬世。非是,則子思子所謂有弗學也。時者,有終身之時,《禮·內則》"六年,教之數與方名"之類。時過然後學,則勤苦而難成也。有一年之時,《禮·世子記》"春誦夏弦,秋學禮,冬讀書"是也。有一日之時,《禮·學記》"藏焉、脩焉、息焉、游焉"是也。

【《劉論》頁14209】 《易》曰:"君子居其室,出其言善,則千里之外應之,況其邇者乎。"《記》曰:"獨學而無友,則孤陋而寡聞。"友天下之善士,故樂。

《禮·中庸》曰:"君子依乎中庸,遯世不見知而不悔,唯聖者能之。"又曰:"苟不固聰明聖智達天德者,其孰能知之。"《傳》曰:"末不亦樂乎,堯舜之知君子也。制《春秋》之義,以俟後聖,以君子之爲,亦有樂乎此也。"蓋夫子述《詩》、《書》、《禮》、《樂》,文詞有可與人共者,不獨有也。至於作《春秋》,則筆則筆,削則削,游、夏之徒不能贊一辭,故曰:"莫我知也。"又曰:"知我者,其惟《春秋》乎。"

[二] 有子曰:"其爲人也孝弟,而好犯上者,鮮矣。不好犯上而好作亂者,未之有也。君子務本,本立而道生。孝弟也者,其爲仁之本與?"

【《翟四》頁5092】 "其爲人也孝弟",《論語釋文》曰:"弟,本或作悌,下同。"《義疏》本作"悌"。"君子務本,本立而道生",《說苑·建本篇》引此爲孔子語。

"孝弟也者,其爲仁之本與",《後漢書·延篤傳》、《北史·孝行傳序》、《隋書·孝義傳序》俱引文,"弟"字作"悌"。《孝經序疏》暨《北史》引文,"與"字作"歟"。《七經考文》曰:"足利本,'其仁之本與',無'爲'字。陳暘《樂書》曰:'孔子以孝悌爲仁之本,誤有子爲孔子。'"王恕《石渠意見》曰:"'爲仁'之'仁',當作'人',蓋承上文'其爲人也孝弟'而言,孝弟乃是爲人之本。"《捫蝨新語》曰:"古人多假借用字,《論語》中如'孝弟也者,其爲仁之本與',又曰:'觀過,斯知仁矣。'又曰:'井有仁焉。'竊謂此'仁'字皆當作'人'。"《管子·戒篇》曰:"孝弟者,仁之祖也。"

眉批:王恕,明三原人,正統進士,官吏部尚書。著有《石渠意見》等。《捫蝨新語》十五卷,宋陳善撰。

【《毛論》頁17512】 "孝弟爲仁之本",《孟子》注甚明。《孟子》曰:"仁之實,事親是也。"又曰:"親親,仁也。"實即本字。舊儒每比之木實之實,即核中仁也,根荄也,所謂一在木下,爲本也。然則仁本孝弟矣,若親親仁民以節次言,則但言其粗者,不知後儒何以又有人性無孝弟之說也。若然,則《孟子》"良知、良能"之說,真異學與?……"本"字不訓"始"字,惟宋真朝作《廣韻》始有此釋。但此節"本"字,則斷斷不作"始"解。爲仁之本,即"務本"本字也。孝弟爲仁始,則必先曰君子務始,始立而道生,恐有子無是語矣。

【《武經》頁85132】 近讀從以"其爲人也孝弟"爲句,愚謂"其爲人也"當屬上句,"孝弟"連下"而好犯上者鮮矣"讀,語勢自順。

【《朱經》頁148502】 此章但教人孝弟。上云"其爲人也孝弟,而好犯上者,鮮矣",此言"孝弟爲仁之本",仁即人也。《論語》"人"、"仁"多不分。"井有仁焉,其從之也","觀過,斯知仁矣","仁"皆讀若"人"。"無求生以害仁",《唐石經》"仁"作"人"。《後漢書・吳祐傳》："掾以親故，受汙穢之名，所謂觀過斯知人矣"，"仁"亦作"人"。

"其爲人也孝弟，而好犯上者，鮮矣。"【《焦論》頁12361】《注》："上，謂凡在己上者，言孝弟之人必恭順，好欲犯其上者少也。"循按：邱光庭《兼明書》云："皇侃曰：犯上謂犯顏而諫，言孝弟之人必不犯顏而諫。明曰犯上，謂干犯君上之法令也。言人事父母能孝，事兄長能弟，即能事君上，能遵法令，必不干犯於君上也。"今皇侃《疏》引熊埋云："孝弟之人，志在和悅，先意承旨，君親有日月之過，不得無犯顏之諫，然雖屢納忠規，何嘗好之哉？"《邢疏》謂皇氏、熊氏違背《注》意，蓋以《注》言凡在己上，則不專指君親，乃凡在己上之人，必恭順而不欲犯，其不好犯君親，蓋不待言矣。皇、熊切言之，與《注》意亦不爲違背。蓋犯顏而諫，在唐宋以後視爲臣道之常，而聖人則以爲忠誠之變。如龍逢、比干，不得已而爲之，故雖或犯顏直諫，而心實不好也。《漢書・蓋寬饒傳》云："好言事刺譏，奸犯上意。"奸，顏師古音干，干犯上意，即犯上。又《敘傳》云："初，成帝性寬，進入直言，是以王音、翟方進等繩法舉過，而劉向、杜鄴、王章、朱雲之徒，肆意犯上。"《後漢書・荀彧傳》亦云："田豐剛而犯上。"犯上爲犯顏而諫，古之通義也，皇侃本之耳。《表記》云："事君，可貴可賤，可富可貧，可生可殺，而不可使爲亂。"《鄭注》云："亂謂違廢事君之禮。"爲亂，即此所云作亂，非必悖逆乃爲作亂也。皇氏、熊氏尚知古人事君之禮，故用以解說此經。邱氏生於唐，遂覺犯顏而諫不可，爲犯上增出"法令"二字。顧孝弟之人不犯法令，不悖逆，何待有子言之？先軫怒秦囚之歸，不顧而唾。於箕之役，則曰："匹夫逞志於君，而無討，敢不自討乎？"免冑入狄師而死。軫之犯顏，固出於一時忠憤，而自咎如此。有子所云犯上，正軫之所云"逞志於君"爾。自有子之意不明,爲人臣者遂以犯顏而諫爲常,至明人有以理勝君之說,始以不平歸咎於君,極於撼門而哭,指斥以鳴其直。由犯顏至於違廢事君之禮,身入於亂而不自知。有子以好犯顏者,究其歸於作亂,而探其本于孝弟所以立,千古人臣之鵠者微矣。

【《劉論》頁 14209】 子曰:"君子務本,本立而道生。孝弟也者,其爲人之本與?"(從《後漢書》兩引作"子曰")本立道生,謂始元終麟,仁道備矣。堯舜之行,本乎孝弟。夫子志在《春秋》,行在《孝經》,二經相表裏也。

[三]子曰:"巧言令色,鮮矣仁。"

【《翟四》頁 5092】 《義疏》本作"鮮矣有仁"。《大戴禮・曾子立事篇》曰:"巧言令色,難于仁矣。"

【《劉論》頁 14209】 首記夫子論學,次及論仁,因辨巧言令色之非仁。巧言令色,舜、禹所畏,左丘明所恥也。

[四]曾子曰:"吾日三省吾身。爲人謀而不忠乎?與朋友交而不信乎?傳不習乎?"

【《翟四》頁 5092】 "吾日三省吾身",《釋文》曰:"三,息暫反,又如字。"《朱子語錄》曰:三字平、去二聲,雖有自然、使然之別,然自然者不可去聲,而使然者亦可平聲。故三仕、三已與三黜無以異,而三仕、三已無音,三省、三思與三嗅、三復,皆使然。而《集注》于省、嗅皆闕。凡此之類,二音皆通。陳禹謨《譚經菀》曰:"下雖三事,只是忠信,傳者傳此,習者習此耳。'三'當定讀去聲。"《荀子・

勸學篇》:"君子日參省乎己。"楊倞《注》曰:"參,三也。"劉知幾《史通·序傳篇》引《論語》曰:"吾每自省吾身。"

參觀之,則"三"當以去聲爲正。

"與朋友交而不信乎",《義疏》本"交"下有"言"字。錢曾《讀書敏求記》曰:"高麗《集解》本作'言而不信乎'。"

"傳不習乎",《釋文》曰:"《鄭注》云:《魯》讀傳爲專,今從《古》。"

【《臧經》頁1855】 《釋文·序錄》云:"張禹受《魯論》於夏侯建,又從庸生、王吉受《齊論》,擇善而從,號曰《張侯論》,最後而行於漢世。禹以《論》授成帝,後漢包咸、周氏並爲章句,列於學官。鄭玄就《魯論》張、包、周之篇章,考之《齊》、《古》,爲之注焉。魏吏部尚書何晏,集孔安國、包咸、周氏、馬融、鄭玄、陳群、王肅、周生烈之說,並下己意爲《集解》,正始中上之,盛行於世。"據此,則《張侯論語》已不全爲《魯論》,厥後包、周所注,列於學官,皆是本也。鄭康成就包、周之本,以《齊論》、《古論》校正之,凡五十事。則鄭本《論語》又參合《古》、《魯》、《齊》三書定之,非張、包、周之舊矣。何晏所集七家,內孔安國、馬融,蓋純乎古文,餘則三家並有。然鄭君校從《古論》,有注以識別,使後人可考。何晏就三家本以意爲之,自序稱集諸家之美,有不安者,頗爲改易,故采孔、馬之注,則改包、周之本;用包、周之說,又易孔、馬之經。自成一家,不今不古,甚可慨也。今據何氏以前書略爲分別之。《漢石經》殘碑,此張侯、魯《論》也;《史記·孔子世家》、《仲尼弟子列傳》及許氏《說文》,皆《古論》也。石經見洪氏《隸釋》,茲不贅列。……凡《六經》古今文,不可偏執,古文多假借,今文多正字;又往往古文得其真,今文或以形聲致誤,故必合考之,方兩通。漢代今文家不知古義,古文家都棄今學,皆過也。能參合古今,擇①善而從,可爲後學法守者,惟北海鄭君一人而已。

《古論語》:"傳不習乎?"《魯論語》:"專不習乎?"(《釋文》。下凡見《釋文》者,皆不注所本。)

【《焦論》頁12362】 《注》:"言凡所傳之事,得無素不講習而傳之?"循按:"《邢疏》云:傳惡穿鑿,穿鑿非不習之,謂己所素習用以傳人,方不妄傳致誤,學者所謂溫故而知新,可以爲師也。"

【《劉論》頁14209】 (《釋文》:"三,息暫反,又如字。"鄭云:"《魯》讀傳爲專,今從《古》。")忠信所以進德,則遠於巧言令色矣。傳,《六經》之微言大義也。習,時習也。

[五]子曰:"道千乘之國,敬事而信,節用而愛人,使民以時。"

【《方論》頁14445】 《集解》云:"馬曰:'其地方三百一十六里有畸。'包曰:'百里之國。'融依《周禮》,包依《王制》、《孟子》。義疑,故兩存焉。"近時經師從馬師。竊以《泰伯篇》曾子曰:"可以寄百里之命。"謂攝國君之政令。《先進篇》冉有曰:"方六七十如五六十。"謙不敢當千乘之國,則千乘之國爲百里甚明。以他經解《論語》,何如以《論語》證《論語》?

【《劉論》頁14209】 《春秋》述三代之制:"大國地方百里,有萬井。十井而賦一乘,故曰千乘。"(義見《昭元年》注。)

【《劉論》頁14209】 天子敬天事,諸侯敬王事,乾爲敬爲信,謂法天也。《禮·王制》:"冢宰以三十年之通制國用。"大國萬井,

---

① 擇,原作"據",誤,據清嘉慶四年拜經堂刻本《經義雜記》原文改。

三分去一爲六千六百六十六井,不盡助法。八家同井,可受五萬三千三百二十八夫,不盡一家八口,計四十二萬六千六百二十四口。諸侯有分土無分民,民衆地寡,則自狹鄉徙之寬鄉。大國諸侯祿田三萬二千畝,若漢時三百二十戶耳。《易·訟》二爻:"邑人三百戶。"舉大數,謂天子上大夫受地視侯也。朝聘貢獻,祭祀摧秣之屬,咸出其中。軍旅之歲,民間一井出稷禾、秉芻、缶米,不是過也。故《春秋》譏初稅畝、用田賦、作丘甲、城築,必書,皆重民也。人,謂大臣、群臣。

[六]子曰:"弟子入則孝,出則弟,謹而信,汎愛衆而親仁,行有餘力,則以學文。"

【《翟四》頁5093】 《左傳·襄公二十八年》正義引文,"汎"字作"氾"。《韓昌黎集·讀墨子篇》:"孔子泛愛親仁。""汎"字作"泛"。荀悅《漢紀·孝元帝論》引孔子曰:"行有餘力,則可以學文。"有"可"字。

【《毛四》頁1788】 姚立方云:"此'文'字是'字'字,並非《詩》、《書》、《六藝》之文。言弟子稍閒,使學字耳。"《說文》:"文,交畫也。""吾猶及史之闕文",謂字畫有可疑處,輒闕而不書。《孟子》"不以文害辭",謂不以字義傷句義。

【《劉論》頁14210】 此因上文孝弟、忠信、愛仁而類記之。文者,字之始。誦法《六經》,先正聲音,文字謂小學也。

[七]子夏曰:"賢賢易色,事父母能竭其力,事君能致其身,與朋友交,言而有信。雖曰未學,吾必謂之學矣。"

【《毛論》頁 1751】 四者非至德絕行，不必學而後能之。……"易色"有二義：一作"改易"之易，音亦，則色是顏色，謂改容而禮之，程伊川云"變易顏色"是也。一作"難易"之易，音異，則色是女色，謂尊賢則輕女色。

【《劉論》頁 14210】 賢賢者，同德也。易，讀如"易知則有親"之易。《六經》之道，造端乎夫婦。《詩‧桃夭》"灼灼其華"，喻色也；"有蕡其實"，喻賢也。有夫婦然後有父子，有父子然後有君臣，故首舉之。

亦因上三章言信而類記之。子夏言學，必以行爲本也。後世有僅明小學而不知大學者，子夏之所謂未學也。

［八］子曰："君子不重則不威，學則不固，主忠信，無友不如己者，過則勿憚改。"

【《翟四》頁 5093】 舊文"無"爲"毋"。《釋文》曰："毋音無，本亦作無。"宋刻九經本爲"毋"。毛奇齡《論語稽求篇》曰："主忠信三句，本《子罕篇》文，複簡在此。"按：《子罕篇》"毋友"之"毋"，猶依舊文。

【《焦論》頁 12362】 《注》："孔曰：固，蔽也。一曰：言人不能敦重，既無威嚴，學又不能堅固，識其義理。"循按：此注固有二義：一爲蔽，一爲堅。蔽之義爲闇。《曲禮》："輟朝而顧，君子謂之固。"鄭氏《注》云："固謂不達於禮。"不達於禮，是爲蔽塞不通，此固所以爲蔽也。不學故不達禮，學則達於禮。"不固"者，達於禮也。"一曰"者，別爲一說。不固，爲學不堅固，由於不重。與蔽之訓適相反。皇侃專用後一說，已失孔氏之旨。其解蔽字之義，則云蔽猶當也。言人既不能敦重,縱學亦不能當道理,此既不明蔽字之義,又不合堅固之義,而以蔽、固之解,與"一曰"云云相牽混,非也。"一曰"二字,是何晏兼存異說,非亦孔安國《注》("鄉原,德之賊也",《注》先引"周曰"云云,皇侃本以爲周生烈也。又"一曰"云云,《邢疏》稱"何晏"云云,然則凡"一曰"云云者,皆何晏兼存之說,非仍前所注之人之言也)。蔽訓當,乃包氏所注"一言以蔽之",未可引爲孔氏義。

鄭曰:"主,親也。"循按:親忠信之人,無友不如己之人,兩相呼應。皇侃解作忠信爲心,百行之主,失鄭義。

【《劉論》頁 14210】　固,蔽也。言學所以善其行。學以忠信爲本,此因忠信而類記之。

[九] 曾子曰:"慎終追遠,民德歸厚矣。"

【《劉論》頁 14210】　慎終者,先君有正終,後君有正始也。追遠者,尊者尊統上,卑者尊統下。故天子以祖配天,諸侯及其太祖,大夫別子爲祖,孝治之本也。

[一〇] 子禽問於子貢曰:"夫子至於是邦也,必聞其政,求之與?抑與之與?"子貢曰:"夫子溫、良、恭、儉、讓以得之。夫子之求之也,其諸異乎人之求之與!"

【《翟四》頁 5093】　洪适《隸釋》載《漢石經》作"意予之與"。張舜民《畫墁錄》……皆云《漢石經》作"意與之與"。……意音如抑,二字古蓋通用。"夫子之求之也",《七經考文》曰:"足利本作

'夫子之求也'"。"其諸異乎人之求之與",《史記·弟子傳》"與"作"也"。《義疏》本作"人之求之與也"。《七經考文》曰:"一本作'求之也與'。"

【《王經》頁37】 抑,韻之轉也。……字或作"意"。……"求之與,抑與之與",《漢石經》作"意"。

【《王經》頁61】 其諸,亦擬議之詞也,其諸異乎人之求之與。

【《劉論》頁14210】 《禮·經解》引夫子曰:"入其國,其教可知也。溫,《詩》教也。良,《樂》教也。恭、儉、讓,《禮》教也。"興于《詩》,立于《禮》,成于《樂》,《易》、《書》、《春秋》之旨該之矣。反是,則其政亂可知。《孝經》云:"移風易俗,莫善於樂;安上治民,莫善於禮。"《禮》云:"王者陳詩以觀民風,不下堂而見天下。"

[一一]子曰:"父在觀其志,父沒觀其行,三年無改於父之道,可謂孝矣。"

【《錢潛》頁5030】 有兩說。一云:爲人子者,父在則能觀其父之志而承順之,父沒則能觀其父之行而繼述之。此范祖禹說也。一云:欲觀人子之賢否者,父在之時,未見其行事之得失,則但觀其志之邪正。父沒之後,身任承家嗣事之責,則當觀其行事之得失。此孔安國說也。張敬夫《癸巳論語說》蓋主孔氏,而朱子非之,以爲當從前說爲順。若如後說,則上文未見志行之是非,不應末句便以"可謂孝矣"結之也。及撰《集注》,則仍取後一說。而《或問》復申其義云:"觀志觀行,范氏以爲子觀父之志行者,善矣。然以文勢觀之,恐不得如其說也。蓋觀志而能承之,觀行而能述之,乃可爲孝。此特曰觀而已,恐未應遽以孝許之。且以下文'三年無改'者推之,則父之志行,亦容或有未盡善者。正使實能承述,亦豈遽得以孝稱也哉?"朱子之說不同,若此以矛陷盾,後人宜何從乎?曰:後儒之說勝於古,從其勝者,不必強從古可也。一儒之說而先後異,從其是焉者可也。"父在觀其志,父沒觀其行",孔子之言,論孝乎?論觀人乎?以經文"可謂孝矣"證之,其爲論孝,不論觀人,夫人而知之也。既曰論孝,則以爲觀父之志行是也,不論觀人,則以爲觀人子之志行,非也。

【《翟四》頁5093】 《大戴禮·曾子本孝篇》:"孝子父死三年,不敢改父之道。"葉適《習學記言》曰:"此當以'三年無改'爲句。終三年之間,而不改其在喪之意,則於事父之道可謂之孝。"按:歐陽永叔疑此語失夫子本旨。設問曰:衰麻之服,祭祀之禮,哭泣之節,哀思之心,所謂三年而無改也。若世其世,守其宗廟,遵其教詔,雖終身不可改也。國家之利害,社稷之大計,有不俟三年而改者矣,何概云三年無改耶?如葉水心說,以"無改"爲句絕,則永叔可無疑于經矣。

[一二]有子曰:"禮之用,和爲貴,先王之道,斯爲美,小大由之。有所不行,知和而和,不以禮節之,亦不可行也。"

【《翟四》頁5094】 白珽《湛淵靜語》曰:"此章當以'有所不行'合上作一節,'知和而和'以下作一節。"《公羊傳·宣公九年》何休《注》,引此三句作孔子語。《漢石經》"亦不行也",無"可"字。

[一三]有子曰:"信近於義,言可復也。恭近於禮,遠恥辱也。因不失其親,亦可宗也。"

【《洪容》頁16】 "信近於義,言可復也。恭近於禮,遠恥辱也。因不失其親,亦可宗也。"程明道曰:"因恭信而不失其所以親,近於禮義,故亦可宗。"伊川曰:"因不失於相近,亦可尚也。"又曰:"因其近禮義而不失其親,亦可宗也,況於盡禮義者乎?"范純父曰:"君子所因者本,而立愛必自親始,親之必及人,故曰因不失其親,呂與叔分爲三事。"謝顯道曰:"君師友三者,雖非天屬,亦可以親,據此三者之外,吾恐不免於諂賤,惟親不失其所親,然後可爲宗也。"楊中立曰:"信不失義,恭不悖禮,又因不失其親焉,是亦可宗也。"尹彥明曰:"因其近,雖未足以盡禮義之本,亦不失其所宗尚也。"予竊以爲義與禮之極,多至於不親,能至於不失其親,斯①爲可宗也,然未敢以爲是。

【《俞癸》頁62】 《南史·王元規》云:"姻不失親,古人所重,豈得輒昏非類。"又《張說碑》:"姻不失親,官復其舊。"《野客叢談》引如此。

【《翟四》頁5094】 周密《齊東野語》曰:"復有三字音:房六切者,復歸之復也,《論語》'言可復也'、'克己復禮'是也。扶富切者,又之義也,《論語》'復夢見周公'、'則不復也'是也。芳六切者,與覆字音同,反復之復也。""恭近於禮,遠恥辱也",《說苑·修文篇》引此二句爲孔子語,《禮記·表記》:"子曰:恭近禮。""因不失其親",《說文繫傳通論》引《禮》曰:"姻不失其親。""亦可宗也",《義疏》本作"亦可宗敬也",所載孔氏《注》亦有"敬"字。

[一四]子曰:"君子食無求飽,居無求安,敏於事而慎於言,就

---

① 斯,原作"雖",誤,據《容齋隨筆》卷二《信近於義》改。

有道而正焉,可謂好學也已。"

【《翟四》頁5094】　《儀禮・公食大夫禮》賈公彥疏引《論語》:"學者食不求飽。"《漢石經》作"好學已矣"。《義疏》本"也已"下有"矣"字。韓愈、李翱《論語筆解》本"已"作"矣"。

【《王經》頁128】　無,不也。……食無求飽,居無求安,《漢書・谷永傳》引作:"居不求安,食不求飽。"

[一五]子貢曰:"貧而無諂,富而無驕,何如?"子曰:"可也,未若貧而樂,富而好禮者也。"子貢曰:"《詩》云:'如切如磋,如琢如磨。'其斯之謂與?"子曰:"賜也,始可與言《詩》已矣,告諸往而知來者。"

【《翟四》頁5094】　《義疏》本作"子貢問曰"。《史記・弟子傳》"貧"句處後,"富"句處前。

《集解》:孔氏曰:"能貧而樂道,富而好禮者,自能切磋琢磨。"又曰:"往告以貧而樂道,來答以切磋琢磨。"似其所據《古論》,"樂"下有"道"字。《義疏》本有"道"字。《史記・弟子傳》作:"不如貧而樂道,富而好禮。"《昭明文選・幽憤詩》"樂道閑居"注引《論語》:"貧而樂道。"《唐石經》"貧而樂"下旁增"道"字。《禮記・坊記》:"子曰:貧而好樂,富而好禮。""子貢曰:《詩》云",《七經考文》曰:"古本'云'作'曰'。""如琢如磨",舊文"磨"爲"摩"。《釋文》曰:"摩,一本作磨。""告諸往而知來者",《義疏》本"來"下有"也"字。

【《臧經》頁1855】　《古論語》:"未若貧而樂道。"(《仲尼弟子傳》)《魯論語》:"未若貧而樂。"

【《王經》頁6】 顏師古注《漢書·宣帝紀》曰:"已,語終辭也。"……"已"爲語終之詞,則與"矣"同義,連言之則曰"已矣"。《論語》曰:"始可與言《詩》已矣"(《學而》、《八佾》二篇),是也。猶"乎"與"哉"同義,而連言之則曰"乎哉"也。

【《劉論》頁14210】 古文。衛宏以此詩爲美衛武公以禮自防。《大學》云:"如切如磋者,道學也。如琢如磨者,自脩也。"《爾雅》:"骨謂之切,象謂之磋,玉謂之琢,石謂之磨。"子貢貨殖,聞夫子言,欲以禮自脩也。董子曰:"安處善,樂循禮,然後謂之君子。"顏子居陋巷而樂道帝王之道,周公相成王而思兼三王之禮,貧富不同,其揆一也。

《詩》,止乎禮者也,自脩之功進而無已,故曰來者。子貢好學,亞于顏氏矣。

[一六]子曰:"不患人之不己知,患不知人也。"

【《翟四》頁5095】 "不患人之不己知",《中論·考僞篇》引文,"知"下有"者"字。"患不知人也",舊無"人"字。《釋文》曰:"患不知也。本或作'患己不知人也',俗本妄加字,今本'患不知人也'。"《義疏》本作"不患人之不己知,患己不知人也"。

【《臧經》頁1933】 《釋文》作"患不知也",云:"本或作'患己不知人也',俗本妄加字,今本'患不知人也'。"案:《釋文》知古本作"患不知也",蓋與《里仁》"不患莫己知,求爲可知也",《先進篇》則曰:"不吾知也,如或知爾,則何以哉",語意同。今《邢疏》及《集注》本皆作"患不知人也","人"字亦後人所加。

爲政第二

[一] 子曰："爲政以德，譬如北辰，居其所而衆星共之。"

【《翟四》頁5096】 《論語釋文》曰："共，求用反。鄭本作拱，俱勇反。"《孟子·盡心篇》注、《呂氏春秋·有始覽》注，俱引《論語》"衆星拱之"。

【《毛論》頁1752】 "爲政以德"，是以德爲政。"譬如"以下，是比喻以德爲政之象。北辰比德，衆星比政。謂一德既立，而衆政具舉。譬之天象，但樞機在我，而鈞軸自運。所謂綱舉則目張，振裘在挈領，象有然也。《論語》兩"譬如"皆緊頂上句，以上句正言未明，故加譬語。未有正言是一意，譬語又一意者。《四書》有倒譬，"譬如爲山"，"譬如平地"，是止進之譬，倒譬也。有反譬，"譬若掘井"，是不掘井之譬，反譬也。有正譬，"行遠自邇，登高自卑"，是正譬。……況爲政以德，與先傳後倦，正譬頂針，尤極明了。按：拱，舉也。《中庸》："其人存則其政舉。"《包注》："德者無爲。"此漢儒攙和黃老之言，然尚有馬、鄭、向、歆輩以師承儒術，挽回其間，至魏晉而浸淫矣。何晏異學，本習講老氏，援儒入道。況出其意見以作《集解》，固宜獨據包說，專主無爲。爲政以德，正是有爲。夫子明下一"爲"字，則縱有無爲之治，此節斷不可矣。況爲政則尤以無爲爲戒者。《禮記》哀公問爲政,孔子曰:"政者,正也。君爲政則百姓從政矣,君之所爲,百姓之所從也,君所不爲,百姓何從?"

【《劉論》頁 14210】　北辰,北極旋機也。

【《臧經》頁 1855】　《古論語》:"而衆星共之。"《魯論語》:"而衆星拱之。"

[二]子曰:"《詩》三百,一言以蔽之,曰思無邪。"

【《王困》頁 626】　古以一句爲一言,《左氏傳》:"子太叔九言(定公四年)。"《論語》:"一言以蔽之,曰思無邪。"秦漢以來乃有句稱。今以一字爲一言,如五言、六言、七言詩之類,非也。閻(太原閻百詩)按:《戰國策》:"臣請三言而已矣,益一言,臣請烹。"是古以一字爲一言,不爲非。又按:盧六以①曰:"《論語》子貢問:'有一言而可以終身行之者乎?'子曰:'其恕乎。'"亦以一字爲一言,是《論語》已有兩例也。

【《閻四》頁 276】　字作文字解,始於秦。古謂之言,"有一言"是也。亦謂之文,"史闕文"是也。亦謂之名,《中庸集注》"文,書名"是也。秦漢以來,始有句稱,古謂之言,"一言以蔽之"是也。亦謂之辭,"不以文害辭"是也。亦謂之章,《左傳·宣十二年》"武王克商,又作《武》,其卒章曰"是也。

【《翟四》頁 5096】　"曰思無邪",《太平御覽·述文》無"曰"字。李光地《榕村語錄》曰:"依朱子說,則當以'無'字與'毋'通。"

---

①　以,原作"明",誤,據《困學紀聞》原文改。

[三]子曰:"道之以政,齊之以刑,民免而無恥。道之以德,齊之以禮,有恥且格。"

【《翟四》頁 5096】 皇氏《義疏》本,兩"道"字作"導"。《史記》……俱引全文,兩"道"字作"導"……《禮記・緇衣篇》:"子曰:夫民教之以德,齊之以禮,則民有格心。教之以政,齊之以刑,則民有遯心。"《家語・刑政篇》:"孔子謂仲弓曰:太上以德教民,而以禮齊之。其次以政事導民,而以刑禁之。"《孔叢子・刑論》孔子答仲弓曰:"古之爲教,有禮然後有刑。今無禮以教,則民無恥。而正之以刑,故民苟免。"又答衛將軍文子曰:"齊之以禮,則民恥矣。刑以止刑,則民懼矣。"

"民免而無恥",《昌黎集・請置鄉校牒》引文,"民"上有"則"字。

"有恥且格",漢《祝睦碑》:"有恥且恪。"洪适《隸釋》曰:"此與《魯論》不同,殆亦借用。"顧藹吉《隸辨》曰:"恐是傳授之異,非借恪爲格也。"《費鳳碑》:"有恥且佫。"《隸辨》曰:"《爾雅》:格,至也。《玉篇》佫亦訓至。格與佫,古蓋通用。"

[四]子曰:"吾十有五而志于學,三十而立,四十而不惑,五十而知天命,六十而耳順,七十而從心所欲,不踰矩。"

【《翟四》頁 5096】 "吾十有五而志于學",《漢石經》"于"作"乎"。《論衡・實知篇》引作"乎"。《義疏》本"于"作"於",《白虎通・辟雍篇》引作"於"。……《字義總略》曰:"吾十有五,有當音又。"按:此經自引《詩》、《書》文外,例用"于"字。今此獨亦可作爲

"于",疑屬"乎"字,傳寫誤。《漢石經》、《論衡》作"乎",而《朱注》亦云:"志乎此。"可思也。"三十而立",《漢石經》"三十"兩字,並云作"卅",《唐石經》並書作"卅"。"六十而耳順",《韓李論語筆解》曰:"耳當作爾,猶云如此也。既知天命,又如此順天也。""七十而從心所欲",《義疏》曰:"從,放也,維復放縱心意,而不踰越于法度也。讀從爲縱。"……《釋文》"從"字無釋,蓋以"縱"之一讀不可爲訓,而姑置之。柳宗元等引作"縱心",唐宋人乃猶紛紛若此。此《集注》所以特正其音,而曰"從,如字"。

【《毛四補》頁 1804】 ……此聖學次第與諸經言學處不宜同異,故以經證經。則十五志學,志大學也。古者十五入大學,即誠意、慎獨、止善、去不善之學。立者,成立也。舊注學有所成謂學,至此有成立。此如《樂記》"禮義立",《孝經》"名立乎後世",《易》"觀變乎陰陽而立卦"之立,作"成、樹"解。故《學記》"強立而不反,謂之大成",直以"成立"二字自爲訓詁。

若不惑,知天命,則以經證經。不惑是知人,知天命是知天。不惑是窮理盡性,知天命是至于命。不惑是誠明,知天命是聰明聖知達天德。蓋不惑則于人事不貿亂,如《賈誼傳》"衆人惑"之惑。知天命則全契天德,徐邈所謂"合吉凶善惡,而皆本之于定命"。此正天下至聖,參贊位育之實境,並非事物所以然之謂。《中庸》釋"維天之命",但云"至誠不已"。天之所以爲天,此直指天德、天道,與事物之理,毫無干涉。

至于耳順,從心所欲,亦以經證經。則耳順者,是以小體爲大體。從心者,是以人心爲道心,總渾化之極,神聖之事也。《孟子》"體有小大",以耳目口腹當小體,養小不失,即口腹亦非尺寸之膚,何況耳目?故耳目俱爲大體所關,而耳先于目。向志學立學,但修此聰明睿知之身，以進天德。至此則耳無違拂，四體皆喻。將《洪範》所云"作謀"，《舜典》所云"闢聰"，皆從此無扞格也。此身教也。《尚書》謂"生民有欲"，《樂記》以感物爲性之欲，總之皆人心也。向志學立學，但止善去欲，以爲盡性至命之本。至此則善惡俱冥，無事去欲，人心即道心矣。《洪範》之"作聖"，《大學》之"絜矩"，皆不越乎此也。此又心教也。

【《武經》頁8513】 案：舊讀從"欲"字絕句，據柳子厚引作"七十而縱心"，又以"心"字絕句。是"所欲"連下"不踰矩"爲讀，義亦可通。

【《焦論》頁12362】 "六十而耳順"，《注》："鄭曰：耳聞其言，而知其微旨。"循按：耳順即舜之察邇言，所爲善與人同，樂取於人以爲善。順者，不違也。舍己從人，故言入於耳。隱其惡，揚其善，無所違也。學者自是其學，聞他人之言多違於耳，聖人之道一以貫之，故耳順也。謂知微旨，此在不惑知天命時已然，不待六十矣。

"七十而從心所欲，不踰矩"，《注》："馬曰：矩，法也。從心所欲，無非法。"循按：矩即絜矩之矩，己欲立而立人，己欲達而達人。以心所欲爲矩法，而從之不踰者。所惡於上，不以使下也；所惡於下，不以事上也；所惡於前，不以先後也；所惡於後，不以從前也；所惡於右，不以交於左也；所惡於左，不以交於右也。皇侃解爲"放縱其心意，而不踰法度"，非是。馬云"無非法"，尚未得。

【《劉論》頁14210】 謂受命制作，垂教萬世。《書》曰："文王受命，惟中身。"子曰："文王既沒，文不在茲乎。"

【《方論》頁14445】 《集注》："古者十五而入大學。"案：《尚書·周傳》云："王子、公卿、大夫、元士之適子，十五入小學，二十入大學。"《書傳略說》云："餘子十五入小學，十八入大學。"並無"十五入大學"之文。《論語》"十五而志于學",是未及十八入大學之期,先有志及之耳,且聖人不以常格限也。《集注》者,十五而入大學,望經爲注,蓋未深考。

［五］孟懿子問孝。子曰:"無違。"樊遲御,子告之曰:"孟孫問孝於我,我對曰無違。"樊遲曰:"何謂也?"子曰:"生,事之以禮。死,葬之以禮,祭之以禮。"

【《翟四》頁5097】 《禮記·禮運》正義:"孔子答孟武伯無違之言云:生,事之以禮;死,葬之以禮。"誤以懿子爲武伯,以無違爲所問之言。《文選·陸機〈答賈長淵詩〉》注,引《論語》"樊遲問孝,子曰:無違",誤孟懿子爲樊遲。《論衡·問孔篇》述此,"無"作"毋"。下倣此。

"我對曰無違",《漢石經》此"無"作"毋",上"無違"殘闕。

"祭之以禮",《論衡·問孔篇》述全章文,獨無此一句。《禮記·禮運》正義亦無此句。

【《毛四》頁1797】 ……朱鹿田曰:"此從親是孝也。孟僖子爲懿子之父,本賢大夫,嘗從昭公至楚,病不能相禮,歸而講禮學禮。苟能禮者,必從之。逮死,召其大夫曰:'禮,人之幹也,無禮無以立。我死,必屬說與何忌于孔子,使事之學禮焉。'其所云何忌,即懿子也。今懿子適來問孝,則使之從親,即是學禮。而特是未經顯揭,則與孟莊之不改父臣,不改父政,明明指出者,覺有未盡。故遲曰:'何謂不違親?'子曰:'所謂不違親者,盡禮之謂也。'如此則上下通貫,前後一轍矣。""不違",與"幾諫"章"又敬不違"同,即順也。《中庸》"順乎親",《孟子》"不順乎親",皆此義。蓋以禮事親,即是順親。

"孟懿子問孝",《方論》頁 14445　就三家葬祭非禮言之。《檀弓》云:"三家視桓楹葬。"僭禮之一端也。《八佾篇》,三家以雍徹祭,僭禮之一端也。惟是懿子之父仲孫玃,《春秋》書其卒在昭二十四年。《史記·弟子傳》,樊遲少孔子三十六歲。是玃卒時,子遲尚未生。今懿子問孝時有樊遲御,而夫子備告以生事葬祭者,懿子或尚有母在歟?《檀弓》云:"南宮縚之妻之姑之喪,夫子誨之髽。"南宮縚即敬叔,與懿子俱泉丘人所生。但懿子嘗師事夫子,《弟子傳》不列其人,《論語》注衹云"魯大夫",何故? 蓋嘗考孔子用魯,使子路爲季氏宰,墮三都於叔,叔墮郈,季氏墮費。此正聖人行道之會。獨孟懿子聽小人公斂陽之謀,不肯墮成,是夫子不得卒行其道於魯,沮之者實始懿子也。懿子幸得親炙門牆,乃於師將行道,不知相與有成,吾甚惜。孟僖子式榖後昆之心,必屬之於夫子,使學禮而定其位,爲可慨矣。觀聖門弟子中,不列其人,與嘗學士喪禮之孺悲同在所棄,豈不悲夫。此無甚經義,吾偶爲今人之背師者發之。

[六] 孟武伯問孝。子曰:"父母唯其疾之憂。"

【《翟四》頁 5097】　《藝文類聚》述《論語》曰:"子游問孝,子曰:父母唯其疾之憂。"

【《毛論》頁 1752】　惟疾之憂,他無可憂也。馬融解如此,是正說。

【《臧經》頁 1866】　……《集解》馬融曰:"言孝子不妄爲非,唯有疾病然後使父母憂之耳。"案:《論衡·問孔》云:"武伯善憂父母,故曰惟其疾之憂。"又《淮南子·説林》:"憂父之疾者子,治之者醫。"《高注》云:"《論語》曰:父母唯其疾之憂,故曰憂之者子。"則王充、高誘皆以爲人子憂父母之疾爲孝,與馬説不同。朱子《集注》云:"言父母愛子之心,無所不至,唯恐其有疾病,常以爲憂也。舊説:人子能使父母不以其陷於不義爲憂,而獨以其疾爲憂,乃可謂孝,亦通。"案:如馬義,則夫子所告武伯者,止是餘論,其正意反在言外。聖人之告人,未有隱約其詞若此者。《集注》所引舊説,即本《集解》。朱子守身之説雖善,然舍人子事親之道,而言父母愛子之心,似亦離其本根也。惟王、高二氏説,文順義洽。蓋人子事親,萬事皆可無慮,唯父母有疾,獨爲憂之所不容已。

[七] 子游問孝。子曰:"今之孝者,是謂能養,至於犬馬,皆能有養,不敬,何以别乎?"

【《翟論》頁5097】 "皆能有養",《四書辨疑》曰:"舊説犬守禦,馬代勞,皆有以養人者。但畜獸無知,不能生敬于人。"上"是謂能養",養字本讀爲去聲,此養字當改爲上聲。金履祥《集注考證》曰:"至於犬馬皆能有養,作一句讀。"

"不敬何以别乎",漢石經無"乎"字。《禮記·内則》:"父母所愛亦愛之,父母所敬亦敬之,至於犬馬盡然,而況于人乎?"又《坊記》:"子云:小人皆能養其親,君子不敬,何以辨?"按:舊解具犬馬養人、人養犬馬二説。朱子特取其後一説,殆以《内則》文可參合故耶。然《内則》主父母所愛敬之人言,于此未盡允。且犬馬但有可愛,無可敬。云亦敬之,語復未純也。同屬《禮記》,與其參《内則》,似不若參《坊記》。《坊記》惟變犬馬爲小人,餘悉合此章義,而無駁辭。

齊按：金說"至於犬馬皆能有養"作一句讀，是。此句似可引《孟子·盡心下》"愛而不敬，獸畜之也"助解。有養只是愛。別，即言不敬則無別於獸畜。《萬章下》："今而後知君之犬馬畜伋。"亦可參考。

【《毛論》頁 1752】 今第以養爲能事。若論養，匪特子能之，即犬馬皆能之也。彼所不足者，獨敬耳。此是舊注正說。若人養犬馬，此何晏說之不可從者。或疑犬馬焉能養人，舊注犬以守禦，馬以負乘，皆養人者。先仲氏曰：養有二義，一是飲食，一是服侍。……故養上有二義，飲食與奉侍是也；養下亦有二義，撫育與乳哺是也。……此養字當是食養，觀下章"有酒食，先生饌"可驗。不知此正二義兼也。……則在唐時皆以犬馬比人子，以能養爲能奉侍親。……豈有斥親爲犬馬。……《坊記》："子云：小人皆能養其親，不敬，何以辨？"此正與"皆能有養"同一語氣。然則夫子此言，夫子已自注之矣。人不解經，亦當通經，盍亦取《坊記》一再讀之。

【《王經》頁 110】 是，猶祇也。……今之孝者，是謂能養，言祇謂能養也，是與祇同義。

【《朱經》頁 14850】 彬謂此與《禮記》所稱"父母之所愛亦愛之，至於犬馬盡然，而況於人乎"，語意正相發明。言犬馬亦有芻豆飼秣，皆可謂之養，況事親而可不以敬取之乎？子夏問孝，子曰色難，亦是此意。若比父母於犬馬，則擬於不倫矣。

[八]子夏問孝。子曰："色難。有事弟子服其勞，有酒食，先生饌，曾是以爲孝乎？"

【《錢十》頁4976】　孫奕《示兒編》云："諸經除人姓及曾孫（孔安國解《詩·信南山》，郭璞注《爾雅》曾孫之曾，並音層）之外，曾字並無音。獨《論語》'曾謂泰山不如林放乎'，音則登切。'曾是以爲孝乎'，音增（大昕案：陸氏《釋文》惟《孝經》'曾子'音則能反，它經曾姓皆無音，'曾孫'亦無音。未知孫氏何據）。馬融曰：'承順父母顏色，乃爲孝也。'《正義》亦引是說，則是'曾'訓'乃'也。至於曾由與求之問，雖無音，孔曰：'謂子問異事耳。'則此二人之問，安足大乎？又訓則也。"

【《翟四》頁5097】　"有酒食，先生饌"，《釋文》曰："饌，鄭作餕，音俊。"《四書①辨疑》曰："酒食之食，舊與'飲之食之'之食同音爲蝕。""曾是以爲孝乎"，孫奕《履齋示兒篇》曰："曾字除姓及曾孫外，今皆讀層。然經史並無音，故'曾是以爲孝'、'曾謂泰山'、'爾何曾比予'等，皆當音增。"《四書纂箋》曰："曾音層。"

按：……夫曾如字者，乃也。其變音讀層者，經也。經是以爲孝，恐於文義不順。

【《惠九》頁3890】　"先生饌"，《鄭氏論語》："饌作餕，云食餘曰餕。"案：《儀禮注》云："古文籑皆作餕。"注文曰："籑，具食也，或作饌，从巽。"則"餕"爲古文"饌"也（《漢書》皆以"籑"爲"饌"）。

【《臧經》頁1855】　《古論語》："有酒食先生饌。"《魯論語》："有酒食先生餕。"

【《孔經》頁8361】　饌，鄭本作餕，《注》云："食餘曰餕。"愚謂今文雖作"饌"，義亦與"餕"同。《特牲饋食禮》注："古文籑皆作餕（今文作籑，隸省）。"據《說文》，"饌"即"籑"或字。《儀禮》以籑爲

---

① 書，原作"方"，誤，據文淵閣《四庫全書》本《四庫辨疑》原書改。

餕，《論語》以饌爲餕，其實一耳。讀當以"食先生饌"爲句。言有燕飲酒，則食長者之餘也。有酒有事，文正相偶。有事弟子服其勞，勤也；有酒，食先生饌，恭也。勤且恭，可以爲弟矣，孝則未備也。

[九] 子曰："吾與回言終日，不違如愚。退而省其私，亦足以發。回也不愚也。"

【《翟四》頁5098】 《論語集注考證》曰："張師曾校、張達善點本，謂吾與回言終日。自《集注》取李氏之說，始讀爲句絕。前此儒先亦以'吾與回言'爲句。"《李文公集·答王載言書》引"子曰：吾與回言"，不連及下文。

【《武經》頁8513】 按此凡兩讀，一讀至"言"字絕句，"終日"屬下連文。一讀至"日"字絕句，"不違如愚"又爲一句。義並同。

[一〇] 子曰："視其所以，觀其所由，察其所安，人焉廋哉，人焉廋哉。"

【《王困》頁664】 "考其所爲，觀其所由，察其所以安"，亦見《大戴禮·文王官人篇》（按《逸周書·官人篇》："考其所爲，觀其所由。"無"察其所安"句）。

【《翟四》頁5098】 《大戴禮》（與王引同）……《北周書》蘇綽奏疏曰："視其所以，觀其所由，則人道明矣。"薛季宣《尚書古文訓》曰："視其所由，觀所以，察所安，而人焉廋哉。"

【《惠九》頁3894】 "視其所以，觀其所由，察其所安"，此《文王官人》之所記也（《文王官人》本載《周書》，《大戴》采之以爲

《記》)。

【《顧曰》頁179】　求仁而得仁,安之也。不怨天,不尤人,下學而上達,安之也。

[一一]子曰:"溫故而知新,可以爲師矣。"

【《孔經》頁8361】　凡教人者,皆以其所已知傳之弟子,是溫故也。然教學相長,故每因而有新說焉。若挾其故知自以爲是,而不能虛懷以受起予之益者,不足以爲人師矣。

【《劉論》頁14210】　故,古也。《六經》皆述古昔,稱先王者也。知新,謂通其大義,以斟酌後世之制作。漢初經師皆是也。

[一三]子貢問君子。子曰:"先行其言,而後從之。"

【《翟四》頁5098】　《唐文粹·陳黯讀鳳篇》引語曰:"君子先言而後從之。"《夢溪筆談》曰:"《論語》'先行'當爲句,'其言'自當後也。"郝敬《論語詳解》曰:"'先行'斷句,謂不言而行也,'其言'謂凡言,'而後'謂行之後。"

[一六]子曰:"攻乎異端,斯害也已。"

【《閻四》頁265】　孫奕《示兒編》云:"攻如'攻人惡'之攻,已如'末之也已'之已。已,止也。謂攻其異端,使吾道明,則端之害人可止。"後明太祖亦暗同此解。

【《毛四》頁1787】　先仲氏曰:陳晦伯作《經典稽疑》,引任昉

《王儉集序》有云:"攻乎異端,歸之正義。"劉勰《文心雕龍序》亦云:"周公設辨,貴乎作要;尼父陳訓,惡乎異端",則攻者攻擊之攻。孫奕《示兒編》云:"攻如'攻人惡'之攻,已如'末之也已'之已。"

【《孔經》頁8361】　東原戴丈說:"端,頭也。凡事有兩頭,謂之異端。言業精於專,兼攻兩頭,則爲害耳。"

【《焦論》頁12362】　《注》:"攻,治也。善道有統,故殊途而同歸,異端不同歸也。"循按:何晏以小道爲異端,注"予一以貫之"云:"天下殊塗而同歸,百慮而一致,知其元則衆善舉矣",與此注互相發明。何晏以老莊之學說經,謂善道有統,即《莊子》所謂通於一而萬事畢也。皇侃以異端爲諸子百家之書,《邢疏》仍之。漢《賢良策問》云:"或曰良玉不琢。"又云:"非文無以輔德,二端異焉。"《韓詩外傳》云:"別殊類使不相害,序異端使不相悖。"蓋異端者,各爲一端,彼此互異。惟執持不能通則悖,悖則害矣。有以攻治之,即所謂序異端也。"斯害也已",所謂使不相悖也。攻之訓治,見《考工記·攻木之工》注。《小雅》"可以攻玉",《傳》云:"攻,錯也。"《繫辭傳》"愛惡相攻",虞翻云:"攻,摩也。"彼此切磋摩錯,使紊亂而害於道者,悉歸於義,故爲序。《韓詩》"序"字足以發明"攻"字之意。已,止也。不相悖,故害止也。楊氏爲我,墨氏兼愛,端之異者也。楊氏若不執於爲我,墨子若不執於兼愛,互相切磋,自不至無父無君,是爲攻而害止也。《大學》"斷斷兮無他技",《鄭注》云:"他技,異端之技也。"經文自發明之云:"其心休休焉,其如有容焉。人之有技,若己有之;人之彥聖,其心好之,不啻若自其口出。"有容而若己有,則善與人同,故能保子孫黎民而爲利。媢疾不通,則執己之一端,不能容人,故不能保子孫黎民,而至於殆。殆即害也,害止則利也。有兩端則異,執其兩端,用其中於民,則有以摩之而不異。剛柔，兩端之異者也，剛柔相摩，則相觀而善。孟子言楊子爲我，墨子兼愛，又特舉一子莫執中。然則凡執一皆爲賊道，不必楊墨也。執一則不能相攻，賊道則害不可止。曾子居武城，寇至則去，寇退則反。顏子居陋巷，不改其樂，而不同於楊子之爲我者，不執一也。禹治水，勞身焦思，過門不入，而不同於墨子之兼愛者，不執一也。故曰禹、稷、顏回同道，又曰禹、稷、顏子，易地則皆然。惟易地皆然，所以異而同，亦所以同而異。攻之則不執一，而能易地皆然矣。何晏以"治"訓"攻"，引《易》而謂異端不同歸，其說似是。乃所謂同歸爲善道有統，則仍執一無權，非易地皆然之恉。而所謂治，亦不指相觀而善，故"已"字作虛詞。漢世儒者以異己者爲異端。尚書令韓歆上疏欲立費氏《易》、左氏《春秋》，范升曰："費、左二學無有本師，而多反異。孔氏曰：攻乎異端，斯害也已。"此以習左氏者爲攻乎異端，與何晏說同。陳欽稱左氏孤學少與，遂爲異家之所覆。呂升以習左氏者爲異端，欽又以斥左氏者爲異端（杜預《春秋序》云：簡二傳而去異端）。惟賈逵通五經之說，奏曰："三代異物，損益隨時，故先帝博觀異家，各有所採：《易》有施、孟，復立梁丘。《尚書》歐陽，復有大小夏侯。今《三傳》之異，亦猶是也。"損益隨時，即易地皆然之義，逵之說近矣。袁紹客多豪俊，並有才說。見鄭康成儒者，未以通人許之，競設異端，百家互起。康成依方辯對，咸出問表，皆得所未聞，莫不嗟服（以上俱見《後漢書》）。蓋以儒者執一不能通，故各爲一端以難之，是爲競設異端。康成本通儒，不執一，故依方辯對。謂於衆異之中而衷之以道也，是即康成之攻乎異端矣。道中於時而已，故孔子曰："我則異於是，無可無不可。"各執一見，此以異己者爲非，彼亦以異己者爲非，而害成矣。孫奕《示兒編》云："攻如'攻人之惡'之攻，已如'末之也已'之已。

已,止也。謂攻其異端,使吾道明,則異端之害人者自止。如孟子距楊墨,則欲楊墨之害止;韓子闢佛老,則欲佛老之害止者也。"此解已字爲止,是也。解攻字爲距、爲闢,尚未精。善攻其惡,即是磨琢己身之惡,攻人之惡,即是剴切他人之惡,亦不作彈擊之義。

【《劉論》頁14210】 異端,非六藝之科、孔子之術者也。

[一八]子張學干祿。子曰:"多聞闕疑,慎言其餘,則寡尤。多見闕殆,慎行其餘,則寡悔。言寡尤,行寡悔,祿在其中矣!"

【《翟四》頁5098】 《史記·弟子傳》作"問干祿"。

【《焦論》頁12363】 《注》:"鄭曰:干,求也。祿,祿位也。"循按:樊遲請學稼,則孔子目爲小人。小人,不求祿位者也。子張學干祿,孔子即告以得祿之道。聖人以事功爲重,故不禁人干祿,而斥夫學稼者也。

【《劉論》頁14210】 多聞,如《春秋》采百二十國寶書。闕疑者,史闕文也。信以傳信,疑以傳疑,慎之至也。多見闕殆,謂所見世也。殆,危也。《春秋》定、哀多微辭,上以諱尊隆恩,下以避害容身,慎之至也。

[一九]哀公問曰:"何爲則民服?"孔子對曰:"舉直錯諸枉,則民服。舉枉錯諸直,則民不服。"

【《王困》頁661】 孫季和(全云:餘姚燭湖先生孫應時,象山弟子)謂:"舉直而加之枉之上則民服,枉固服於直也;舉枉而加之直之上則民不服,直固非枉之所能服也。"——原注,若諸家解,何用加二"諸"字。閻按：此尤與"舜有天下，選于眾，舉皋陶"（指《顏淵篇》"樊遲問仁"章），不言錯四凶，引證合。《經義考》："孫應時《論語說》，今佚，僅存說'舉直錯諸枉'一條於《困學紀聞》。"

【《翟四》頁 5098】 "舉直錯諸枉"，《釋文》曰："錯，鄭本作措。"漢《費鳳碑》⋯⋯俱引作"措"。《史記‧孔子世家》："季康子問政，對曰：'舉直錯諸枉，則枉者直。'"

【《閻四》頁 259】 《困學紀聞》曰："孫季和⋯⋯直固非枉之所能服也，若諸家解，何用加二'諸'字。"余謂此尤與"舜有天下，選於眾，舉皋陶"，不言錯四凶，引證合。

【《劉論》頁 14211】 舉正直之人，措之枉曲之上，貴教化也。

[二〇]季康子問："使民敬忠以勸，如之何？"子曰："臨之以莊則敬，孝慈則忠，舉善而教不能則勸。"

【《翟四》頁 5099】 《文選‧沈約〈安陸昭王碑文〉》注，引《論語》："季康子問：使民以敬，如之何？"《四書釋地三續》曰："《韓文考異》'知其為賢以否'下云：'以、與通用。'余因悟《論語》'敬忠以勸'，蓋康子欲使民敬，使民忠，與使民勸於為善也，宜補注曰：'以，與也。'"

"舉善而教不能則勸"，《義疏本》"勸"上有"民"字。應劭《風俗通義‧過譽卷》，歐陽歙曰："舉善以教，則不能者勸。"《三國志‧徐邈傳》曰："舉善而教，仲尼所美。"按：據歐陽歙、徐邈所稱，則漢魏人多以"教"字絕句。

"臨之以莊則敬"，《義疏》本作"臨民之以莊，則民敬。"《七經考文》曰："上一'民'字恐誤。"按：上一"民"字，謂之不誤亦得。但有此"民"字,則"之"字爲衍。

【《閻四》頁271】　《韓文考異》"亦有歎息,知其爲賢以否"下云:"以、與通用之例,韓文屢見,此爲最明白者。"余因悟《論語》"敬忠以勸",蓋季康子欲使民敬,使民忠,與使民勸於善也,宜補注曰:"以,與也。"

【《王經》頁5】　以,猶而也。……季康子問使民敬忠以勸,如之何,"以"字注與"而"同義。

[二一] 或謂孔子曰:"子奚不爲政?"子曰:"《書》云:'孝乎惟孝,友于兄弟。'施於有政,是亦爲政,奚其爲爲政?"

【《翟四》頁5099】　舊文,"乎"爲"于"。《釋文》曰:"'于',如字,一本作'孝乎'。"《漢石經》"乎"爲"于"。《集解》包咸曰:"孝乎唯孝,美大孝之辭,以'唯孝'爲句絕。"《義疏》本,"乎"亦爲"于"。《疏》曰:"于,於也。惟孝,謂惟令盡于孝也。"程伊川《經說》曰:"《書》云孝乎者,《書》之言孝,則曰惟孝友于兄弟,施于有政。"朱子《集注》因之。《尚書·君陳篇》:"惟孝友于兄弟。"《白虎通·五經篇》俱述《論語》"孝乎惟孝"。《論語詳解》曰:"'書云'句,'孝乎'句,'惟孝'句。"《論語稽求篇》曰:"'孝乎'不句,而'惟孝'句。蔡邕書《石經》,直以'孝乎'作'孝于',明非斷句,助字。"……閻若璩《尚書古文辨偽》曰:"此與《禮記》'禮乎禮',漢語'肆乎其肆',韓愈文'醇乎其醇'相同,言孝之至也。"

"施于有政",《後漢書·郅惲傳》,"于"字作"之"。

"奚其爲爲政",舊本"政"下有"也"字。《釋文》曰:"奚其爲爲政也,一本無一'爲'字。"

【《惠九》頁3890】　《釋文》作"孝于",云:"一本作孝乎。"《唐石經》同。案:蔡邕《石經》亦作"于",故包咸《注》云:"孝于惟孝,美大孝之辭。"後世儒者據晉世所出《君陳篇》,改"孝于"爲"乎",以"惟孝"屬下句以合之。若非《漢石經》及包氏《注》,亦安從而是正邪?(華嶠《後漢書‧劉平江革傳序》云:……則知晉以前無以"孝乎"爲絕句者,但"于"誤爲"乎",其來已久。)

【《毛論》頁1753】　……則"孝乎"不句,而"惟孝"句。……或疑"孝乎惟孝"不可解。閻潛丘曰:"此與《禮》云'禮乎禮',漢語'肆乎其肆',韓愈文'醇乎其醇'相同,言孝之至也。故曰:美大孝之詞。"

【《王經》頁35】　《易‧乾‧文言》曰:"或之者,疑之也。"《管子‧白心篇》曰:"夫或者何,若然者也。"《墨子‧小取篇》曰:"或也者,不盡然也。"此常語也。或,猶有也。……古"有"字通作"或",……鄭康成注《論語》亦云:"或之言有也。"

【《王經》頁59160】　其,猶乃也。……奚其爲爲政,"其"與"乃"同意。

【《李群》頁8445】　古本以"孝乎惟孝"爲句。《白虎通》與《漢記》以及潘岳《閒居賦》、夏侯湛《昆弟誥》、陶潛《卿大夫孝傳贊》,皆用其語。自《古文尚書》出,並改《論語》句讀以就之。不知"書云"爲句,自是引《書》常法。若單拈一字以唱歎之,則古未有是也。蔡邕《石經》作"孝於惟孝"。"乎"字可讀斷,"於"字亦可讀斷乎?

【《武經》頁8513】　按:近讀從"孝乎"絕句,"惟孝"連下"友于兄弟"爲句。據包咸《注》,作"孝于惟孝",《漢石經》亦作"孝于惟孝"。古"乎"、"于"字同用,正與下"友于兄弟"屬詞相比。又華嶠《後漢書・劉平江革傳序》云:"此殆所謂'孝乎惟孝,友于兄弟'者也。"《太平御覽》引亦作"孝乎惟孝,友于兄弟",是古讀皆從"惟孝"絕句。《前漢書・王莽傳》皆曰:"安友于兄弟。"明以"友于"爲句,亦非自"惟孝"連讀。

【《劉論》頁 14211】 政者,正也。《春秋》定無正月者,昭非正終,定非正始也。夫子以昭公孫於齊之年適齊,以定之元年反魯,不仕,故或人問之,引《書》友于兄弟爲孝者,繼體之君,臣與子一例。定公,昭公之弟,不宜立者也。受國於季孫隱如,而不知討賊,則爲政之本失矣。書即位,與桓公、宣公例也。書"癸亥,公之喪至自乾侯。戊辰,公即位",微辭也。"是亦爲政",婉辭也。"奚其爲爲政",直辭也。

【《宋四》頁 14492】 《君陳》"孝乎惟孝"、"友于兄弟","施於有政",孔子所引《書》之辭。按:《論語》例作"於"字,引經乃作"于"。則可斷"孝乎惟孝,友于兄弟"八字爲《書》辭。"施於有政"以下,爲孔子語。以有'于'、'於'字,顯爲區別。閻氏極駁東晉《古文書》,此文乃爲《君陳篇》所誤,亦千慮之一失也。

[二二]子曰:"人而無信,不知其可也。大車無輗,小車無軏,其何以行之哉?"

【《王經》頁 56】 其,猶將也。……其何以行之哉。

[二三]子張問:"十世可知也?"子曰:"殷因於夏禮,所損益可知也。周因於殷禮,所損益可知也。其或繼周者,雖百世可知也。"

【《王經》頁 48－49】　也,猶邪也,歟也,乎也。……子張問,十世可知也。

【《俞古》頁 45】　也、邪通用例。……子張問,十世可知也……也字,當讀爲邪。

【《劉論》頁 14211】　繼周者,新周、故宋、以春秋當新王。損周之文,益夏之忠,變周之文,從殷之質,百世以俟聖人而不惑者也。循之則治,不循則亂,故云可知。

[二四]子曰:"非其鬼而祭之,諂也。見義不爲,無勇也。"

【《劉論》頁 14211】　"非其鬼而祭之,諂也",如隱公"鍾巫之祭"之類。"見義不爲,無勇也",如孔父義形於色,仇牧不畏彊禦,皆勇以成義也。

八佾第三

［一］孔子謂季氏，"八佾舞於庭，是可忍也，孰不可忍也？"

【《王經》頁 105－106】 孰，猶何也。……是可忍也，孰不可忍也。

【《劉論》頁 14211】 此篇類記正名辨分之事。《傳》曰："天子八佾，諸公六，諸侯四。"隱公始僭八佾於惠公之廟，又僭六佾於仲子之宮。自是而後，群公之宮皆僭八佾矣。樂舞以象功德也，大夫、士無廟樂，鄉飲、鄉射、笙歌、琴瑟而已。三桓設公廟於私家，因僭八佾，不仁之甚也。

［二］三家者以雍徹。子曰："'相維辟公，天子穆穆。'奚取於三家之堂？"

【《翟四》頁 5101】 舊文"徹"爲"撤"。《五經文字》曰："撤，去也，見《論語》。"《論語釋文》曰："撤，本或作徹。"

【《劉論》頁 14211】 辟公，即顯相周公也。或云：辟，法也。公，事也。謂明堂辟雍之事。天子，成王也。

[四]林放問禮之本。子曰:"大哉問!禮,與其奢也,寧儉;喪,與其易也,寧戚。"

【《翟四》頁5101】 《南史・顧憲之傳》:"喪易寧慼,慼字從心。"《禮記・檀弓篇》:"子路曰:吾聞諸夫子,喪禮與其哀不足而禮有餘也,不若禮不足而哀有餘也。"俞琰《書齋夜話》曰:"'易'字疑是'具'字。《檀弓》云:'喪具,君子恥具。''具'與'易'蓋相似也。"

【《劉論》頁14211】 林放,季氏之世臣也。見周之敝文而不慚,故問禮之本。夫子以禮乃本末兼具,不可偏廢者。發其末則秦人之縱肆、晉人之清談將作,三代之治泯然矣。曰"與其奢也寧儉",言救文雖莫如質,亦貴中也。

[五]子曰:"夷狄之有君,不如諸夏之亡也。"

【《劉論》頁14211】 "夷狄之"者,《春秋》於中國無禮義,則狄之。衛劫天子之使,則書戎伐;邾、牟、葛三國同心朝事魯桓,則貶稱人之類。言朝則有君可知。"諸夏之"者,如潞子嬰兒之離於夷狄,雖亡,猶進爵書子,君子之所與也。書"滅",亡國之善辭,言當興也。

[六]季氏旅於泰山。子謂冉有曰:"女弗能救與?"對曰:"不能。"子曰:"嗚呼!曾謂泰山不如林放乎?"

【《翟四》頁5101】 《洪武正韻》曰:"裱,祀山川名,經典通作

'旅',傳寫誤耳。""曾謂泰山",《韓李筆解》曰:"'謂'當作'爲',《路史·無懷氏論》引作'曾是泰山'。"

【《惠九》頁3890】 班固《述贊》曰:"大夫臚岱,侯伯僭時。"鄭氏曰:"臚岱,季氏旅於大山是也。"小顏曰:"旅,陳也,臚亦陳也。臚、旅聲近,其義一耳。"《禹貢》曰:"蔡蒙旅平。"《傳》曰:"祭山曰旅。"韋昭音"盧"。《士冠禮》注曰:"古文旅作臚。"

【《王經》頁98】 曾,乃也,則也。……曾謂泰山不如林放乎?(皇侃《疏》:"曾之言則也。"《釋文》:"曾,則登反。")

【《劉論》頁14212】 禮,五嶽視三公,四瀆視諸侯,皆不以封。泰山之陰則齊,其陽則魯,非龜蒙梟繹之北。惟天子有方望之祀,無所不通。蓋魯始僭三望,季氏因之,猶八佾也。林放知問禮,舉以厲冉有之詭隨也。

[七]子曰:"君子無所爭,必也射乎? 揖讓而升,下而飲,其爭也君子!"

【《翟四》頁5101】 《釋文》曰:"爭,絕句。鄭讀以'必也'絕句,'揖讓而升下'絕句。"《禮記·射義》與《論語》文無異,《音義》亦曰:"'揖讓而升下'絕句,'而飲'一句。"《四書通義》曰:"孔、邢注疏,以'下'爲句,朱子以'升'爲句。總之,以'揖讓'二字貫下。"按:繹注疏文,似以"揖讓"爲句,而"升"句、"下"句,而"飲"句。"下"字之上,論文法,應更有"而"字。

【《閻四》頁272】 《南園漫錄》曰:"《集注》以'惟於射而後有爭',解'必也射乎'。蓋以決辭爲義,屬上句。及'必也射乎',則云疑辭,屬下句。二句文氣皆同,通作疑辭爲順。"余謂亦非。必也，決辭。乎，疑辭。一句中具有二義。不寧惟是，必也使無訟乎，必也正名乎，必也狂狷乎，必也親喪乎，皆然（決疑並用，疏"毋必"之意與）。

【《武經》頁 8513】 近讀以"爭"字絕句，"必也"連下讀，據《釋文》云，鄭讀以"必也"絕句。舊讀從"升"字爲句，據《釋文》云，鄭讀"揖讓而升下"絕句。……案：《鄭注》《詩·賓之初筵》引此，則又云"下而飲"，似亦以"升"字絕句。蓋鄭兩讀，義皆可通。

"揖讓而升，下而飲"，**【《焦論》頁 12364】**《注》："王曰：射於堂，升及下皆揖讓而相飲。"循按：《釋文》"揖讓而升下"絕句。《鄭箋》《詩·賓之初筵》引此則云："下而飲。"《禮記·少儀》云："僕於君子，君子升下則授綏。"此正以"升下"連文絕句，與《論語》此文同。鄭解以祈爾爵，專取於飲。以"而飲"二字引之，不可成句，故連"下"字。其"揖讓而升"四字，義無所取，則舍之不引。《射義》引此文，《鄭注》云："下，降也。飲射爵者，亦揖讓而升降。"《釋文》云，"揖讓而升下"絕句，"而飲"一句。揖讓而升降，即揖讓而升下。然則鄭之句讀，不專以"下而飲"爲句，引證之法，各有所當，非所拘也。此《注》先提起升及下，以揖讓迫就而飲。與鄭先提起飲射爵者，以揖讓而升降，倒裝解法不同，而所以發明其義者，未有異也。皇侃《疏》云："就《王注》意，則云揖讓而升下也。若餘人讀，則云揖讓而升，'升'屬上句。"又云："下而飲，下屬下句。"然此讀不及王意也。謂"下"屬下句，似指鄭氏《詩箋》，何未考《射義》鄭注？且此《王注》，實以七字連屬爲句，未見其"揖讓而升下"爲句。以"揖讓而升下"爲句，正莫明於鄭氏《射義》注。《釋文》以"下"字絕句，正本《射義》，故又引《鄭注·賓之初筵》以明其異。不知宜七字連屬爲句，鄭氏或斷"下而飲"爲句，或斷"揖讓而升下"爲句。如王氏此注，且斷"揖讓"爲句，云升及下，則"升"字可句，"下"字亦可句。《皇疏》非也。

【《方論》頁14445】 此文見《論語》、《禮記》二處。《禮記注》云："飲射爵者，亦揖讓而升降。"案《儀禮·大射》云：耦進，上射在左，並行，當階北面揖，及階揖，升堂揖，皆當其物，北面揖，及物揖。射畢北面揖，揖如升射。是射時之揖讓而升下也。《大射》又云：勝者皆袒、決、遂，執張弓，不勝者皆襲，說決拾，卻左手，右加弛弓于其上，遂以執拊，揖如始升射。及階，勝者先升升堂，少右。不勝者進，北面坐，取豐上之觶，立卒觶，坐，奠於豐下，興，揖，不勝者先降。是飲射爵時之揖讓而升下也。此孔子所言者飲也，謂既以禮升降而飲此罰爵，其事可慚，是以射則爭中，卻非言揖讓而升射。故康成《禮注》言亦以明之。惟箋《詩·賓之初筵》引《論語》，作"下而飲"，與注《禮》異。要之，約略斷取，實不如《禮注》之勝。今讀《論語》者，乃棄《集解》舊讀而從《詩箋》解，云"揖讓而升"者，大射之禮，耦進三揖而後升堂，以揖讓屬於升射。又云"下而飲"，謂射畢揖降，以俟衆耦皆降，勝者乃揖不勝者升取觶立飲，沒去飲射爵時如始升射及卒觶揖降數番禮節。反若孔子所言揖讓升，下，與飲射爵時事兩相隔越，違背《儀禮》。而於上下文"爭"字亦並放空，似覺不可。且就如其說，以揖讓屬升射，下爲射畢揖降，尚是揖讓而升下，終不可以"升"字絕句也。既引大射禮升飲事，則卻是"升而飲"文，何得曰"下而飲"歟？雖亦從鄭《詩箋》，何如仍《論語》舊讀，亦從鄭《禮注》也？

[八] 子夏問曰："'巧笑倩兮，美目盼兮，素以爲絢兮。'何謂也？"子曰："繪事後素。"曰："禮後乎？"子曰："起予者商也！始可

與言《詩》已矣！"

【《李群》頁 8445】 案《考工記》所謂素功，謂白采也，青、赤、黃、白、黑謂之五采，故白亦采也。《鄭注》：後布之，恐其漬污也。謂先布青、赤、黃、黑四采，而後以白采加之，所以云後素功也。今以素爲粉地，與《考工》之文風馬牛矣。

齊案：參以"仁而不仁如禮何"（《八佾》）及"動之不以禮，未善也"（《衛靈公》），"先仁而後禮"，此說是（施素在後）。

【《凌校》頁 9087】 《論語》"禮後"說。何晏《集解》："鄭曰：繪，畫文也。凡繪畫先布衆色，然後以素分布其間，以成其文。"《考工記》："凡畫繢之事，後素功後。"《鄭注》："素，白采也，後布之，爲其易漬汙也。"鄭司農說以《論語》曰："繢事後素。"朱子《集注》不用其說，以後素爲後於素也。於《考工記》舊注亦反之，以後素功爲先以粉地爲質，而後施五采。近儒如蕭山毛氏、元和惠氏、休寧戴氏，皆知古訓爲不可易。而於"禮後"之旨，終不能會通而發明之，故學者終成疑義。竊謂《詩》云"素以爲絢兮"者，言五采得素而始成文也。今時畫者尚如此，先布衆色畢後，以粉勾勒之，則衆色始絢然分明。《詩》之意即《考工記》意也。子夏疑五采何獨以素爲絢，故以爲問。子以繪事後素告之，則素爲絢之理不煩言而解矣。子夏禮後之說，因布素在衆采之後而悟及之者也。蓋人之有仁、義、禮、智、信五性，猶繪之有青、黃、素、白、黑五色也。禮居五性之一，猶素爲白采，居五色之一也。……故《曲禮》曰："道德仁義，非禮不成也。"然則五性必待禮而後有節，猶之五色必待素而後成文。故曰"禮後乎"，本非深文奧義也。何氏《集解》云："以素喻禮。"但依文解之，而不能申言其義。毛氏、惠氏雖知遵舊注，而解因素悟禮之處,不免格格不妥。皆坐不知禮爲五性之節故也,今爲解之如此。

【《焦論》頁12364】 循按:"起"之義,同於"發",子夏起於當前,顏子發於退後。

【《劉論》頁14212】 素以爲絢,近於野容,而非天質矣。禮本乎天,言內心也。子夏怪以爲絢爲粉飾,故問之。

"曰:禮後乎",子夏因"後素"之說,而進之以《碩人》:首章言莊姜之貴族,次章言容儀,三章言車服,四章言媵御,皆諸侯夫人所從同者。苟非禮主於內,何以見莊姜之賢?"後乎",言不可緩也。故夫子以"起予"嘉之,而刪"素以爲絢"之句,見子夏明無邪之旨,發止禮之訓,有贊述之功也(又案:"膚如凝脂",即賦家所云芳澤無加,鉛華勿御矣。"素以爲絢"句,于文本贅。且《詩》用合韻,只一句。此三句,"倩"在青部,"盼"在文部,"絢"在真部,於法亦疏。孔顨軒氏以爲《三百篇》內無此例也)。

[九]子曰:"夏禮吾能言之,杞不足徵也。殷禮吾能言之,宋不足徵也。文獻不足故也。足,則吾能徵之矣。"

【《翟四》頁5102】 《史記·世家》,無"文獻不足故也"一句,謂子序《書傳》時語。《禮記·禮運篇》:"孔子曰,我欲觀夏道,是故之杞而不足徵也,吾得夏時焉;我欲觀殷道,是故之宋而不足徵也,吾得坤乾焉。"王楙《野客叢書》曰:"據《禮運》'之杞'、'之宋'之文,知《論語》夏禮吾能言,殷禮吾能言,蓋當于'言'字上點句,'之'字各連下爲句。"

【《劉論》頁14214】 夫子於杞得夏時,以言夏禮;於宋得坤乾,以言殷禮。惜其文獻皆不足徵,故采列國之史文,取夏時之等,坤乾之義,而寓王法於魯。黜杞,故宋,因周禮而損益之,以治百世也。

【《宋四》頁 14491】 語杞、宋並不足徵,《中庸》易其文曰:"有宋存。"案:鄭康成《論語序》云:"仲弓、子游、子夏所撰定(見《經典‧序錄》)。"《漢書‧藝文志》云:"《論語》者,孔子應答弟子時人,及弟子相與言而接聞於夫子之語也。當時弟子各有所記,夫子既卒,門人相與輯而論纂,故謂之《論語》。"《論語崇爵讖》云:"子夏六十四人,其撰仲尼微言以當素王(見《文選‧劉子駿〈移書〉》注)。"歷按諸文,知《論語》爲弟子所述,非孔子親撰。與子思述孔子之意,伯仲庸無異,安得云賢人口中不如聖人之確乎?

[一○]子曰:"禘自既灌而往者,吾不欲觀之矣!"

【《劉論》頁 14212】 禮,不王不禘。商、周皆禘嚳,周公宗祀文王於明堂,下及武王文母。審諦功德,創制顯庸也。魯僖公僭禘禮於周公之廟,非禮也。灌以求諸陰,以人鬼爲主,與祫及時享同,其僭猶未著。既灌而往,則祝延帝尸,皆天子之禮矣。故不欲觀,言周公不饗也。

【《方論》頁 14446】 禘,《爾雅》云:"大祭也。"而禘之爲祭非一。三年喪畢之吉祭,大其事則曰禘。宗廟五年,殷祭大於常祭,則亦爲禘。南郊配天之祭,又大於殷祭,則亦爲禘。虞夏禘黃帝,殷周禘嚳,又大於南郊,則亦爲禘。而時祭之,夏禘爲夏,殷禮不與焉。(《王制》:"夏曰禘。"《注》云:"此蓋夏殷之祭名,周則改之,夏曰礿。")《論語》:"禘自既灌而往者,吾不欲觀之矣。"是言宗廟殷祭也。與《禮‧喪服小記》及《大傳》所云"禮,不王不禘,王者禘其祖之所自出，以其祖配之，爲南郊，祭感生之帝"者別。(《小記》注云："始祖感天神靈而生，祭天以其祖配之。"《大傳》注云："大祭其先祖所由生，謂郊祀天也。")祭感生之帝，始祖配食宗廟。殷祭始祖之上，更無自出之帝，二者確然有辨。王子雍認禮不王不禘之文，爲宗廟五年殷祭。後儒承其譌說，遂解《論語》之禘爲魯祭文王於周公之廟，而以周公配之，指爲非禮，謬矣。春秋時諸侯以出王爲祖，若宋祖帝乙、鄭祖厲王，是其明證。魯爲文昭，自以文王爲太祖，其廟爲周廟，見於襄十二年《左傳》。禘在太廟，不必屈文王於周公之廟，以周公配食。《大傳》云："諸侯及其太祖，亦不得謂非禮，既文王爲始祖，亦更不祭文王所自出之帝。至魯人，將有事於上帝，必先有事於頖宮。"是南郊祀后稷以配天，與此又全不相涉。其王肅指宗廟殷祭爲禘其祖之所自出、以其祖配之之謬，請證之。《周頌·雝詩》云："文武維后。"《韓內傳》謂："禘取毀廟之主，皆升，合食於太廟。"明周立文、武二祧，其所藏，子孫遷主升於太廟合食。若使有文武自出之帝，祭於文武之廟，而文武配之，則不得云維后。又證之鄭君，《禘祫志》云："太王、王季以上，遷主祭於后稷之廟，其坐位與祫祭同。"明周祭后稷廟，太王、王季以上遷主，合食於此。后稷東向獨尊，不聞后稷更配所出之帝也。王肅之義甚不可用。此經《孔注》云："禘祫之禮，爲序昭穆。故毀廟之主及群廟之主，皆合食於太廟。既灌之後，列尊卑、序昭穆。而魯逆祀，躋僖公，故不欲觀之。"解甚直截，無魯禘本爲非禮之義。《集注》誖於王肅。近時毛西河、閻百詩所著經學書，尚泥《集注》，未及辯正。諸侯自有禘祭之禮，至毛氏謂魯祭出王，原得用天子禮樂。閻氏復欲以王季或太王定爲魯始祖，文王所自出之帝，妄謬至何日止哉！又毛氏譏《孔注》，謂諸侯五廟，閔僖逆祀。越文、宣、成、襄、昭五公，久已在祧壇之列。殊不思毀廟之主,升食太廟,則雖在祧壇合食時逆祀依然。即陽虎順祀先公,僅定八年一舉,此外不然可知。更不思哀三年《春秋》書桓宮、僖宮災,於時僖廟尚未毀哉。古注蓋無可議。

又案:春秋時,魯之禘祭不必定在太廟。群廟及禰廟,亦屢有是事。閔二年《經》,書吉禘于莊公。昭十五年《傳》,稱禘于武公。二十五年《傳》,稱將禘于襄公。定八年《傳》,稱禘于僖公。武、僖非大祖,莊、襄又特閔、昭之禰。而經傳明言有禘,凡此皆非正法。夫子之歎,或兼爲此歟。

[一一] 或問禘之說。子曰:"不知也。知其說者之於天下也,其如示諸斯乎?"指其掌。

【《劉論》頁 14212】　惟王者受命於天,其功德必以天諦之。必德如文王,而後可以配上帝。子孫之明德恤祀者,若殷三宗、周成康。元臣之勳在王室,若殷之阿衡,周之文母、周公,方與於大享。知其說者,則周公其人也。稱上帝,則子孫不敢私其祖宗,臣下不敢私其所事。故南郊定諡,乃措之廟,立之主。大行受大名,則與於禘;細行受細名,則不與於禘。魯自僖公僭郊禘,故夫子爲之諱,于《春秋》不言始,于《論語》不言郊,不知禘。然曰"天下",則微而顯矣。

[一二] 祭如在,祭神如神在。子曰:"吾不與祭,如不祭。"

【《武經》頁 8513】　舊讀以"吾不與祭"爲句,愚謂以"與"字斷，"祭如不祭"，義自豁然矣。朱子《集注》明言"或有故，不得與"，正可舉證。近人篤信朱子，于此反從舊讀，義所未安也。

【《劉論》頁 14214】 《傳》曰："士不及四時之祭，則冬不裘、夏不葛。"

[一三]王孫賈問曰："'與其媚於奧，寧媚於竈'，何謂也？"子曰："不然！獲罪於天，無所禱也。"

【《顧日》頁 27】 奧何神哉？如祀灶則迎尸而祭於奧，此即灶之神矣（原注："于以奠之，宗室牖下"，《注》："牖下，室西南隅，所謂奧也。"李氏曰："戶東而牖西，戶不當中而近東，則西南隅最爲深隱，故謂之奧。而祭祀及尊者常處焉。"……是奧本人之所處，祭時乃事神于此）。……《注》以奧比君，以灶比權臣。本一神也，析而二之，未合語意。

【《翟四》頁 5102】 《玉篇》"奧"字下引《論語》曰："寧媚於奧。"

【《王經》頁 2】 《廣雅》曰："與，如也。"……與其，皆謂如其也。

[一四]子曰："周監於二代，郁郁乎文哉！吾從周。"

【《惠九》頁 3890】 《汗簡》云：《古論語》"郁"作"祴"，《漢石經》仍作"郁"。

【《劉論》頁 14214】 正朔三而改，文質再而復，如循環也。故王者必通三統，周監夏殷，而變殷之質，用夏之文。夫子制《春秋》，變周之文,從殷之質,所謂從周也。乘殷之輅,從質也;服周之冕,從文也。

[一五]子入太廟,每事問。或曰:"孰謂鄹人之子知禮乎? 入太廟,每事問。"子聞之曰:"是禮也?"

【《俞古》頁45】 "也"、"邪"通用例……乃古人之文則有以"也"字爲疑詞者。陸氏《經典釋文序》所謂"邪、也弗殊",是也。……按此章乃孔子歎魯祭之非禮也。魯僭禮之國,太廟之中,犧牲服器之等,必有不如禮者。子入太廟,每事問,所以諷也。或人不諭,反有"孰謂知禮"之譏。故夫子曰"是禮也"。也,讀爲邪,乃反詰之詞,正見其非禮也。學者不達也、邪通用之例,以反言爲正言,而此章之意全失矣。

【《劉論》頁14213】 魯自僖公僭禘於太廟,用四代之服器官,其後大夫遂僭大禮。每事問者,不斥言其僭,若爲勿知而問之,若曰此事昉於何時,其義何居耳。以示天子之事,魯不當有也。或人習而不察,故正言以告之。

[一六]子曰:"射不主皮,爲力不同科,古之道也。"

【《翟四》頁5103】 《儀禮·鄉射禮篇》"禮射不主皮",上有"禮"字。《疏》曰:"禮射,謂以禮樂射,大射、賓射、燕射是也。"詹道傳《四書纂箋》曰:"古射有主皮者。無侯,張獸皮而射。庶人于冬田獵,分禽用之。又有貫革者,懸甲鎧而射,習軍容也,于軍旅用之。此章不同,蓋一是禮射,一是武射。"

【《閻四》頁274】 陳氏《禮書》：有主皮之射，有貫革之射，析爲二。"主皮之射"四字，見《儀禮·鄉射禮記》。"貫革之射"四字，見《禮記·樂記》，各不相蒙。而《集注》以"貫革"解"主皮"，恐非。蓋《周禮·鄉大夫》以鄉射五物詢衆庶，三曰主皮。果如《集注》解，則是以軍士武射陷堅穿札之才而興賢能矣。豈其然？胡不考至此。因考《鄉射禮記》曰："禮射不主皮，主皮之射者，勝者又射，不勝者降。"《鄭注》："禮射，謂以禮樂射也。大射、賓射、燕射是矣。不主皮者，貴其容體比於禮，其節比於樂，不待中爲雋也，言不勝者降，則不復升射也。主皮者，庶人無侯，張獸皮而射之，主於獲也。"不待中爲雋，非是要不中，即不中亦可。但取其容體比於禮，其節比於樂，便可得與於祭。……先王蓋深爲此等慮，故純乎尚德而不尚力。……則主皮之射，雖君子之所不處，亦非其所尚也。晚周之時，射尚主皮，故孔子譏之。

【《毛論》頁1755】 ……按"主皮"與"貫革"不同。主者，著也。主皮者，著於皮也。鄭康成所云善射，扶風馬氏所云能中質，是也。大射期中質，豈有習射而反以不中爲能事者？但射名不同，有專主皮者，有不專主皮者。不專主皮，即不主皮者也（齊按：中引《周禮》等四處與閻同）。……蓋主皮者，力射也。夫至於皮，非力不能。《孟子》曰："其至，爾力也。"不主皮者，禮射也。……禮射與力射，截然二等，故夫子解之曰"禮射不主皮"者，謂與力射不同等故耳。

[一七]子貢欲去告朔之餼羊。子曰："賜也！爾愛其羊，我愛其禮！"

【《劉論》頁14213】　經書：文公四不視朔,有疾猶可言。自是無疾,亦不視朔朝廟,大惡不可言也,故於餼羊發之。

【《方論》頁14447】　《集注》:"古者天子常以季冬頒來歲十二月之朔于諸侯。"《漢書‧五行志》云:"周衰,天子不頒朔,魯歷不正,置閏不得其月,月大小不得其度。"案:左氏桓十七年《傳》"十月朔,日有食之。不書日,官失之也。天子有日官,諸侯有日御"云云,則日官爲天子掌歷之官。《傳》云"官失之",明當時之朔爲周天子所班也,《漢志》非矣。

[一八]子曰:"事君盡禮,人以爲諂也。"

【《俞古》頁45】　也、邪通用例。……"人以爲諂也","也"字必讀爲"邪"。

[二〇]子曰:"《關雎》樂而不淫,哀而不傷。"

【《劉論》頁14213】　昏禮:男子著代,女子辭家,所以哀也。《關雎》之德,宜有鐘鼓之樂,非正言文王太姒,亦非謂始至,用盛樂也。或云《關雎》合樂三終,兼《葛覃》、《卷耳》言之。

[二一]哀公問社於宰我。宰我對曰:"夏后氏以松,殷人以柏,周人以栗,曰使民戰栗。"子聞之曰:"成事不說,遂事不諫,既往不咎。"

【《王困》頁659】　《春秋‧文公元年》正義云:"哀公問主於宰

我。"案:《古論語》及孔、鄭,皆以爲"社主"。張、包、周等,並爲"廟主"。今本作"問社",何晏《集解》用孔氏說,凡建邦立社,各以其土所宜之木,亦不言"社主"。然《正義》必有據,皇侃《疏》云:"《鄭論》本云:問主也。"

【《洪容五筆》卷十頁 85】 ……古人立社,但若因其土地所宜木爲之,初非求異而取義於彼也。哀公本不必致問,既聞用栗之言,遂起"使民戰栗"之語。其意謂古者弗用命,戮于社,所以威民。然其實則非也。孔子責宰我不能因事獻所替否。既非成事,尚爲可說;又非遂事,尚爲可諫;且非既往,何咎之云。或謂"使民戰栗"一句,亦出於宰我。記之者欲與書言有別,故加"曰"字以起之,亦是一說。然戰栗之對,使出於我,則導君於猛,顯爲非宜。出於哀公,則便即時正救,以杜其始。……何休注《公羊傳》云:"松猶容也,想見其容貌而事之。主人正之意也。柏猶迫也,親而不遠,主地正之意也。栗猶戰栗,謹敬貌,主天正之意也。"然則"戰慄"之說亦有所本,《公羊》云:"虞主用桑,練主用栗。"則三代所奉社,其亦以松柏栗爲神之主乎?非植此木也。程伊川之說有之。(齊按:《錢十》頁 5031 說得更詳。)

【《翟四》頁 5103】《釋文》曰:"社,如字。鄭本作主,云:主,田主,謂社也。"《邢疏》曰:"張、包、周本,以爲哀公問主於宰我。先儒或以爲宗廟主者,杜元凱、何休用之以解《春秋》。"《程子遺書》:"伊川曰:社字本是主字,文誤也。"

【《惠九》頁 3890】 鄭本"社"作"主",云:"田主謂社。"案:《三王世家》載《春秋大傳》曰:"天子之國有泰社,將封者各取其物色,裹以白茅,封以爲社,此之謂主土。主土者,立社而奉之也。"《公羊傳》云:"虞主用桑,練主用栗。用栗者,藏主也。"何休云:

"夏后氏以松，殷人以柏，周人以栗。松猶容也。……主天正之意也。"（齊按：與《洪容》引文同）《疏》云："夏后氏以下出《論語》。"而鄭氏《注》云謂"社主"，正以古文《論語》哀公問社於宰我故也。今文《論語》無"社"字，是以何氏以爲廟主耳。

【《毛論》頁 1756】　哀公問社，問社義也。宰我以社名答之，以爲社有名，而義在其中。古凡立社，各樹其土所宜木以爲名，如樹松曰松社，樹栗曰栗社。……如周名栗社，則其義以戰栗爲名，謂人君不可使民不畏威也。然而君以威勝民，其義疎矣。夫子惜其解說之不當也，故引古語云"成事不說"，謂已成之事，不可妄加解說者，正謂此也。其又引"遂事"二語連及之也。若《齊論》本，則又以問社，"社"字作"主"字，謂問廟主之木。漢安昌侯張禹所授本如此（齊按：中引《公羊》，如王、惠）。此說之最異者。其實宰我所說，本《尚書》耳。《白虎通》引《尚書》逸篇云："大社惟松，東社惟柏，南社惟梓，西社惟栗，北社惟槐。"則宰我引經，原是論"社"，與"主"何與乎？

【《臧經》頁 1855】　《古論語》："哀公問社於宰我。"《魯論語》："哀公問主於宰我。"

【《焦論》頁 12364】　《注》："包曰：事已成，不可復解說。"循按：解字明說字，說讀若脫，解脫與諫止互明。事已成已遂，故不可諫止，即不可解脫。

"哀公問社於宰我"，《方論》頁 14447　張、包、周及鄭本，作"哀公問主於宰我"，蓋古本也。《鄭注》云："主，田主，謂社也。"異義，《公羊》說以問主爲宗廟之主，云祭有主者，孝子之主繫心。夏后氏以松，殷人以柏，周人以栗。鄭駁之曰："《論語》所云，謂社主也。"是《古論語》作"問主"，無作"問社"者。朱子云："古者立社，各樹其土之所宜木以爲主。"案:《周禮·大司徒》云:"樹之田主,各以其野之所宜木,遂以名其社與野。"《尚書·無逸》傳云:"大社惟松,東社惟柏,南社惟梓,西社惟栗,北社惟槐。"①《漢書·地理志》"潁川長社縣",應劭《注》:"其社中樹暴長,故名。"《眭孟傳》:"昌邑有枯社木,臥復生",師古《注》:"社木,社主之樹也。"是皆以所宜木爲社主之證也。康成注《宗伯》云:"社之主,蓋用石。"蓋者疑辭。今據宰我之言,及《周禮》經文、《書傳》、《漢書》證之,鄭蓋無據。或疑古人有奉社主出行者,有擁社示服者,樹爲社主,難載以出。愚謂"曾子問:'師行無遷主則何如?'孔子曰:'主命天子,諸侯將出,必以幣帛皮圭告於祖禰,遂奉以出。'"以祖例社,則祀社之幣帛亦足爲主歟?

宰我戰栗之對,胡安國作《春秋傳》引之。用《韓非》書之說,曰:"哀公問於仲尼曰:《春秋》記隕霜不殺草,李梅實,何爲記之也?曰:此言可殺也。夫宜殺而不殺,則李梅冬實,天失其道。草木猶干犯之,而況君乎?是故以天道言四時失其序,則其施必悖,無以統萬象矣。以君道言,五刑失其用,則其權必喪,無以服萬民矣。哀公欲去三桓,張公室。問社於宰我,宰我對以使民戰栗,蓋勸之斷也。仲尼則曰成事不說,遂事不諫,既往不咎。其自與哀公言,乃以爲可殺,何也?在聖人則能處變而不失其常,枉賢者必有小貞吉、大貞凶之戒矣。"愚案:斯時哀公與三桓有惡。觀左氏記公出孫之前,游於陵阪,遇武伯,曰:"余及死乎?"至於三問。是其杌隉不安,欲去三桓之心,已非一日。則此社主之問,與宰我之對,君臣密語隱衷可想。又社陰氣主殺,《甘誓》云:"不用命,戮于社。"《大司

---

① 此段引文當出《尚書》逸篇,非出《無逸》傳。

寇》云："大軍旅莅，戮于社。"是宰我因社主之義，而起哀公威民之心，本非臆見附會，夫子責之曰：成事不說，遂事不諫。云成事、遂事，必指一事而言（左氏襄十年《傳》："知伯曰：女成二事，而後告予。"《注》："二事，伐偪陽，封向戌。"可爲《論語》成事之證）。緣哀公與宰我俱作隱語，謀未發洩，故亦不顯言耳。其對立社之旨，本有依據。是以夫子置社主不論，但指其事以責之，蓋已知公將不沒於魯也。獨慨宰我因數爲聖人所責，論社有不咎之戒，晝①寢有何誅之警。從井之疑，短喪之問，皆非所與。遂使人幾忘其列聖門言語之科，發賢於堯舜之論，受《五帝德》、《帝繫姓》之傳。及問鬼神而聞反古復始之教，諸美事，而疑其行若有短。雖司馬遷作《弟子傳》，亦誣其與田常作亂也。悲夫！

按：《弟子傳》，"傳"字原稿及《經解》均作"使"，疑誤。

[二二] 子曰："管仲之器小哉！"或曰："管仲儉乎？"曰："管氏有三歸，官事不攝，焉得儉？""然則管仲知禮乎？"曰："邦君樹塞門，管仲亦樹塞門。邦君爲兩君之好，有反坫，管氏亦有反坫。管氏而知禮，孰不知禮！"

【《俞癸》頁62】……管仲反坫，樹塞門，三歸，官事不攝，自謂功成身泰，意侈即是器小……故知器小是侈泰也。

【《翟四》頁5104】《新序·雜事篇》引孔子曰："小哉管仲之器。"《韓非子·外儲說》："管仲父庭有陳鼎，家有三歸。孔子曰：良大夫也，其侈逼上。"《禮記·雜記》："孔子曰：管仲旅樹而反坫，賢

---

① 晝，原作"書"，誤。《論語·公冶長第五》云："宰予晝寢。"據改。

大夫也,而難爲上也。"《論衡·感類篇》:"管仲爲反坫,有三歸,孔子譏之,以爲不賢。"

【《惠九》頁3890】 《管子·中匡篇》:"施伯謂魯侯曰:管仲者,天下之賢人也,大器也。"蓋當時有以管仲爲大器者,故夫子辨之。

【《毛論》頁1756】 舊注引包咸說,謂"三歸"是娶三姓女。婦人謂嫁爲歸,諸儒說皆如此。禮,諸侯娶三姓女,大夫娶一姓女。……舊《集解》、《疏義》亦云:"禮,大夫雖有妾媵,然適妻則祇娶一姓。"今管仲娶三姓女,故曰三歸,其說甚明。故《國策》則明云:"管仲爲三歸之家。"漢公孫弘云:"管仲相齊桓,取三歸。"

劉向《說苑》誤述仲事,因誤解《國策》所致。按:《國策》:周文君免工師籍,相呂倉,而國人不悅。因曰:宋君奪民時以爲臺,而民非之,無忠臣以掩蓋之也。子罕釋相爲司空(司空主督築者,《左傳》:子罕親執朴,抶民以行築)。齊桓公宮中,女市女間七百,國人非之。管仲故爲三歸之家,以掩桓公(鮑彪曰:婦人謂嫁曰歸,夫家曰家,仲蓋三娶女也),非自傷于民也。《國策》此說,謂管仲、子罕同一掩蓋君非之事,故相連引及,非謂宋君築臺,管仲亦築臺也。

或謂三歸臺,亦是因三娶而築臺以名之。無據,不可爲訓。

【《孫讀》頁5407】 包咸《注》云:"三歸者,娶三姓女也。婦人謂嫁爲歸。"朱子則云:"三歸,臺名,事見《說苑》(《善說篇》)。"……案:三歸之爲臺名,是也。然其所以名三歸者,亦以娶三姓女故爾。《新臺》敘衛宣公納伋之妻,作新臺於河上而娶之。杭堇浦先生云:"古昏禮有築臺以迎女之事,《左傳》言秦穆姬登臺而哭,必其嫁時所築也。"

【《方論》頁14448】 "三歸",當仍舊注,爲娶三姓女,《論語稽求篇》辯之極詳。金仁山謂算家有築臺三歸法,不知此後世算家借臺形以通其術,其算術名三歸也。三歸是法又無定數,謂管氏此臺可以三歸算之,因以爲名,可乎?

[二三]子語魯太師樂曰:"樂其可知也。始作,翕如也。從之,純如也,皦如也,繹如也,以成。"

【《臧經》頁 1855】 《古論語》:"縱之,純如也(《孔子世家》)。"《魯論語》:"从之,純如也。"

[二四]儀封人請見曰:"君子之至於斯也,吾未嘗不得見也。"從者見之。出曰:"二三子何患於喪乎? 天下之無道也久矣,天將以夫子爲木鐸。"

【《方論》頁 14448】 《邢疏》並引《周禮》、《左傳》"封人"以證之,非也。《周禮》封人與《論語》別,所掌乃聚土①爲封之事。《封人職》云:"掌設王之社壝爲畿,封而樹之。"是《左傳》封人則與《論語》一例。隱元年《傳》:"潁考叔爲潁谷封人。"桓十一年《傳》:"蔡封人仲足。"文十四年《傳》:"宋高哀爲蕭封人,以爲卿。"昭十九年《傳》:"鄖陽封人。"二十六年《傳》:"呂封人華豹。"皆冠以邑名,乃疆吏也。

[二五]子謂《韶》:"盡美矣,又盡善也。"謂《武》:"盡美也,未

---

① 土,原作"士",誤。孔穎達《春秋左傳正義》卷十一曰:"封者,聚土之名也。"據改。

盡善也。"

【《錢十》頁 4976】 按《漢書·董仲舒傳》引孔子曰："《韶》,盡美矣,又盡善矣。"又引："《武》,盡美矣,未盡善也。"上"矣",下"也",語意不同,當是《論語》古本。今《漢書》亦改作"也",唯宋景祐本是"矣"字。《西漢策要》與景祐本同。

【《焦論》頁 12365】 《注》："孔曰:《武》,武王樂也,以征伐取天下,故未盡善。"循按:武王未受命,未及制禮作樂,以致太平,不能不有待於後人,故云未盡善。善,德之建也(《國語》)。周公成文武之德,即成此未盡善之德也。孔說較量於受禪征伐,非是。

里仁第四

[一]子曰:"里仁爲美。擇不處仁,焉得知?"

【《王困》頁660】 張衡《思玄賦》:"匪仁里其焉宅兮,匪義迹其焉追。"《文選》注引《論語》:"里仁爲美,宅不處仁,焉得知。"里、宅,皆居也(《集證》、《後漢·張衡傳》注、《文選》注並同)。石林云:"以擇爲宅,則里猶宅也,蓋古文云然。今以宅爲擇,而謂里爲所居,乃鄭氏訓解,而何晏從之,當以古文爲正。"致堂云:"里,居也。居仁爲里,安仁者也。"

【《翟四》頁5106】 齊按:略與《王困》同。

【《惠九》頁3890】 王伯厚曰:"張衡《思玄賦》,……當以古文爲正。"(齊按:引《困學紀聞》語)棟案:《釋名》曰:"宅,擇也。"擇吉處而營之,是宅有擇義。或古文作"宅",訓爲擇,亦通。《孟子》亦作擇。趙岐曰:"簡擇不處仁,爲不智。"

[二]子曰:"不仁者,不可以久處約,不可以長處樂。仁者安仁,知者利仁。"

【《翟四》頁5106】 《禮記·表記》:"子曰:仁者安仁,知者利仁,畏罪者強仁。"《大戴禮‧曾子立事篇》曰:"仁者樂道,智者利道。"

[三]子曰:"唯仁者,能好人,能惡人。"

【《翟四》頁5106】 《禮記‧緇衣》:"子曰:唯君子能好其正,其惡有方。"
【《焦論》頁12365】 《注》:"孔曰:惟仁者能審人之所好惡。"循按:仁者,好人之所好,惡人之所惡,故爲能好能惡。必先審人之所好所惡,而後人之所好好之,人之所惡惡之,斯爲能好能惡也。

[四]子曰:"苟志於仁矣,無惡也。"

【《翟四》頁5106】 《漢石經》無"也"字。"惡"字作"悪"。《論語釋文》曰:"惡,如字,又烏路反。"蘇轍《論語拾遺》曰:"能好能惡,猶有惡也。無所不愛,則無所惡矣。故曰:苟志於仁矣,無惡也。"惡讀烏路反。朱子《答張敬夫》曰:"此章惡字,只是入聲。"
【《王經》頁64】 苟,誠也。……"苟志於仁矣"是也。常語也。

[五]子曰:"富與貴,是人之所欲也,不以其道,得之不處也。貧與賤,是人之所惡也,不以其道,得之不去也。君子去仁,惡乎成名?君子無終食之間違仁,造次必於是,顛沛必於是!"

【《翟四》頁5106】 "是人之所欲也",按:此"也"字,唐以前人引述悉略去，未必不謀盡同也，恐是當時傳本有如此。

"不以其道得之"，朱子《集注》程允夫言，此當以"不以其道"爲一句，"得之"爲一句。先生批曰："如此說則'其'字無下落，恐不成文理。"《書齋夜話》曰："此究當就'不以其道'點句。若就'得之'點，則富貴固有以其道得之，亦有不以其道得之者。若貧賤，則安有以其道而得之者哉？"王若虛《論語辨惑》曰："'貧與賤'下，當云'以其道得之'，'不'字非衍即誤也。若夷齊求仁，雖至餓死而不辭，非以其道得貧賤而不去乎？夫生而富貴，不必言不處。生而貧賤，亦安得去？此所云者，蓋儻來而可以避就者耳，故有以道不以道之辨焉。"

【《翟四》頁 5106】 "不處也"，《論衡·問孔篇》、《刺孟篇》，皆引作"不居也"。

眉批：《書齋夜話》有二，一爲宋俞玉撰，辨字音字義，及於《六經》。一爲宋俞琰撰，講經義考證訓詁等。又，"貧與賤……不以其道得之"，《論衡·問孔篇》云："……不以其道去之則不去也。當言去，不當言得。"

[六]子曰："我未見好仁者，惡不仁者。好仁者，無以尚之，惡不仁者，其爲仁矣，不使不仁者加乎其身。有能一日用其力於仁矣乎？我未見力不足者。蓋有之矣，我未之見也！"

【《翟四》頁 5107】 《漢石經》："未見好仁惡不仁者。""好仁"下無"者"字。

《集注考證》曰："此'矣'字不是句絕，是引下文之辭，故朱子作'者'字說。"

【《王經》頁 50】 矣，猶也。……其爲仁矣，即其爲仁也。也、矣,一聲之轉,故"也"可訓爲"矣","矣"亦可訓爲"也",互見"也"字下。

[七]子曰:"人之過也,各於其黨。觀過,斯知仁矣!"

【《翟四》頁5107】 《後漢書·吳祐傳》,"仁"作"人"。陸采《冶城客論》曰:"斯知仁矣。仁是人字,與宰我問'井有仁焉'之仁,皆以字音致誤。"《禮記·表記》:"與仁同過,然後其仁可知也。"

眉批:陸采,明人,著有《冶城客論》。

又,《論衡·問孔篇》引此說作"斯知仁矣"。

【《毛論》頁1757】 "黨"字作"類"字解,指倫類言,則單指爲人受過者,言受過各有類。

【《毛四》頁1785】 《冶城客論》:"無錫陳公懋云:《論語》'斯知仁矣',仁字是人字,與宰我問'井有仁焉'之仁同,皆是以字音致誤。即《周易·繫詞》'何以守位曰仁',晁以道僞古本作'人'字,亦此類。"

【《焦論》頁12365】 《注》:"孔曰:黨,黨類。小人不能爲君子之行,非小人之過,當恕而勿責之。觀過使賢愚各當其所,則爲仁矣。"循按:《皇疏》作"民之過也",與《注》"小人"爲合。觀,讀如'觀其所由'之觀。但見其過,而概加責焉,非仁也。諦視而察之,則知仁術矣。各於其黨,即是觀過之法,此爲范民者示也。皇侃云:"猶如耕夫不能耕,乃是其失。若不能書,則非耕夫之失也。"此說"黨"字義最明。《後漢·吳祐傳》:"以椽私賦民錢,市衣進父,爲觀過知仁。"是以賦錢之過爲仁,異乎《孔注》。《漢書·外戚傳》:"燕王且爲丁外人求侯,上書稱子路姊喪,期而不除,孔子非之。子路曰:由不幸,寡兄弟,不忍除之,故曰觀過知仁。"是當時有此一說,然以蓋主而侯外人,豈得爲仁。子路親愛其姊,偶愆於禮,夫子裁之,即時改正。且以此爲觀過知仁,儗非其倫矣。吳祐所稱孫性之事,尤足長詐而敝俗,遂因有安邱男子因母殺人之事矣。孔氏之訓精善,吳祐之見,乖乎聖人。

[八]子曰:"朝聞道,夕死可矣!"

【《翟四》頁5107】 《漢石經》,"矣"作"也"。

[一〇]子曰:"君子之於天下也,無適也,無莫也,義之與比。"

【《翟四》頁5107】 《釋文》曰:"適,鄭本作敵。莫,鄭音慕。"《集注考證》曰:"比當作毗志反。如'周而不比'與'射者比',皆毗志反。比死者,比化者,皆必二反。朱子嘗因學者之問,欲改未及。"

【《惠九》頁3890】 鄭本"適"作"敵","莫"音"慕",無所貪慕也。棟案:古"敵"字皆作"適"。《禮記·雜記》曰:"赴於適者。"《鄭注》云:"適讀爲匹敵之敵。"《史記·范雎傳》:"攻適伐國。"《田單傳》:"適人開戶。"《李斯傳》:"群臣百官,皆畔不適。"徐廣皆音征敵之敵。《荀卿子·君子篇》云:"天子四海之内,無客禮,告無適也。"注讀爲敵。

【《毛論》頁1757】 適、莫與比,皆指用情言。適者,厚也,親也。莫者,薄也,漠然也。比者,密也,和也。當情爲和,過情爲密,此皆字義之有據者。若曰：君子之于天下，何厚何薄，何親何疎，惟義之所在，與相比焉。《國語》司馬侯曰："罔與比而事吾君矣。"與比二字，此爲確注。

《後漢書》劉梁著《和同論》，有云："有愛而爲害，有惡而爲美，君子之于天下，無適無莫。"直以適莫主愛惡言。

【《臧經》頁 1855】 《古論語》："無適也。"《魯論語》："無敵也。"

[一一]子曰："君子懷德，小人懷土。君子懷刑，小人懷惠。"

【《翟四》頁 5107】 《漢石經》"刑"字作"荆"。張有《復古編》曰："刑，從刀，开聲，剄也。荆，從刀，井法也。今經史皆通作刑。"

按：《說文》："荆，辠罪也，國之荆罰也。从井刀。以刀守井，割其情也。"《論衡·四諱篇》亦云："荆之字，井與刀也。"字義與"刑"有別，經典相承借用。學齋佔畢謂懷刑，乃懷思典刑，而則傚之。字形既失，畸論遂緣之起矣。

[一二]子曰："放於利而行，多怨。"

【《毛四》頁 1788】 孔安國曰："放，依也。"然並無他據。後見《檀弓》"梁木其壞，則吾將安放"，《鄭注》有云："梁木，衆木所放，謂榱桷皆依梁以立，比之衆之依夫子。"始知俗以安放爲安效者，誤也。若《漢書》"有所放效"，《禮記》"有放而文"。此是"昉"字，與"放"不同。

[一三]子曰：“能以禮讓爲國乎，何有？不能以禮讓爲國，如禮何？”

【《翟四》頁5108】 《後漢書·劉般傳》，賈逵上書曰：……又《列女傳》曹世叔妻上疏曰：“《論語》曰：能以禮讓爲國，於從政乎何有？”《晉書》劉寔《崇讓論》引孔子曰：“能以禮讓爲國，則不難也。”

【《毛四》頁1785】 班昭上疏云：“《論語》曰：能以禮讓爲國，於從政乎何有。”賈逵上書亦云：“孔子稱能以禮讓爲國，於從政乎何有。”則漢時《論語》本必有多“於從政”三字者，且于本文較明白。或云是《古論》、《齊論》，非《魯論》本，然亦未可考。

[一四]子曰：“不患無位，患所以立。不患莫己知，求爲可知也。”

【《洪容》頁17】 不患無位，患所以立，不患莫己知，求爲可知也。爲之說者，皆以爲當求爲所知之行。唯謝顯道云：“此論猶有求位求可知之道，在至論則不然，難用而莫我知，斯我貴矣，夫復何求。”予以爲君子不以無位爲患，而以無所立爲患，不以莫己知爲患，而以求爲可知爲患。第四句蓋承上文言之，夫求之有道，若汲汲然求爲可知，則亦無所不至矣。

【《翟四》頁5108】 王符《潛夫論·貴忠篇》引孔子曰：“不患無位，患己不立。”

[一五]子曰：“參乎！吾道一以貫之。”曾子曰：“唯！”子出，門

人問曰："何謂也？"曾子曰："夫子之道，忠恕而已矣！"

【《閻四》頁 277】 《後漢·賈逵傳》："始析弟子與門生爲二。"注未備。歐陽公《孔宙碑陰題名跋》云："漢世公卿多自教授，聚徒嘗數百人，其親受業者爲弟子，轉相傳授者爲門生。"今宙碑殘缺，其稱弟子者十人，門生者四十三人。余按《鄭康成傳》："在馬融門下，三年不得見，乃使高業弟子傳受於玄。"是其證也。然《論語》稱門人者八，弟子者三，門弟子者二。《孟子》稱弟子者三，門人者二，皆正屬一人。此則古今稱謂之不同耳。

【《全經》頁 3278】 問："竹垞據漢隸分門人弟子爲二，近日李穆堂侍郎本之。而吾丈不以爲然，願聞其說。"答："東漢《泰山都尉孔伷碑陰》，既有弟子，復有門生。歐陽兊公以爲受業於弟子者爲門生也，考《後漢書·賈逵傳》：'顯宗拜逵所選弟子及門生爲千乘王國郎。'《鄭玄傳》謂'門生相與誤（注），所答弟子問作《鄭志》'①，則門生之於弟子，確然不同。但據楊士勛《穀梁疏》曰：'門生，同門後生。'則是一堂之中，不過年數輩行略有區別。所據弟子云者，如後世三舍之有齊長，而非如兊公所云也。……即以《語》、《孟》言之，已多傅會。鼓瑟之不敬，疾病之爲臣，安見其爲子路弟子也？厚葬之請，安見其爲顏子弟子也？一貫之問，安見其爲曾子弟子也？諸侯之入揖，安見其爲子貢弟子也？諸問交之門人，可言子夏弟子，但爾爾，則門人正弟子也。何也？是章非對孔子而言也。……門人即弟子。"

---

① 《後漢書·鄭玄傳》原文作："門生相與撰玄答弟子問五經，依《論語》作《鄭志》八篇。"

《注》:"誤"字原稿旁有問號。

[一六]子曰:"君子喻於義,小人喻於利。"

【《劉論》頁14213】 董子曰:"皇皇求仁義,常恐不能化民者,卿大夫之事也。皇皇求財利,常恐匱乏者,庶人之事也。"故君子不可貨取,而小人當因其所利而利之。

[一七]子曰:"見賢思齊焉,見不賢而內自省也。"

【《王經》頁47】 也,猶焉也。……見賢思齊焉,見不賢而内自省也。也,亦焉也,互文耳。

[一八]子曰:"事父母幾諫,見志不從,又敬不違,勞而不怨。"

【《翟四》頁5108】 《禮記·坊記》:"子云微諫不倦,勞而不怨,可謂孝矣。"

【《毛四》頁1787】 ……凡經傳"勞"字俱作"困劇"解。如《孟子》:"父母惡之,勞而不怨。"《論語》:"又敬不違,勞而不怨。"皆是困劇其子。故《内則》則直曰:"父母怒,不悅而撻之,流血不敢疾怨。"爲"勞而不怨"之解,分明可驗。

[二〇]子曰:"三年無改於父之道,可謂孝矣。"

【《翟四》頁5108】 《釋文》曰:"此章與《學而篇》同,當是重出。《學而》是《孔注》,今此是《鄭注》。"

[二一]子曰:"父母之年,不可不知也,一則以喜,一則以懼。"

【《王經》頁 361】 一,猶或也。……一則以喜,一則以懼。……與或同義。

[二三]子曰:"以約失之者,鮮矣!"

【《武經》頁 8513】 此凡兩讀,"以約"爲句,"失之者鮮矣"爲句。又"以約失之者"爲句,"鮮矣"爲句。義並通。

[二六]子游曰:"事君數,斯辱矣!朋友數,斯疏矣!"

【《翟四》頁 5109】 《釋文》曰:"何云:數,色角反。鄭:世主反。謂數己之功勞也。梁武帝音色具反。"《集解》曰:"數爲速數之數。"《疏》曰:"嫌讀爲上聲、去聲,故辨之。"《宋書·劉延孫傳贊》引:"子曰:事君數,斯疎矣。"以子游爲子,以辱爲疎。

【《毛論》頁 1757】 舊注:數是速數,所謂偪促煩瑣也。……故《爾雅》、《說文》皆以"疾"注"數"。而《廣韻》、《增韻》即以頻煩屢數爲解,此即僕屬不絕,齷促取憎之意。故數即僕僕,子思所云,僕僕爾亟拜。又即頻頻。

【《臧經》頁 1883】 何晏《注》:"數,讀爲速數之數。"李云:"君命召,不俟駕,速也。豈以速爲辱乎?吾謂數當謂頻數之數(案:速讀爲促,即頻數義)。"此解與《集注》同。

【《焦論》頁12365】 《注》:"數,謂速數之數。"循按:《釋文》云:"何云色角反,下同。謂速,數也。鄭世主反,謂數己之功勞也。"此明以"速數"之訓屬之何氏。皇侃《疏》有"孔安國曰"四字,若然,豈陸德明未見邪?《詩·小雅》"僭始既涵",《毛傳》云:"僭,數也。"《釋文》:"數音朔。"與此色角反同。《鄭箋》云:"僭,不信也。"然則此"數"宜與"僭"同。事君不信則辱矣,朋友不信則疏矣,所謂信而後諫,不信則以爲謗己也。

公冶長第五

[二]子謂子賤:"君子哉若人！魯無君子者,斯焉取斯？"

【《翟四》頁 5110】 《史記·弟子傳》無"若人"二字。《家語·子路初見篇》:"孔子喟然謂子賤曰:君子哉若人,魯無君子者,則子賤焉取此。"《新序·雜事篇》:"孔子曰:君子哉子賤,魯無君子者,斯安取斯。"

【《王經》頁82】 若,猶此也。……君子哉若人,謂此人也。

[四]或曰:"雍也,仁而不佞。"子曰:"焉用佞？禦人以口給,屢憎於人,不知其仁,焉用佞？"

【《翟四》頁5110】 《七經考文》曰:"足利本無'口'字。《唐石經》,'仁'字譌改作'人'。"

[五]子使漆雕開仕。對曰:"吾斯之未能信。"子說。

【《閻四》頁276】 讀《漢·藝文志》"孔子弟子漆雕啟",則知《史·列傳》漆雕開字子開,上開本啟字,避景帝諱也。一部《論語》,敍事及門人,無直稱其名者,惟問於有若對君之辭。憲問恥,疑憲所記。南宮适或曰本名縚。陳亢前後皆稱子禽。茲獨曰"子使漆雕開仕",則"開"爲其字,復何疑?蓋自安國注《論語》開名,流俗本《家語》開字子若者,失之。

[六]子曰:"道不行,乘桴浮于海,從我者其由與?"子路聞之喜。子曰:"由也,好勇過我,無所取材。"

【《翟四》頁 5110】 《釋文》曰:"一讀,'過'字絕句。材,才、哉二音。"……《程子遺書》曰:"材與裁同。"《集注》因之。

【《武經》頁 8513】 此凡三讀:《釋文》,"過我"絕句,鄭氏讀也,近多從之。又云一讀"過"字絕句,晉尚書郎欒肇曰:"適用曰材,好勇過我用,故云無所取。"是欒氏以"過"字絕句。何氏《集解》曰:"一曰,子路聞孔子欲浮海,便喜不復顧望。故孔子歎其勇曰:過我無所取哉,言唯取於己。古字材、哉同。"此又以"勇"字絕句,"過我"連下讀。

[七]孟武伯問:"子路仁乎?"子曰:"不知也。"又問。子曰:"由也,千乘之國,可使治其賦也,不知其仁也。""求也何如?"子曰:"求也,千室之邑,百乘之家,可使爲之宰也,不知其仁也。""赤也何如?"子曰:"赤也,束帶立於朝,可使與賓客言也,不知其仁也。"

【《臧經》頁 1855】 《古論語》:"可使治其賦也。"《魯論語》:"可使治其傅也。"

［八］子謂子貢曰："女與回也孰愈？"對曰："賜也何敢望回？回也聞一以知十,賜也聞一以知二。"子曰："弗如也,吾與女弗如也！"

【《王困》頁673】　曹操《祭橋玄文》曰："仲尼稱不如顏淵。"注引《論語》："孔子謂子貢:吾與女俱不如也。"按包氏解云："吾與女俱不如。"

齊按：《後漢書・橋玄傳》。《九經古義》十六："吾與女弗如也。"《論衡・問孔篇》引云："吾與女俱不如也。"陳耀文曰："《鄭玄別傳》:玄從馬融學,季長謂盧子幹曰:吾與女皆不如也。"

【《翟四》頁5111】　《釋文》曰："聞,如字,或作問字,非。"舊文"女"爲"爾",《釋文》曰："爾,本或作女,音汝。"《論衡・問孔篇》述文,"吾與汝俱不如也"。《後漢書・橋玄傳》……

今《集注》以"與"訓"許",惟《義疏》中秦道賓曾爲是說。

【《惠九》頁3891】　引《論衡》、《鄭玄別傳》及曹操《祭橋玄文》注,如王、翟。

【《毛論》頁1758】　引《論衡》、《魏志》及《後漢書》,皆作"俱弗如也",或"俱不如也"。

【《武經》頁8513】　近讀从一句,古本"吾與女"下有"俱"字,引見《論衡》"吾與女俱不如也"。今《集解》內包氏《注》,亦有"俱"字,則古本尚以"吾與女"絕句。

【《劉論》頁14213】　"弗如也,吾與汝弗如也",世視子貢賢於仲尼,子貢自謂不如顏淵,夫子亦自謂不如顏淵。聖人溥博如天,淵泉如淵也。若顏子自視,又將謂不如子貢矣。以能問於不能,以多問於寡,有若無,實若虛,聖賢所以日進而不已也。

[九]宰予晝寢。子曰："朽木不可雕也，糞土之牆不可杇也。於予與何誅？"子曰："始吾於人也，聽其言而信其行。今吾於人也，聽其言而觀其行。於予與改是。"

【《翟四》頁5111】 《韓李筆解》曰："晝當爲畫，字之誤也，舊文作畫字。"李匡義《資暇錄》曰："寢，梁武帝讀爲寢室之寢。晝，作胡卦反。且云'當爲畫字，言其繪畫寢室，故夫子嘆之'云云，然亦曲爲穿鑿也。今人罕知其由，但以爲韓文公愈所訓解。"《齊東野語》曰："嘗見侯白所注《論語》，謂晝當作畫字。"侯白，隋人。按：如諸說作畫，其音義當與後篇"今女畫"之畫同。寢乃如《漢書》"兵寢刑措"之寢，謂休息也。宰我畫限其功，以冀休息，故夫子責之，似較"繪畫寢室"之說稍愈。

"朽木不可雕也"，《義疏》本、宋刻本、《唐石經》、《宋石經》，"雕"皆作"彫"。《論衡·問孔篇》亦作"彫"。

"糞土之牆不可杇也"，舊文"杇"爲"圬"。……《太平御覽》數述"杇"字，皆作"污"。按……蓋"杇"其正體，"污"則通借，而"圬"爲續作字也。

"於予與，何誅"，《論衡·問孔篇》，"與"亦作"予"。

《論語辨惑》曰："此一章而再稱'子曰'，胡氏疑其衍文，予謂以語法觀之，其爲衍文無疑。"

"於予與改是"，《論衡》"與"作"予"。《大戴禮·五帝德篇》："孔子曰：吾欲以顏色取人於滅明邪？改之；吾欲以言語取人於予邪？改之。"

【《王經》頁46】 與，猶"也"也。……"於予與何誅"，"於予與改是"，猶言"於予也何誅"，"於予也改是"。

[一一]子貢曰:"我不欲人之加諸我也,吾亦欲無加諸人。"子曰:"賜也!非爾所及也。"

《段經》頁 7658　《與章子卿論加字》:"尋《說文》之訓,增者,益也。譜者,加也。加者,語相譜加也。誣下亦曰加也。是則誣、譜、加三字,同義轉注,皆謂飾辭毀人也。加从力口,謂施力於口。……"我不欲人之加諸我也,吾亦欲無加諸人",馬融曰:"加,陵也。"袁宏曰:"加,不得理之謂也。"二注未爲明了。唐人所稱《論語》"加"字義訓,皆與《說文》合。馬、袁二《注》,皇、邢二《疏》之所不及也。子貢因不欲人之加諸我,而願己無加諸人,夫子以爲非賜所及者,蓋論人之非,不溢本分一字,此事最難。孔子曰:"吾之於人也,誰毀誰譽?"又曰:"君子惡稱人之惡者。"是惟聖人乃能不加諸人,而賢者則有所歉。孔安國釋"非爾所及",云言不能止人,使加非義於己也。夫人之毀譽我,我庸能禁之乎?故知非爾所及,專承無加人言也。

[一二]子貢曰:"夫子之文章,可得而聞也。夫子之言性與天道,不可得而聞也。"

《顧日》頁 30　夫子之教人,文行忠信,而性與天道在其中矣,故曰不可得而聞。(錢氏曰:"……古書言天道者,主吉凶禍福而言之,與天命之性自是兩事。")……子貢之意,猶以文章與性與天道爲一。

《錢十》頁 4976　"天道",《後漢書・桓譚傳》:"天道性命,聖人所難言,自子貢以下不得而聞。"注引鄭康成《論語注》:"性,謂人受血氣以生,有賢愚吉凶,天道七政,變動之占也。"古書言天道者,皆主吉凶禍福而言。《古文尚書》:"滿招損,謙受益。""時乃天道","天道福善而禍淫"。……皆論吉凶之數,與天命之性,自是兩事。

【《錢十》頁 5031】　……一說性與天道,猶言性與天合也。

【《臧經》頁 1855】　《古論語》:"夫子之言天道與性命,弗可得聞也已。"(《孔子世家》)《魯論語》:"夫子之言性與天道,不可得而聞已矣。"(《漢書·眭兩夏侯京翼李傳贊》)

【《劉論》頁 14213】　文章,謂《詩》、《書》執禮;性與天道,微言也,《易》、《春秋》備焉,難與中人以下言也。

【《焦論》頁 12365】　循按:《釋文》云:"何云:元亨日新之道,鄭云:七政變通之占。"鄭氏此注見《後漢書·桓譚傳》注所引。班固贊《眭兩夏侯京翼李傳》云:"幽贊神明,通合天人之道者,莫著乎《易》、《春秋》。然子貢猶云:'夫子之文章可得而聞,夫子之言性與天道,不可得而聞已矣。'"眭京等言七政災變,故班氏引此。桓譚上疏,稱天道性命,聖人所難言,自子貢以下,不得而聞。今諸巧慧小才伎數之人,增益圖書,矯稱讖記,以欺惑貪邪,詿誤人主。班氏本此。蓋自春秋時,《易》學不明,而梓慎、裨竈之流,以七政占驗為天道,故云天道多在西北。子產雖正斥之以天道遠,人道邇,竈焉知天道,而天道之稱,究未能言。孔子贊《易》,乃明之曰:"立天之道,曰陰與陽。立地之道,曰柔與剛。立人之道,曰仁與義。"於《臨》曰:"大亨以正天之道也。"於《謙》曰:"天道虧盈而益謙,地道變盈而流謙。"於《恆》曰:"天地之道,恆久而不已也。"道即行也,天道猶云天行。《乾》曰:"天行健,君子以自彊不息。"《蠱》曰:"終則有始,天行也。"《剝》曰:"君子尚消息盈虛,天行也。"《復》曰:

"反復其道,七日來復,天行也。"舉當時以奇怪虛誕爲天道者,一旦廓而清之。《記》載《哀公問》云:"敢問君子何貴乎天道也?孔子對曰:'貴其不已,如日月東西相從而不已也,是天道也。不閉其久,是天道也。無爲而物成,是天道也。已成而明,是天道也。'"孔子言天道,在消息盈虛,在恒久不已,在終則有始,在無爲而物成。爲格物致知,正心脩身,齊家治國平天下之本。爲伏羲、神農、黃帝、堯、舜、文王、周公以來治天下之要。與七政變占,迥然不合。桓譚知讖緯之謬,而尚緣天道。性命聖人所難言也,是不知孔子所言之天道,非伎數巧慧所得托也。鄭氏以此解《論語》,淺之乎觀聖人矣。何氏本元亨日新以言天道,識見之卓,越乎康成。《孟子》云:"仁之於父子也,義之於君臣也,禮之於賓主也,智之於賢者也,聖人之於天道也,命也。有性焉,君子不謂命也。"若天道是七政變占,何乃與父子君臣,並爲人生不容稍置之分。謂文章可得而聞,言性與天道不可得而聞。猶云可與立,未可與權。未可與權,正是教人權。性與天道不可得聞,正是教人聞性與天道。桓譚謂聖人所難言,非其義也。

[一三]子路有聞,未之能行,唯恐有聞。

【《俞古》頁2】 古書亦有上下文同字而異義者。……子路有聞,……惟恐有聞。上"有"字乃"有無"之有,下"有"字亦"又"字也。言有聞而未行,則惟恐又聞也。

[一八]子張問曰:"令尹子文三仕爲令尹,無喜色。三已之,無慍色。舊令尹之政,必以告新令尹,何如?"子曰:"忠矣!"曰:"仁矣

乎?"曰:"未知,焉得仁?""崔子弑齊君,陳文子有馬十乘,棄而違之。至於他邦,則曰:'猶吾大夫崔子也。'違之。之一邦,則又曰:'猶吾大夫崔子也。'違之。何如?"子曰:"清矣!"曰:"仁矣乎?"曰:"未知,焉得仁?"

【《臧經》頁 1855】　《古論語》:"未知,焉得仁。"魯論語:"未智,焉得仁。"(《漢書‧古今人表》、《論衡‧問孔》、《中論‧智行》,下句同)《古論語》:"崔子殺其君。"《魯論語》:"高子殺其君。"

【《朱經》頁 14850】　"未知,焉得仁",王充《論衡‧問孔篇》曰:"子文曾舉子玉代己位,而伐宋以百乘,敗而喪其衆,不知如此,安得爲仁?問曰:'子文舉子玉,不知人也。智與仁不相干也,有不知之行,何妨爲仁之行?五常之道,仁義禮智信,五者各別,不相須而成。故有智人,有仁人,有禮人,有義人。有信者未必智,智者未必仁,仁者未必禮,禮者未必義。子文智蔽於子玉,其仁何毀?謂仁焉得不可?'"充此篇敢於詆譽孔子,可謂非聖無法。然不知如此,焉得爲仁,與聖人語意吻合。意必夏侯、蕭、韋諸家相傳之說,而充述之也。又按:徐幹《中論‧智行篇》:"或曰:'然則仲尼曰:未知,焉得仁。乃高仁邪?何謂也?'對曰:'仁固大也,然則仲尼亦有所激,然非專小智之謂也。若有人相語曰:彼尚無有一智也,安得乃知爲仁乎?'"《釋文》:"鄭音智。"《漢書‧古今人表》引孔子曰:"未知,焉得仁。"師古《注》:"言智者雖能利物,猶不及仁者所及遠也。"並同充說。

【《焦論》頁 12366】　"未知,焉得仁",《注》:"但聞其忠事,未知其仁也。"循按:《釋文》:"知,如字,鄭音智。"《論衡‧問孔篇》云:"子文曾舉子玉代己位,而伐宋以百乘,敗而喪其衆。不智如此,安得爲仁?"徐幹《中論·智行第九》云:"若有人相語曰:彼尚無有一智也,安得乃知爲仁乎?"與鄭讀並同。何晏不用其讀,而讀如字(《皇疏》此注有"孔安國曰"四字)。皇侃引李充說,以爲不及《注》,充說即《論衡》之說也。《史記》言孔子由大司寇攝相事,有喜色。其去魯則歌曰:"彼婦之口,可以出走。彼婦之謁,可以死敗。"師已以告季桓子,桓子喟然歎曰:"夫子罪我以群婢故也。"《孟子》言:"孔子三月無君,則皇皇如。出疆必載質。"與子文之無喜色,無慍色,正相反。孔子貴仁而所行如是,子文焉得爲仁。"未知"二字句。先輕其詞曰"未知",旋決其詞曰"焉得仁"也。

【《劉論》頁14213】　忠未有不仁者,子文之忠,忠於其職耳。

《春秋》不書出奔者,時非執政,且旋反國,故不錄也。此類左氏不著,未可爲善於事矣。

[二一] 子在陳曰:"歸與!歸與!吾黨之小子狂簡,斐然成章,不知所以裁之。"

【《翟四》頁5113】　《釋文》曰:"'狂簡'絕句,鄭讀至'小子'絕句。"《禮記·表記》正義引《論語》:"子在陳稱:歸與,歸與,吾黨之小人。"不連"狂簡"字。《史記·世家》:"哀公三年,孔子在陳,魯召冉求。孔子曰:'歸乎,歸乎,吾黨之小子狂簡,斐然成章,吾不知所以裁之。'"《史記辨惑》曰"《論語》載孔子在陳之言,初不言其爲何而發也。《孟子》亦載之"云云,此正一事,但辭小異耳。《史記·世家》乃兩存之,而各著其言之之由,吾意其妄爲遷就也。

《四書辨疑》曰:"《注》文本孟子答萬章語,變而用之。萬章所問,本無斐然成章二句,孟子乃就其尚以答之也。萬章之問,與此經文既不同,孟子之答萬章者,亦不可施之于此也。"

按:"就其尚",《經解》作"尚",原稿作"尚"。

【《臧經》頁 1855】《古論語》:"吾不知所以裁之。"(《孔子世家》)《魯論語》:"不知所以裁之。"

【《武經》頁 8514】"吾黨之小子狂簡",案:近讀作一句,从孔氏讀也。《釋文》引鄭氏《注》,以"吾黨之小子"句截,是以"小子"絕句,"狂簡"另爲句。朱子《集注》本此。

"斐然成章",【《焦論》頁 12366】"斐然成章",《注》:"孔曰:妄作穿鑿,以成文章。"循按:"妄作穿鑿"四字,申解"斐然"二字。蓋讀斐爲匪,匪猶非也,非猶不也,蓋有不知而作之者。《注》引包曰:"時人有穿鑿妄作篇籍者。""穿鑿妄作"解"不知而作",妄即不知,不知即非然矣。皇、邢兩《疏》,以"斐"爲文章貌,未得《注》義。

[二四] 子曰:"巧言令色,足恭,左丘明恥之,丘亦恥之。匿怨而友其人,左丘明恥之,丘亦恥之。"

【《翟四》頁 5114】孔安國曰:"足恭,便辟之貌也。"《皇疏》引繆協曰:"足恭者,以恭足於人意,而不合於禮度。"《釋文》:"足,將樹反,又如字。注同。"《集注》用陸音,云足,過也。《禮記·表記》:"孔子曰:君子不失足於人,不失色於人,不失口於人。"《大戴禮記·曾子修身篇》:"亟達而無守,好名而無體,忿怒而爲惡,足恭而口聖。而無常位者,君子弗與也。巧言令色,能小行而篤,難於仁矣。"《文王官人篇》:"華如誣,巧言令色,足恭,一也。"皆以無爲有者也。《盧注》:"孔子曰:巧言令色,鮮矣仁。"案:不失足者,不足恭也。不失色者,不令色也。不失口者,不巧言也。故《文王官人》

三者並舉。左丘明、孔子俱恥之。足恭而口聖，口聖即巧言也。華如誣，"如"讀爲"而"。《詩·板》"無爲夸毗"，《正義》曰："夸毗者，便辟其足，前卻爲恭。"《孔注》言足恭便辟之貌者，義當如此解。《皇疏》、《陸音》、《集注》皆非。曾子以"足恭"與"口聖"對文，知"足"本如字讀矣。《爾雅·釋訓》："籧篨，口柔也。戚施而柔也。夸毗，體柔也。"李巡《注》："巧言，好辭以饒人，是謂口柔。和顔悅色以誘人，是謂面柔。屈己卑身，求得於人曰體柔。"《論語·季氏篇》："益者三友，損者三友。""友便辟"，馬融曰："便辟，巧避人所忌，以求容媚者。""友善柔"，馬融曰："面柔者也。""友便佞，損矣"，鄭玄曰："便，辯也。謂佞而辯也。"然則便辟爲體柔，善柔爲面柔，便佞爲口柔。體柔爲足恭，面柔爲令色，口柔爲巧言，斷斷然矣。馬言巧避人所忌者，謂足容盤辟，趨避進退，善承人意也。"友便佞"注，《集解》雖稱鄭氏，必馬、鄭義同，鄭襲用之。

【《臧拜》頁12494】《釋文》曰："足，將樹反。又如字。"《集解》："孔氏曰：足恭，便辟貌。"邢氏《疏》曰："此讀足如字，謂便習盤辟其足以爲恭也。"《書·冏命》："巧言、令色、便辟。"《孔傳》曰："便辟、足恭。"《正義》曰："前卻俯仰，以足爲恭也。"皇氏《義疏》引繆協曰："足恭者，以恭足于人意，而不合禮度，曲媚于物也。足，亦讀如字。"《大戴禮·曾子立事篇》："足恭而口聖，君子弗與也。"按：孔氏以《尚書》、《論語》互相訓證，《大戴》以足恭、口聖兩爲對偶。《表記》又云："君子不失足於人，不失色於人，不失口於人。失足於人，足恭也；失色於人，令色也；失口於人，巧言也。"三者亦並言之。足當如字，直讀無疑，其義自爲"手足"之足。繆氏以"滿足"解之，典記無可證。而《語類》亦曾有一說云："如合當九分，卻要湊足十分。"

[二五]顔淵、季路侍。子曰:"盍各言爾志?"子路曰:"願車馬,衣輕裘,與朋友共,敝之而無憾。"顔淵曰:"願無伐善,無施勞。"子路曰:"願聞子之志。"子曰:"老者安之,朋友信之,少者懷之。"

【《翟四》頁5114】 《白虎通·綱紀篇》引《論語》:"子路云:願車馬,衣輕裘,與朋友共敝之。"張橫渠《論語說》曰:"仲由樂善,故車馬衣裘與賢者共敝。"從"願"字至"敝之"爲句。《韓詩外傳》四卷、六卷,皆引"老者安之,少者懷之,朋友信之",上下易置。

【《閻四》頁232】 "顔淵、季路侍",季路長顔淵二十一歲,而先顔淵者,尚德也。"冉有、季路見於孔子",冉有少季路二十歲,而先冉有者,重首事也。只此敘法,已具袞鉞云。

齊按:但政事,冉有、季路(《先進》)。不知何所據,以定先後。

【《閻四》頁270】 "子路、曾晳、冉有、公西華侍坐",是以齒序。"顔淵、季路侍",則以德序。論當日坐次,自子路第一,顔淵第二。故夫子問志,而由先對而回後對也。"閔子侍側"一節,亦是以德序。閔子少子路六歲,但長冉有兩歲、子貢十六歲耳。蔡虛齋以爲此蓋齒序者,非。

【《武經》頁8514】 "與朋友共敝之而無憾",案:近讀從"共"字爲句,"敝之"屬下讀。據《白虎通》引《論語》"與朋友共敝之",則以"敝之"斷句,而"無憾"另讀。《一切經音義》引此作"共敝之而無憾",是又以"共"字連"敝之",而"無憾"爲句。

朱少白云:《白虎通》作"願車馬輕裘與朋友共敝之"爲句,無"衣"字,與皇侃《疏》同。今書殆因"乘肥馬、衣輕裘"而傳寫之誤。至其語意直捷,尤得先賢氣象。蓋未敝之時,已有共敝之意,不待既敝而後無憾也。

【《崔吾》頁14441】 "願車馬,衣輕裘",監本"衣"下有"輕"字,《唐石經》無"輕"字,後人旁增。案:皇侃《論語義疏》言:"朋友有通財,車馬衣裘,共乘服而無所憾恨也。"張載《論語說》云:"仲由樂善,故車馬衣裘與賢友共敝。"《北齊書·唐邕傳》:"顯祖嘗解所服裘賜邕,云:'朕意在車馬衣裘,與卿共敝。'"皆宋以前人"衣"字不讀去聲,無"輕"字之證。

【《劉論》頁14213】 "老者安之,朋友信之,少者懷之",《春秋》於女叔見安老,于荀息見信友,于天子錫命見懷少,故曰志在《春秋》。

[二七]子曰:"十室之邑,必有忠信如丘者焉,不如丘之好學也。"

【《翟四》頁5114】 《疏》曰:"衛瓘讀'焉'於虔切,爲下句首,言安不如我之好學也。"《朱子文集·答都昌縣學諸生》曰:"此《注疏》之讀,恐不成文理。"

【《毛論》頁1762】 晉衛瓘讀此以"者"字斷句,"焉"字屬下句,作"何"字解,言何以不如丘之好學也。此亦偶然如是,原不足據。後見監本《北史》蘇綽爲周文帝作六條詔引此句,亦無"焉"字。及視他本,又不然。此不知監本偶遺,抑亦他本增入也?然不可考矣。

【《武經》頁8514】 案:近讀從"焉"字絕句。據《疏》引衛瓘,讀"焉"於虔切,爲下句首。焉猶安也,……言十室之邑雖小,必有忠信如我者也,安不如我之好學也。言亦不如我之好學也,義並得通,是又以"焉"字連下讀。王荊公《答王景山書》引孔子曰:"十室之邑,必有忠信如丘者。"即從衛瓘讀,可以舉證。又《漢書‧李尋傳》引孔子曰:"十室之邑,必有忠信。"此漢人引書以便文成句,不可爲斷。

雍也第六

[一]子曰:"雍也可使南面。"仲弓問子桑伯子,子曰:"可也,簡。"仲弓曰:"居敬而行簡,以臨其民,不亦可乎。居簡而行簡,無乃大簡乎?"子曰:"雍之言然。"

【《俞古》頁88】 分章錯讀例。如"子曰雍也可使南面",爲一章;"仲弓問子桑伯子"以下,又爲一章。必謂仲弓聞夫子許己,因問子桑伯子以自質,則失之泥矣。此古注是,而今非也。

【《方論》頁14448】 此"南面"與《衛靈篇》"南面"別,彼據天子言,此據諸侯言。是以包咸及《鄭注》皆云:"言任諸侯治。"蓋天子之下,尚有南面之君五,公侯伯子男是。左氏昭十三年《傳》:"子產曰:鄭伯,男也。"賈侍中云:"男當作南,謂南面之君。"二十三年《傳》:"魏子南面。"衛彪傒曰:"魏子必有大咎干位以令大事,非其任也。"魏舒,晉大夫,故南面爲干位。此皆目南面爲諸侯者也,諸侯聽政在路寢南面,若燕饗之屬,則在阼階西面矣。古注言任諸侯治,治字亦不苟下。

[二]哀公問弟子孰爲好學,孔子對曰:"有顏回者好學,不遷怒,不貳過,不幸短命死矣。今也則亡,未聞好學者也。"

【《王經》】 也,猶者也。……今也則亡。

齊案:《論衡‧問孔篇》兩引此章,第一次引文與今本同,其緊接之第二次引文,則作"有顏回好學,今也則亡,不遷怒,不貳過"。

［三］子華使於齊,冉子為其母請粟。子曰:"與之釜。"請益。曰:"與之庾。"冉子與之粟五秉。子曰:"赤之適齊也,乘肥馬,衣輕裘。吾聞之也,君子周急不繼富。"原思為之宰,與之粟九百,辭。子曰:"毋,以與爾鄰里鄉黨乎。"

【《王經》頁128】 無,不也。……毋與無通。……毋以與爾鄰里鄉黨乎。毋與無同,言九百之粟,爾雖不欲,然可分於鄰里鄉黨,爾不以與之乎！言當與之也。

齊案:《孔注》讀"毋"字絕句,云祿法所當受,無以讓也,失之。

【《武經》頁8514】 近讀從"毋"字絕句。考"毋"通作"無","以"通作"已",是"毋以"亦可連下讀,如《孟子》"無以則王乎",句亦通。原思非辭祿,乃辭其多耳。夫子不須告以祿不當辭,直用推與之義示之,語自徑捷不煩。以"毋"字作頓,另解也。

［四］子謂仲弓曰:"犁牛之子,騂且角,雖欲勿用,山川其舍諸？"

【《王經》頁107】 諸,之乎也。……山川其舍諸。此皆"之乎"二字之合聲。

［八］伯牛有疾,子問之,自牖執其手。曰:"亡之,命矣夫！斯

人也而有斯疾也！斯人也而有斯疾也！"

【《翟四》頁5117】 《漢書·宣六王傳》："成帝詔曰：'夫子所痛曰：蔑之，命矣夫。'"《義門讀書記》曰："《楚王囂傳》詔書，引此作'蔑之'，是亡字，當讀爲無也。《釋文》闕音亡之者，言無可以致此疾之道。"《資暇錄》曰："亡讀無，是正音。今點書者，每遇亡字，必以朱發平①聲，不知'亡'與'亾'字各有區分。"

【《臧經》頁1855】 《古論語》："命也夫，斯人也而有斯疾，命也夫。"（《仲尼弟子傳》）《魯論語》："命矣夫，斯人也而有斯疾也，斯人也而有斯疾也。"

【《王經》頁48】 也，猶邪也，歟也，乎也。……斯人也而有斯疾也（下"也"字與"邪"同義）。

【《武經》頁8514】 何氏《集解》："孔曰：亡，喪也。疾甚，故持其手曰喪之。"是以"亡之"絕句，近讀本此。《漢書·宣五王傳》："夫子所痛曰：蔑之，命矣夫。"師古《注》引《論語》，云云。蔑，無也。亦命之所遭，無有善惡，是又以"亡"作"無"，連"命矣夫"爲一句。《新序》亦言："君子聞之曰：末之，命矣夫。""末"亦與"蔑"同。

【《方論》頁14448】 此本《喪大記》"東首於北墉下"之文。彼《注》云："病者恒居北墉下，或爲北墉下，竊以作北墉者是。"蓋《儀禮》宮廟圖，有南墉無北墉。《士喪禮》下篇則云："東首於墉下。"是知《喪大記》文誤也。說者謂古人西北隅有扉，謂之屋漏。案《喪大記》："甸人所徹廟之西北厞。"舊解云厞是屋簷也，不爲門扉。厞之義爲隱，是室隱處。惟喪事徹去其厞，爲日光漏入，因而其處有

---

① 平，原作"其"，誤，據《資暇錄》原文改。

屋漏之名。《爾雅》"室西北隅謂之屋漏",孫叔然云:"日光所漏入是。"然則西北隅無扉,不必爲北墉一誤字,從而爲之辭也。

[九]子曰:"賢哉!回也。一簞食,一瓢飲,在陋巷,人不堪其憂,回也不改其樂。賢哉!回也。"

【《孔經》頁8361】 《呂氏・慎大覽》曰:"古之得道者,窮亦樂,達亦樂。所樂非窮達也,道得於此,則窮達一也。"此即宋人所謂"簞瓢陋巷非可樂",蓋自有其樂者。

[一一]子謂子夏曰:"女爲君子儒,無爲小人儒。"

【《焦論》頁12366】 《注》:"孔曰:君子爲儒,將以明道。小人爲儒,則矜其名。"循按:儒猶士也。言必信,行必果,硜硜然小人哉。小人儒正指此爾,《孔注》未是。
【《劉論》頁14213】 何邵公曰:"君子儒將以明道,小人儒則矜其名。"(《北堂書鈔》六十六)謹案:君子儒,所謂賢者,識其大者;小人儒,所謂不賢者,識其小者。識大者方能明道,識小者易於矜名。子游譏子夏之門人小子是也,孫卿亦以爲子夏氏之陋儒矣。

[一二]子游爲武城宰。子曰:"女得人焉耳乎?"曰:"有澹臺滅明者,行不由徑,非公事,未嘗至於偃之室也。"

【《王經》頁88】 耳,猶矣也。……女得人焉耳乎,言汝得人焉矣乎!

齊案：王氏所引與《邢疏》本不同。《皇疏》本作"汝得人焉耳乎哉"，王氏所據似係《皇疏》本，但又缺一"哉"字。《王經》同頁曾云："爾，猶矣也。"則依《邢疏》本作"爾"，仍可作"矣"字解。

[一四]子曰："不有祝鮀之佞，而有宋朝之美，難乎免於今之世矣。"

【《翟四》頁5118】　朱子《或問》："侯氏曰：而字疑爲不字。"《黃氏日鈔》曰："范氏說無鮀之佞而獨有朝之美，協於經文。晦庵以巧言令色不得分輕重，而去其說。且以無虐煢獨，而畏高明。比此句之句法，然書是一句而平下兩事，兩事相比也。此二句而兼下兩事，兩事相反也，句法似亦不類。"《集注考證》曰："'而'字猶'與'字，古書兩事相兼者，每以'而'字中方之。"

【《閻四》頁266】　"而"字固發端之辭，又因辭、抑辭。"學而時習之"，因又之辭也。"其爲人也孝弟，而好犯上者，鮮矣"，反上之辭也。此章"而"字，則因又之辭，言不有佞又不有色也。或曰：鄭康成箋《詩》"予豈不知而作"，云"而"猶"與"也，作"與"字解，辭尤顯。此蓋孔子在衛日久，見衛之風俗好尚如是，故發是歎，與"吾未見好德如好色者也"一般。

【《王經》頁78】　而，猶與也，及也。……言有祝鮀之佞，與有宋朝之美也。

【《孔經》頁8361】　而，古文與"如"通。《周官》"旅師而用之"，《左傳》"見仲而何"，《孟子》"望道而未之見"，《三朝記》"在家撫官而國"，並以"而"爲"如"。此"而有"亦讀爲"如有"，其義當與《鄉飲酒禮》"公如大夫人"之"如"同（《儀禮》多以若爲或，唯此篇言如,如、若一耳)。如猶或也,而亦或也。言有祝鮀之佞,或有宋朝之美,乃免於今之世,不然則難矣。

齊案:(略)①

[一六]子曰:"質勝文則野,文勝質則史,文質彬彬,然後君子。"

【《臧經》頁 1855】《古論語》:"文質彬彬。"《魯論語》:"文質份份(《說文》人部)。"(廣圻案:《說文》是《古論語》,當互易。)

【《劉論》頁 14213】 文質相復,猶寒暑也。殷革夏,救文以質,其敝也野。周革殷,救野以文,其敝也史。殷周之始,皆文質彬彬者也。春秋救周之敝,當復反殷之質,而馴致乎君子之道。故夫子又曰:"如用之,則吾從先進,先野而後君子也。"

[一七]子曰:"人之生也直,罔之生也,幸而免。"

【《翟四》頁 5118】 "人之生也直",《韓李筆解》曰:"直當為惪字之誤。言人稟天地大德,幸而免。"《論衡·幸偶篇》引孔子曰:"人之生也直,罔之生也幸。"

【《毛論》頁 1762】 此"生"字,只作孟子曰"生斯世也"解。謂人之生於斯世,與世相接以直道故也。若誣罔無直道,而猶偃然在人世,是倖免耳。子曰:"三代直道而行。"直道者,生人之事。舊注以生為壽終不橫夭,雖對幸免言,然幸免亦祇免得死耳,短長順逆,

---

① 校者注:原文為亂碼。

何足知之。

【《武經》頁 8514】 近讀以"幸而免"爲句。據《論衡》引作"罔之生也幸",與上"人之生也直"相對屬句。或曰"幸"字句絕,"而免"恐無此句法,愚謂康成氏讀《論語》"揖讓而升下",則亦以"而飲"另爲句,正可舉例。

[二三]子曰:"觚不觚,觚哉!觚哉!"

【《毛論》頁 1762】 "觚不觚"者,戒酗也。觚,酒器名,量可容二升者,其義寡也。古量酒以三升爲當,五升爲過,二升爲寡,而制器者即因之。故凡設器命名,義各有取。君子顧其名當思其義,所謂名以實稱也。今名雖爲觚,而飲常不寡。實則不副,何以稱名?故曰觚哉,觚哉。按:《禮器》有爵、散、觶、角諸酒器名,而皆有取義。故韓嬰作《詩說》有云:"一升曰爵,爵,盡也。二升曰觚,觚者,少也,飲常寡少也。三升曰觶,觶,適也,飲之體適適然也。四升曰角,角,觸也,不能自適,但觸罪過也。五升曰散,散者,訕也,飲不知節,徒爲人謗訕也。"今淫酗之家飲常過多,雖復持觚,亦不寡少,故夫子借觚以嘆之。

齊案:"唯酒無量,不及亂",似與毛此說難符。

[二四]宰我問曰:"仁者,雖告之曰:'井有仁焉。'其從之也?"子曰:"何爲其然也?君子可逝也,不可陷也;可欺也,不可罔也。"

【《王經》頁 48－49】 也,猶邪也,歟也,乎也。……其从之也。

【《俞古》頁45】　也、邪通用例。其从之也。……也字,當讀爲邪。

［二五］子曰:"君子博學於文,約之以禮,亦可以弗畔矣夫。"

【《毛論》頁1762】　博、約是兩事,文、禮是兩物。然與"博我以文、約我以禮"不同,何也?彼之博約,是以文禮博約回。此之博約,是以禮約文,以約約博也。博在文,約文又在禮也。先教諭嘗曰:解經須識字。于文,于此文也。約之,即約此文也。之者,此也。以禮,則謂用禮來約之。以也者,用也。

【《臧經》頁1942】　《釋文》云:"君子博學于文,一本無'君子'字,兩得。"案:《集解》載《鄭注》云:"弗畔,不違道。既言君子,不嫌其違畔於道。"後《顏淵篇》此章再見,正本皆無"君子"字。據《釋文》,知此處古本亦無,有者係衍文。《顏淵篇釋文》云:"博學於文,一本作'君子博學於文'。"《正義》曰:"或本亦有作'君子博學於文'。"蓋皆後人所加,後篇朱子本無。

【《劉論》頁14213】　文,六藝之文。禮,貫乎六藝。故董生云:"《春秋》者,禮義之大宗也。"其事則齊桓、晉文,其文則史,可謂博矣。君子約之以禮義,繼周以俟百世,非畔也。

［二六］子見南子,子路不說。夫子矢之曰:"予所否者,天厭之!天厭之!"

【《王困》卷一頁47】　楊龜山《易說》曰:"上下不交,而小人道長極矣。故包承之吉,若子見南子是也。其爲言曰:予所否者,天厭之。則其見南子也,是豈得已哉?此大人處否而亨之道。"《朱子語類》曰:"龜山以包承小人爲一句,言否之世,當包承那小人,如此卻不成句。"(查《易‧否》:"六二,包承,小人吉;大人否,亨。")

【《翟四》頁5119】 《釋文》曰:"否,鄭玄、繆播,方有反,不也。王弼、李充,備鄙反。"《史記‧世家》作"予所不者",《論衡‧問孔篇》作"予所鄙者",說云:"我所爲鄙陋者,天厭殺我。"《韓李筆解》曰:"否,當爲否泰之否。"《邢疏》引欒肇曰:"言我之否塞,乃天命所厭棄也。"張橫渠《論語說》與欒氏略同。"天厭之",《群經音辨》:"厭,一音於頰切,塞也。引《論語》此語爲證。"《七經考文》曰:"古本厭作壓。"《論衡‧問孔篇》曰:"有臥厭不悟者,謂此爲天所厭耶。"案:諸臥厭不悟,未必皆鄙陋也,讀厭爲魘。

【《惠九》頁3891】 孔、鄭、繆播皆云:"矢,誓也。"虞翻《周易注》云:"矢,古誓字。"

【《閻四三續》頁282】 金仁山曰:"按聖人道大德全,其見惡人,固謂在我有可見之禮。彼之不善,我何與焉?而此意有難以明言者。蓋孔子居是邦不非其大夫,況其君夫人乎。且此行也,在聖人則可,苟明言其爲可,則側媚由徑之人,皆可借此說以藉口矣。故但重言以誓之。其誓之以天,何也?夫事一也,而在聖人則可,在他人則不可者,亦論其心而已。聖人此心光明正大,上通乎天,故無不可。彼無是心而假是事以自文者,其如天何哉。聖人指天以爲誓,欲學者知反此心也。見南子,禮之所有,故孔子可以久則久;爲次乘,禮之所無,故孔子可以速則速。雖然,孔子去魯,爲女樂也,而以膰肉去;孔子去衛,爲次乘也,而以問陳行。皆不欲招其君之惡,而以微罪行爾。此夫子義之盡,而仁之至也。"

【《毛論》頁1762】 "夫子矢之",舊多不解,孔安國亦以爲此是疑文。即舊注解矢作誓,此必無之理。天下原無暗曖之事,況聖人所行,無不可以告人者。又況與門弟子語,何所不易白,而必出于是。且矢之訓誓,別無考據,惟《盤庚》有"出矢言"句,是直言非誓言也。《正義》引蔡謨曰:"矢,陳也。夫子爲子路陳天命也。"此即《詩》"矢歌",《左傳》"矢魚"之訓。祇陳者下告上之詞,如皐陶陳謨,《離騷》叩重華陳詞,皆鋪張言之,謂之布告。見南子何事,夫子與弟子語何等,乃用此告體,且先煩記者鄭重記一句,大不合。

按:《釋名》云:"矢,指也。"《說文》云:"否者,不也。"當其時,夫子以手指天,而曰吾敢不見哉,不則天將厭我矣,言南子方得天也。故《史記·世家》記此事,于"夫子矢之"下直曰"予所不者",竟以"否"字作"不"字,不必訓詁。蓋不者,不見也。(原注:所,若也。《左傳》所不與崔慶,《史記》所不與子犯,共皆作若解。舊以此爲誓,正以所字相似耳。)

【《臧經》頁1856】《古論語》:"夫子矢之曰:予所否者。"《魯論語》:"夫子矢之曰:予所鄙者。"(《論衡·問孔》)

【《臧經》頁1883】《孔注》:"矢,誓也。"李云:"矢,陳也。否當爲否泰之否,厭當爲厭亂之厭,孔失之矣。爲誓非也,後儒因以矢爲誓,又以厭爲擫,益失之矣。"案《釋文》引蔡謨云:"矢,陳也。否,王弼、李充備鄙反。厭,於琰反,又於艷反。"《正義》曰:"蔡謨云:矢,陳也。夫子爲子路陳天命也。"此解與蔡、王、李充等合。

【《臧經》頁1895】《集解》孔安國曰:"矢,誓也。子路不說,故夫子誓之。"《釋文》所否,鄭、繆方有反,不也。王弼、李充,備鄙反。案《史記·孔子世家》:"孔子矢之曰:予所不者,天厭之,天厭之。"太史公自言弟子籍出孔氏古文,則所采《論語》,當亦本《古論》,是《古論》作"不"。或通借爲"否",鄭康成、繆播訓爲"不",與《史·

世家》文合。凡古人誓言,多云"所不"。《左傳・僖廿四年》"重耳曰:所不與舅氏同心者,有如白水",可證。子云"予所不者",此記者約略之辭,"所不"下當日更有誓辭。不或作否,否與鄙聲相近,《魯論》遂誤作"予所鄙者"。經傳有展轉相承漸失其真者,此類是也。

【《王經》頁 115】 所,猶若也,或也。……予所否者,天厭之,天厭之。言予若否也。

齊案:王崧《說緯》(《皇清經解》册二十頁 14887)有詳說,列舉諸家之說,末附己見,應參考,文長不錄。

[二七]子曰:"中庸之爲德也,其至矣乎!民鮮久矣。"

【《劉論》頁 14214】 春爲陽中,萬物以生。秋爲陰中,萬物以成。春秋貫乎六藝而主乎用,自東周以後,無用之矣。子思子發揮大義,康成氏能言之。

[二八]子貢曰:"如有博施於民,而能濟衆,何如?可謂仁乎?"子曰:"何事於仁,必也聖乎!堯舜其猶病諸。夫仁者,己欲立而立人,己欲達而達人,能近取譬,可謂仁之方也已。"

【《翟四》頁 5119】 《白虎通・聖人篇》引《論語》曰:"聖乎堯舜,其猶病諸",以"聖乎"連"堯舜"爲句。

【《武經》頁 8514】 近讀並從"乎"字絶句。據《白虎通》引《論語》曰"聖乎堯舜,其由病諸",則以"必也"爲斷,"聖乎"連"堯舜"爲句。證之康成讀"必也射乎",以"必也"爲句者同。猶作由,較今本,亦見古字尚存。

【《阮挈》頁 11382 – 11383】　孔子論人以聖爲第一，仁即次之。

又案："仁"字不見於虞夏商《書》及《詩》三頌、《易》卦爻辭之內，似周初有此言，而尚無此字。其見於《毛詩》者，則始自《詩·國風》"洵美且仁"。再溯而上，則《小雅·四月》"先祖匪人，胡寧忍予"。此匪人"人"字，實是"仁"字，即人偶之意。

述而第七

[一]子曰:"述而不作,信而好古,竊比於我老彭。"

【《劉論》頁 14214】 此篇類記夫子刪定六藝之言,《易》、《詩》、《書》、《禮》,皆述古者也。《春秋》夫子所作,亦謙言述者,其義亦祖述堯舜,憲章文武也。

[二]子曰:"默而識之,學而不厭,誨人不倦,何有於我哉?"

【《毛論》頁 1763】 "默而成之,存乎德行",見《易·繫辭傳》,然亦非異人之事。若"爲之不厭,誨人不倦,則可謂云爾已矣",見《子罕篇》。"我學不厭而教不倦",見《孟子》,此並夫子所自任者。近人有以"何有"訓"不難"者,如"子言於從政乎何有","能以禮讓爲國乎何有",孟子"於答是也何有"類。但"可謂云爾",爲公西子說。"學不厭,教不倦",爲子貢說,皆答詞也。今無故而忽自誇,又無是理。按鄭康成有云:"何有于我,言無是行于我,我獨有之。"此語又難解,大凡"何有"作"無有",解言"視若無有",前所云"於從政乎何有"類是也。此"何有于我"則又着當有言,故云誰則有于我,言不爲我所有。故康成急着"我獨有"之句,言此我當自有也。

彼之"何有",以何訓無。此之"何有",以何訓誰也？此非謙詞,實勉詞也。

【《毛四補》頁1805】 默而識之,即強記之學,《學記》所謂以記問爲學者。特今之爲學多務口耳,一如《記》之所謂"呻其佔畢,多其訊言"者。因之以沉潛記誌爲難得之事,故曰"何有"。

【《劉遺》頁9095】 何有於我,何所有於我也。時人推尊夫子,以爲道德高深,不可窺測,故夫子自言我之爲人不過如是而已矣,有何道德於我哉。出則事公卿,入則事父兄,喪事不敢不勉,不爲酒困,何有於我哉,語意亦如是。《朱注》解何有於我,爲"何者能有於我",此說用劉原父,似亦可通。然夫子以不厭不倦自居,與門弟子言之屢矣,至是又辭而不居,何也？喪事不敢不勉,猶曰有所不足。不敢不勉,承當之辭,非遜謝之辭。聖人之言遠如天,近如地。語其遠不可及也,語其近又不可謙也。語默之宜,醉飽之節,曰非我所能,其可乎？學者詳之。

[四]子之燕居,申申如也,夭夭如也。

【《臧經》頁1856】 《古論語》:"子之燕居。"《魯論語》:"子之宴居。"

【《劉論》頁14214】 燕居謂不仕之時,申申謂施教也。夭夭如謂弟子昭若發矇,有如時雨化之也。《禮・仲尼燕居篇》,其一端矣。

[五]子曰:"甚矣吾衰也！久矣吾不復夢見周公。"

【《翟四》頁5120】 《朱子語類》曰:"據文勢,'甚矣吾衰也'是一句,'久矣吾不復夢見周公'是一句。"按劉越石《重贈盧諶詩》:"吾衰久矣夫,何其不夢周。"《呂覽·不苟論》高注引《論語》:"吾衰久矣。"張子《正蒙》亦引語"吾衰也久矣"。楊龜山作《資聖院記》,亦云:"甚矣夫,吾衰久矣。"至李絳《論朋黨》,李善注《西征賦》,陳襄《與孫運使書》,引"吾不復夢見周公",則皆無"久矣"二字。"久矣"字連上爲句,舊人讀多如是。朱子以二字改屬下,其讀蓋本于致堂胡氏。

【《臧經》頁1878】 《釋文》:"不復,扶又反,注同。本或無復字,非。"案:《集解》載《孔注》云:"孔子衰老,不復夢見周公。"據陸氏所見本,知經無"復"字,乃後人援注所增。以經云"久矣吾不夢見",明先時曾夢見,故《注》云。不復夢見,"復"字正釋"久矣"字。陸氏反以無"復"字爲非,不審之至。

【《武經》頁8515】 近讀從"吾衰也"爲句,"久矣"連下讀爲一句。(《朱子語類》:"據文勢,'甚矣吾衰也'是一句,'久矣吾不復夢見周公'是一句。")考此"甚矣"作一讀,"吾衰也久矣"作一讀,"吾不復夢見周公"作一讀。《呂氏春秋·博①志篇》注引《論語》曰:"吾衰久矣,吾不復夢見周公。""吾衰"下較今文少"也"字,實以"吾衰"作句首,不連"甚矣"爲讀。

[七]子曰:"自行束脩以上,吾未嘗無誨焉。"

【《翟四》頁5120】 《釋文》曰:"《魯》讀誨爲悔,今從《古》。"

---

① 博,原作"傳",誤,據《呂氏春秋》通行本篇名改。

【《毛四》頁 1789】　《論語》"自行束修以上",束修是贄見薄物,其見于經傳甚衆。如《檀弓》"束修之問",《穀梁傳》"束修之肉",《後漢·第五倫傳》"束修之饋",則皆汎以大夫士出境聘問之禮爲言。至《北史·儒林傳》:"馮偉門徒束修,一毫不受。"則直指教學事矣。又《唐六典》:"國子生初入學,置束帛一篚,酒一壺,修一案,爲束修之禮。"則分束帛與修爲二,然亦是教學贄物。近儒以漢後史書,多有"束修"字作"約束修飭"解。如《鹽鐵論》:"桑弘羊曰:臣結髮束修。"元和詔:"鄭均束修安貧。"三國魏桓範薦管寧"束修其躬"類。遂謂束修不是物,歷引諸束修詞以爲辨。試誦本文有"行"字,又有"以上"字。若束修其躬,何必又行?躬自束修,何能將之而上乎?

【《臧經》頁 1856】　《古論語》:"吾未嘗無誨焉。"《魯論語》:"吾未嘗無悔焉。"

【《臧經》頁 1883】　李云:"自行束脩章云:說者謂束爲束帛,脩爲脩脯。人能奉束脩於吾,則皆教誨之,此義失也。吾謂以束脩爲束修,則然矣。仲尼言小子灑掃進退,束修末事,但能勤行此小者,則吾必教誨其大者。"案:漢人皆以束脩爲約束修絜,李解與舊說合。

【《孔經》頁 8362】　《集解》孔曰:"言人能奉禮自行束脩以上,則皆教誨之。"(《秦誓》孔《傳》:"束脩一介臣。"《正義》云:"孔注《論語》以束脩爲束帶脩飾,此亦當然。"今按:本注正言奉脯脩爲禮,不如《書疏》所說,或唐人別見安國舊解,而《集解》非引孔曰,今本傳寫誤。)鄭君云:"束脩謂年十五以上也。《魯》讀誨爲悔,今從《古》。"按《漢書·王莽傳》:"自初束脩。"《伏湛傳》:"自行束脩,迄無毀玷。"《延篤傳》:"吾自束脩已來。"蓋並如鄭解,是言成童以上皆教誨之也。若《馮衍傳》："珪璧其行,束脩其心。"《鄭均傳》："束脩安貧。"則爲約束脩飾之意,與《魯論》"悔"字得相合。是子自言從能束脩以來,内省常若不足,故所行未嘗無悔也。然既定依古文作"誨",自當以十脡脯爲正解。

【《方論》頁14448】 《集注》云："十脡爲束,本之《邢疏》。"案《檀弓》、《少儀》、《穀梁傳》所云束脩,但言賜人問人,不言爲贊脯。脩則是婦人相見之物,男贄無之,嘗以爲疑。及見《鄭注》云"謂年十五以上",恍悟《邢疏》之謬。蓋古人稱"束脩"有指"束身脩行"言者,《列女傳·秋胡婦》云："束髮脩身。"《鹽鐵論》："桑弘羊曰:臣結髮束脩,得宿衛。"《後漢·延篤傳》曰:"且吾自束脩以來。"馬援、杜詩二《傳》,又並以束脩爲年十五,俱是《鄭注》佐證。《書傳》云十五入小學,殆行束脩時矣(《鄭注》見《延篤傳》注)。

[八]子曰："不憤不啓,不悱不發。舉一隅不以三隅反,則不復也。"

【《劉論》頁14214】 聖人之言,皆舉一隅而俟人之以三隅反,故文約而旨無窮。董子說《春秋》云:不能察,寂若無;深察之,無物不在。謂不書多于書也。

[一〇]子謂顏淵曰："用之則行,舍之則藏,惟我與爾有是夫!"子路曰："子行三軍則誰與?"子曰："暴虎馮河,死而無悔者,吾不與也;必也臨事而懼,好謀而成者也。"

【《俞古》頁88】 分章錯誤例。"子謂顏淵曰……"爲一章,

"子路曰"以下又爲一章。子路之問,乃是自負其勇,必謂夫子獨美顏淵而有此問,則視子路太淺矣,此古注與今本俱失者也。

【《劉論》頁 14214】 用、舍,天也。孔顏之學,用則堯舜三王之事,舍則傳之其人,非有所加損也。

【《焦論》頁 12366】 循按:此文無注,《邢疏》以成爲成功義,殊不了。成猶定也,定即決也。《三國志・郭嘉傳》:"嘉北見袁紹,謂紹謀臣辛評、郭圖曰:'袁公多端寡要,好謀無決,欲與共濟天下,大難難矣。'"好謀無決即是好謀無成,好謀而成即是好謀而能決也。

[一一]子曰:"富而可求也,雖執鞭之士,吾亦爲之。如不可求,從吾所好。"

【《俞古》頁 41】 上下文受授虛字例。上句用"而"字,下句用"如"字。……而即如也。

【《朱經》頁 14850】 《史記》引作"富貴如可求",《鄭注》曰"富貴不可求而得之",是"富"下當有"貴"字。

【《焦論》頁 12367】 "富而可求也,雖執鞭之士,吾亦爲之",《注》:"鄭曰:富貴不可求而得者,當脩德以得之。若於道可求者,雖執鞭賤職,我亦爲之矣。"循按:《易傳》稱:"崇高莫大乎富貴。"富貴非聖人所諱言也,但有可求不可求耳。不可求所謂不以其道得之也,苟以其道得之,何不可求之有?《孟子》言:"非其道,一簞食不可受於人。如以道,則舜受堯之天下,不以爲泰。"正與此章之恉相發明。非道以求富貴,鄙夫也。必屛富貴不言,並其可求者而亦諱之,此堅瓠之謂,聖人所不取也。而與如通,而可求,即如可求。如可求則爲之,如不可求則不爲,聖人之言明白誠實如此。若以富而可求爲設言之虛語,此滑稽者所爲,曾以是擬孔子乎。執鞭爲條狼氏之職,孔子爲委吏乘田,正所謂"吾亦爲之"者矣。

[一三]子在齊聞《韶》,三月不知肉味。曰:"不圖爲樂之至於斯也。"

【《翟四》頁 5121】 《史記·世家》:"與齊太史語樂,聞《韶》音,學之三月,不知肉味。"《程子遺書》曰:"聖人不凝滯于物,安有《韶》樂雖美,直至三月不知肉味者乎?三月字誤,當是音字。"又《經說》曰:"三月乃音字,誤分爲二也。"朱子《或問》曰:"問:程子改三月爲音字,如何?曰:以《史記》考之,則習之三月而忘肉味也。既有音字,又自有三月字,則非文之誤矣。"又《語錄》曰:"《史記》'三月'上有'學之'二字,'三月'當點句。蓋是學《韶》樂三月,非三月之久不知肉味也。"……《湛淵靜語》曰:"此章諸家說不一,皆不若以'子在齊'爲一句,'聞《韶》三月'爲一句,'不知肉味'爲一句,義自明白。"張達善點本,"在齊"句,"聞韶"句,"三月"一讀。

【《毛論》頁 1764】 三月謂音字之誤,程子本韓退之說。蓋唐人《論語》多異字,如"宰予畫寢","置其杖而芸"。若此字,則《史記》明云:"聞《韶》音,學之三月",是"音"與"三月"各出,焉得形誤?

【《武經》頁 8515】 近讀從"韶"字絕句。考此宜以"子在齊"爲讀,與"子在陳"同例。下文"聞《韶》三月"當作一句。《史記·孔子世家》:"聞《韶》音,學之三月。"詳玩此文,正以"聞韶"屬"三月"爲義。

【《劉論》頁 14214】 此章述樂而獨取《韶》樂,則《韶》舞之意也。《樂經》雖亡,脩堯舜三代之禮,則有以致太平之瑞應。不然《韶》樂雖存,何足救齊之亂哉?

[一四]冉有曰:"夫子爲衛君乎?"子貢曰:"諾,吾將問之。"入曰:"伯夷、叔齊何人也?"曰:"古之賢人也。"曰:"怨乎?"曰:"求仁而得仁,又何怨?"出曰:"夫子不爲也。"

【《洪容》頁 23】 "冉有曰……夫子不爲也",說者皆評較蒯聵、輒之是非,多至數百言。惟王逢原以十字蔽之曰:"賢兄弟讓,知惡父子爭矣。"最爲簡妙。蓋夷、齊以兄弟讓國,而夫子之賢之,則不與衛君以父子爭國可知矣。晁以道亦有是語,而結意不同。尹彥明之說,與逢原同,唯楊中立云:"世之說者,以謂善兄弟之讓,則惡父子之爭可知,失其旨矣。"其意爲不可曉。

【《惠九》頁 3891】 "古之賢人也",古本作"賢仁",故《鄭注》云:"孔子以伯夷、叔齊爲賢且仁。"徐彥云:"古之賢仁也,言古之賢士且有仁行。若作'仁'字,如此解之;若作'人'字,不勞解也。"

【《朱經》頁 14850】 哀公三年《公羊傳》何《注》引此節,《疏》曰:"子曰古之賢人也,言古之賢士且有仁行。若作'仁'字,如此解之;若作'人'字,不勞解也。"彬謂觀此,則賢人之"人"亦當作"仁"。

【《劉論》頁 14214】 《春秋》絕蒯聵之出奔,又不與其入衛,而與石曼姑、齊國夏以伯討。辭於靈公,曰卒月葬,無危文;於輒無立文,似得爲衛輒,故冉有、子貢、子路皆疑焉。輒於王法得立,不得拒父。爲輒之義,當不爲喪主而奉以避位。蒯聵之罪已成於出奔,又挾晉亂臣而欲篡衛，天子不能討，齊衛不能拒。輒之勢，求仁而不得仁矣。其禍啓於靈公，故夫子不爲也。時夫子居衛，有公養之仕，故冉子疑焉，子貢曰"夫子不爲"，二賢謀爲夫子反魯地矣。

[一五]子曰："飯疏食，飲水，曲肱而枕之，樂亦在其中矣。不義而富且貴，於我如浮雲。"

【《閻四》頁 271】　愚幼讀黃淳耀文，輒笑其不識字，或以爲過。予曰：凡字有體有用，如枕字上聲，體也，實也；去聲，用也，虛也。此字，《集注》明云去聲，奈何通篇俱作"臥而薦首者之物"解？或曰題雖去聲之枕，而文以上聲之枕伴講，亦自無礙。

【《劉論》頁 14214】　此因上章而類記之，不義之富貴，不特蒯聵與輒也，即石曼姑之受命於靈公，皆不義也。際可之仕，公養之仕，誠不如疏水曲肱矣。

[一六]子曰："加我數年，五十以學《易》，可以無大過矣。"

【《翟四》頁 5122】　《史記·世家》："孔子曰：假我數年，若是，我於《易》則彬彬矣。"《風俗通義·窮通卷》引孔子曰："假我數年乎。""加"亦作"假"。《集注》曰："元城劉忠定公自言，嘗讀他論加作假，蓋加、假聲相近而誤讀。"

《釋文》曰："《魯》讀易爲亦，今從《古》。"……《邢疏》曰："加數年，方至五十，謂四十七時也。"《集注》曰："劉忠定公言，他論五十作卒，蓋字相似誤分也。按：《史記》'加'正作'假'，而無'五十'字，蓋是時孔子年已幾七十矣，'五'字誤無疑也。"《論語集注考證》曰:"篆文'五'字與'卒'字,其中皆有交互之形。《史記》云:'我於《易》則彬彬矣。'玩其辭意,則'五十'字當是'吾'字之誤。"……孫淮海《近語》曰:"非五十之年學《易》,是以五十之理數學《易》也。"……按:《十一經問對》有"先儒以五十字誤,欲從《史記》九十以學《易》"之語,"九十"兩字似又以"卒"字分刊誤,而先儒之改讀"卒"字,亦未嘗從《史記》也。

【《惠九》頁3891】 《魯論》"易"爲"亦"。君子愛日以學,及時而成,五十以學,斯爲晚矣。然秉燭之明,尚可寡過。此聖人之謙辭也。或云古"五"字如"七"(見王肅《詩傳》)。孔子晚而好《易》,故有是語。《史記》亦云。

【《臧經》頁1856】 《古論語》:"假我數年。"(《孔子世家》)《魯論語》:"加我數年。"《古論語》:"五十以學《易》,可以無大過矣。"《魯論語》:"五十以學,亦可以無大過矣。"

【《武經》頁8515】 此凡三讀:朱子《集注》"五十"作"卒",則以"年"字絕句。邢氏《疏》:"加我數年,方至五十,謂四十七時也。"則又以"五十"絕句。《釋文》:"魯讀易爲亦。"是以"學"字斷句。"易"又作"亦"字爲訓,當云"亦可以無大過矣"爲句。

[一七] 子所雅言,《詩》、《書》、執禮,皆雅言也。

【《俞癸》頁58】 《論語》:"雅言,《詩》、《書》、執禮。"鄭康成言禮不可誦,故言執,乃分《詩》、《書》爲言,執禮爲執持禮書。下云皆雅言,不可通矣。蓋《詩》、《書》博引,禮則必以其人其所當執者言之,與父言慈,與子言孝。見魯哀、齊景言侯禮,見孟孫、季孫、晏嬰言卿禮,見孺悲等言士禮,此雅言之執禮也。

【《毛論》頁 1764】　孔安國曰："雅言，正言也。正言者，謂端其音聲，審其句讀，莊重而出之，與恆俗迥別，謂之莊語，亦謂之雅語。"……鄭康成謂讀先王典法，必正言其音，然後義全，故不可有所避諱。此第舉雅言中字音一節耳，若孔氏所云正言，不止于是。

【《翟四》頁 5123】　《集解》："孔曰：雅音，正言也。"……《韓李筆解》曰："音今作言，字之誤也。傳寫者因注云：雅音正言，遂誤耳。"案：古經典如《小雅》、《大雅》、《爾雅》，雅俱訓正。《史記注》，別訓"素"，因素轉常，則始于《集注》。

陸深《傳疑錄》曰："執本執字，執、藝古字通，執禮之文無再見。……古稱《六經》謂之六藝，此之雅言，或是《詩》、《書》、《禮》、《樂》，蓋《樂》亦一藝也。"按《禮·文王世子》："秋學禮，執禮者詔之。"此執禮文之再見者也。

古者學禮行禮，皆有詔贊者，爲之宣唱校呼，使無失錯，若今之贊禮官。此而不正其言，恐事亦失正，故子必雅言也。

【《焦論》頁 12367】　循按：此與上"五十學《易》"當是一章，如子路無宿諾之例，記者因孔子有"學《易》無大過"之言，以此申明之。"子所雅言"四字指《易》，乃不獨《易》也，於《詩》、於《書》、於執禮，皆雅言也。《論語》之文最爲簡妙，上既言子所雅言，下不必又贅複一語。玩"皆"字，正從《易》連類之詞。雅即《爾雅》之雅，文王、周公繫《易》多用假借、轉注以爲引申，孔子以聲音訓詁贊之，故爲雅言。孔子贊《易》似不同於說《詩》、說《書》、說《禮》，不知同一聲音訓詁之所發明，贊《易》與說《詩》、《書》、《禮》，同是雅言，非有異也。

【《方論》頁 14448】　《孔注》："雅言，正言也。"夫《詩》、《書》、《禮》、《樂》，皆先王之典法，今子所雅言，不及《樂》，何也？蓋《樂》

在《詩》、《禮》之中矣。季札觀《樂》,爲歌十五國風,《樂》在《詩》也。宗伯之屬,典樂之官,凡二十,《樂》在《禮》也。鄉飲酒及燕禮,並升歌《鹿鳴》、《四牡》、《皇皇者華》,笙《南陔》、《白華》、《華黍》。閒歌《魚麗》,笙《由庚》。歌《南有嘉魚》,笙《崇丘》。歌《南山有臺》,笙《由儀》。合樂,周南:《關雎》、《葛覃》、《卷耳》,召南:《鵲巢》、《采蘩》、《采蘋》。鄉射禮奏《騶虞》,間若一。大射禮歌《鹿鳴》,三終燕禮大射,並管《新宮》、《周南》、《召南》。燕禮謂之鄉樂,周禮磬師謂之燕樂,此更《樂》與《詩》、《禮》之不可分者也,是子言《詩》、《禮》,而《樂》已在其中也。其不及《易》、《春秋》,何也?《學記》曰:"大學之教也,時教必有正業。"朱子謂古者唯習《詩》、《書》、《禮》、《樂》,如《易》則掌於大卜,《春秋》則掌于史官,學者兼通之,不是正業。又考《孔子世家》,孔子以《詩》、《書》、《禮》、《樂》教弟子,蓋三千焉,此遵樂正四術之常法。至及門高業弟子方授以《易》、《春秋》,故身通六藝者,僅七十二人,則《易象》、《春秋》,孔子不輕以教人。若外此雜說,更所不語矣。

【《方論》頁14449】"執禮",王伯厚曰:"石林解'執禮'云:猶執射、執御之說。《記》曰:'秋學禮,執禮者詔之。'蓋古者謂持禮書以治人者,皆曰執。周官大史、大祭祀宿之日讀禮書,祭之日執書以次位常,凡射事,執其禮事。"以證此經,執禮爲執禮書,爲解確甚。愚案:盧子幹注《玉藻篇》"臨文"云:"謂禮文也,禮執文行事。"盧氏說亦可移解《論語》"執禮"。

[一八]葉公問孔子於子路,子路不對。子曰:"女奚不曰:其爲人也,發憤忘食,樂以忘憂,不知老之將至云爾。"

【《臧經》頁1856】 《古論語》:"其爲人也,學道不倦,誨人不厭,發憤忘食,樂以忘憂。"(《孔子世家》)《魯論語》:"其爲人也,發憤忘食,樂以忘憂。"

【《王經》頁33】 云爾、云乎,皆語已詞也。……"不知老之將至云爾",……是也。

【《馬氏文通》頁198】 云爾者,重記其所言如是也。爾者,如是也。

【《助字辨略》卷三】 云爾,猶言如此。

【《經詞衍釋》卷三】 云爾,猶如此也。爾,此也。

【《劉論》頁14214】 上章言《易》、《詩》、《書》、《禮》,此謂作《春秋》也。吳楚猾夏,亂賊接踵,所以憤也。《春秋》成而樂堯舜之知我,蓋又在莫年矣。

[一九]子曰:"我非生而知之者,好古敏以求之者也。"

【《朱經》頁14850】 彬謂此聖人不以生知自居,而處于學知也。敏,勉也,蓋信而好古而勉力以求之。若作"疾速"解,則非聖人誨人不倦之心矣。

[二〇]子不語怪、力、亂、神。

【《翟四》頁5123】 《漢書·郊祀志》引《論語說》曰:"子不語怪神。"……顧況《廣異記序》曰:"欲觀天人之際,變化之兆,吉凶之源,聖不可知,神不可測。其有干元氣,汨五行,聖人所以示怪力亂神、禮樂刑政,著明大道以糾之。古文'示'字如今文'不'字,儒者不本其意,云子不語,非觀象設教之本也。"

[二一]子曰:"三人行,必有我師焉:擇其善者而從之,其不善者而改之。"

【《翟四》頁5124】 舊文"三人"上有"我"字,"有"爲"得"。《釋文》曰:"我三人行,一本無我字。必得我師,本或作必有。"《義疏》本、《唐石經》本皆作"我三人行,必得我師焉"。《潛夫論·德化篇》引作:"其不善者,我則改之。"

【《惠九》頁3891】 《唐石經》及《釋文》皆云:"我三人行,必得我師焉。"何晏《注》云:"言我三人行,本無賢愚。依注當有'我'字。"江熙注《穀梁》亦云:"我三人行,必有我師。"顧炎武《金石文字記》載《唐石經》云:"三人行,'三'上多一'我'字。必有我師焉,'有'誤爲'得',蓋習于俗而忽不考耳。"

【《劉論》頁14215】 《春秋》"外離會不書"者,言不足別善惡,此其義也。

[二七]子曰:"蓋有不知而作之者,我無是也。多聞,擇其善者而從之,多見而識之,知之次也。"

【《臧經》頁1856】 《古論語》:"多見而識之,知之次也。"《魯論語》:"多見而志之,知之次也。"(《白虎通·禮樂》)

【《劉論》頁14215】 "不知而作",謂不肯闕疑也。"多聞",謂兼采列國史文。"擇善而從",取其可徵者,寓王法也。"多見",謂所見世,識其行事不著其說也。

述而第七

[二八]互鄉難與言,童子見,門人惑。子曰:"與其進也,不與其退也。唯何甚!人絜己以進,與其絜也,不保其往也。"

【《劉論》頁14215】 春秋列國進乎禮義者與之,退則因而貶之,此其義也。諸侯卿大夫所行多過惡,而有一節可以立法,聖人所不遺,亦其義也。

【《翟四》頁5124】 "互鄉難與言童子見",《疏》引琳公曰:"此八字通爲一句讀,言此鄉有一童子難與言。"《唐石經》、《宋石經》,兩"潔"字皆作"絜"。《集注》曰:"'人潔'至'往也'十四字,當在'與其進也'之前。唯何甚,'唯'字上下疑又有闕文。"《南軒論語解》曰:"子謂其進之志則善,與其進而志善,不與其退而不善也。若於志善之時,以其退而不善拒之,則何甚也。又反復言之,謂凡人潔己以進,則與其潔耳,固不可保其往也。"

[三〇]陳司敗問昭公知禮乎,孔子曰:"知禮。"孔子退,揖巫馬期而進之曰:"吾聞君子不黨,君子亦黨乎?君取於吳爲同姓,謂之吳孟子,君而知禮,孰不知禮?"巫馬期以告。子曰:"丘也幸,苟有過,人必知之。"

【《惠九》頁3891】 鄭氏以司敗爲人名,齊大夫。棟案:古陳、田字通,故以爲齊大夫。《仲尼弟子列傳》云:"巫馬施,字子旗。"《呂氏春秋》亦云:"巫馬旗,今《論語》作期。"孔安國《注》云:"弟子名施。"案《說文》云:"施,旗貌。齊欒施,字子旗。知施者,旗也。"古人名字相配,故《白虎通》云:"聞名即知其字,聞字即知其名。"古"旌、旗"字無作"期"者,當從《史記》作"旗"。

【《臧經》頁 1856】 《古論語》:"揖巫馬旗而進之。"(《仲尼弟子傳》)《魯論語》:"揖巫馬期而進之。"

【《劉論》頁 14215】 《春秋》於孟子不書逆女,不書薨葬,于卒也不書吳,盈諱文也。陳司敗若問昭公取同姓可爲知禮乎,則夫子不答也。

[三二]子曰:"文莫吾猶人也,躬行君子,則吾未之有得。"

【《翟四》頁 5125】 《集解》曰:"文莫,猶俗言文不也。"《義疏》曰:"時呼文不勝人,爲文不也。"《論語詳解》曰:"文字斷句。"

【《毛論》頁 1765】 ……及觀《晉書》,欒肇作《論語駁》有云:"燕齊之間,謂勉強曰文莫。"則明明有"文莫"二字爲成語實證。又陳鱣《雜識》云:"《方言》:侔莫,強也。凡勞而相勉,若所云努力者,輒曰侔莫。"則文莫、文無、文不、侔莫,總屬成語,亦總屬勉強之意。故曰"文莫則吾亦猶人",猶言吾亦努力,但勉強無當,以視躬行之君子,則雖欲得之而猶未耳。此專言行不言文。或曰:"莫,無也,作得毋解,則仍逐文立義矣。"……(原注:嚴杰按:《說文·心部》有"忞慔"二字連文,云忞,強也。慔,勉也。文莫,即"忞慔"之省借。)

【《劉遺》頁 9096】 楊慎《丹鉛錄》引晉欒肇《論語駁》曰:"燕齊謂勉強爲文莫。"又《方言》曰:"侔莫,強也。北燕之外郊,凡勞而相勉,若言努力者謂之侔莫。"謹案:《說文》:"忞,強也。慔,勉也。忞讀若旻,文莫即忞慔假借字也。"《廣雅》亦云:"文,勉也。黽勉、密勿、蠠沒、文莫,皆一聲之轉。"文莫行仁義也,躬行君子由仁義行也。

【《劉論》頁14215】　夫子書《六經》皆以古文，不依史籀所造，故不猶人也。躬行或不能不隨時，如魯人略孔子亦略是也，故云未之有得。

[三三]子曰："若聖與仁，則吾豈敢？抑爲之不厭，誨人不倦，則可謂云爾已矣。"公西華曰："正唯弟子不能學也。"

【《毛四補》頁1808】　"若聖與仁"，予以《六經》解之。《鄉飲酒義》曰："東方者春，春之爲言蠢也，產萬物者也，聖也。南方者夏，夏之爲言假也。假者大也，養而大之，仁也。"則內聖外王，總以仁及萬物爲言。聖仁者，明德而新民，成己而成物者也。《禮》所云"天子之立也，嚮仁而左聖"，正以是也。然則學不厭、教不倦，亦學爲聖仁，教爲聖仁，以仁心及物而進於聖已矣，何二詣焉？博施濟衆，子貢以爲仁人之事，而夫子以爲聖人之事。亦謂仁與聖，皆推心之恕，以長養萬物，淺與深總一體者。蓋春爲養之本，故以聖當之。夏爲養之末，故反以仁當之。《六經》解聖仁無兩義，人之學聖仁，教聖仁，亦無兩事。所謂一貫在忠恕，如此而已。

【《焦論》頁12367】　循按：聖者，通也。《大戴禮・四代篇》云："聖，知之華也，聖與仁，即知與仁。"

【《臧經》頁1856】　《古論語》："正唯弟子不能學也。"《魯論語》："誠唯弟子不能學也。"

[三五]子曰："奢則不孫，儉則固，與其不孫也，寧固。"

【《劉論》頁14215】　儉，古之敝也。奢，今之敝也。固則不中禮,不孫則上下亡等。故救春秋之亂,寧儉而不中禮,矯枉者勿過其正,不得直也。

[三六]子曰:"君子坦蕩蕩,小人長戚戚。"

【《臧經》頁 1856】《古論語》:"君子坦蕩蕩。"《魯論語》:"君子坦湯湯。"

[三七]子溫而厲,威而不猛,恭而安。

【《翟四》頁 5126】《釋文》曰:"一本'子'作'子曰','厲'作'例',皇本作'君子'。案此章說孔子德行,依此文爲是也。"按:依《釋文》,則皇侃本作"君子溫而厲",今所見侃《義疏》,但與監本同文,未有"君"字,此是海國中傳寫脫漏。後《子張篇》"君子有三變"章,《義疏》曰:"所以前卷云君子溫而厲也。"可爲其脫漏之確證。

泰伯第八

[一]子曰："泰伯,其可謂至德也已矣,三以天下讓,民無得而稱焉。"

【《顧曰》頁33】　當其時以國讓也,而自後日言之,則以天下讓也。當其時讓王季也,而自後日言之,則讓於文王、武王也。有天下者在三世之後,而讓之者在三世之前,故曰三讓。

【《翟四》頁5127】　《論語釋文》曰:"德(齊按:疑是'得'之誤),本亦作德。……是得與德,古字通也。"

【《閻四》頁264】　金仁山《前編》曰:"《儀禮》三遜謂之終遜。"然則三以天下讓,謂終以天下遜也,余謂此足補《集注》"固遜"之說。

【《臧經》頁1856】　《古論語》:"民無得而稱焉。"《魯論語》:"民無德而稱焉。"(《釋文》、《後漢書·丁鴻傳論》)

【《臧經》頁1873】　《釋文》:"民無得,本亦作德。"案《集解》引王肅云:"泰伯以天下三讓於王季,其讓隱,故無得而稱言之者,所以爲至德也。"是王肅本作"無得"(《地理志下》引孔子作"得")。《後漢書·丁鴻傳論》引孔子曰:"泰伯三以天下讓,民無德而稱焉。"《李注》云:"《論語》載孔子之言也。"又引鄭玄《注》云:"三讓之美,皆蔽隱不著,故人無德而稱焉。"是鄭本作"無德",《釋文》所見,蓋即鄭本。王肅好與鄭難,故改其義,又德、得二字音同,古互用。《季氏篇》"血氣既衰,戒之在得",《釋文》云"在得"或作"德",非。

【《孫讀》頁5421】 泰伯三以天下讓,正唯無德而稱,所以爲德之至,猶云上德不德也。

【《劉論》頁14215】 泰伯知天命在文王,不欲以己紊立子之法,故偕仲雍之荆蠻。不奔喪,不立仲雍之子爲後,合於中庸之德也。

[二]子曰:"恭而無禮則勞,慎而無禮則葸,勇而無禮則亂,直而無禮則絞。君子篤於親,則民興於仁。故舊不遺,則民不偷。"

【《錢十》頁5032】 問:"慎而無禮則葸,葸字《說文》未收,從艸亦無義。"曰:"葸當爲諰字之訛。《說文》:'諰,思之意。'《荀子·議兵篇》:'諰諰然懼天下之一合而軋己也。'《漢書·刑法志》引作'鰓',蘇林讀如'慎而無禮則葸'之葸。諰正字,鰓假借字,葸則俗字也。"

【《惠九》頁3891】 《汗簡》云:"《古論語》篤作竺。"《尚書·微子之命》云:"曰篤不忘。"《釋文》云:"篤,本又作竺。"《說文》曰:"竺,厚也。"

【《翟四》頁5127】 《禮記·仲尼燕居》:"子曰:敬而不中禮謂之野,恭而不中禮謂之給,勇而不中禮謂之逆,慎而無禮則葸。"《文選·魏都賦》"誰勁捷而無偲",注引《論語》此文爲證,云偲與葸同。

"直而無禮則絞",《釋文》曰:"絞,古卯反。"馬云:"刺也,又七肆反。"《鄭注》:"急也。"按:兩音與馬、鄭兩訓,似互差。

"君子篤於親節",吳棫《論語續解》曰:"以下乃曾子之言也。"《四書辨疑》曰:"兩節文勢事理皆不相類,分此自作一章,實爲愜當。而以爲曾子之言,卻是過慮。"……按:鄭康成、韋宏嗣、顏師古,皆指實此爲孔子辭。吳氏以屬曾子,出自臆斷,恐不足據。

[三]曾子有疾,召門弟子。曰:"啓於手,啓於足。《詩》云:'戰戰兢兢,如臨深淵,如履薄冰。'而今而後,吾知免夫,小子。"

【《翟四》頁5128】　《陳龍川集·與應仲實書》引文,"今"上無"而"字。

[五]曾子曰:"以能問於不能,以多問於寡,有若無,實若虛,犯而不校,昔者吾友嘗從事於斯矣。"

【《王困》卷七頁678】　唐孔穎達《傳》"以能問於不能",以曾子之言爲孔子。(《唐書·孔穎達傳》:"貞觀初,封曲阜縣男,帝問:'孔子以能問於不能,何謂也?'對曰:'此聖人教人謙耳。'")

【《翟四》頁5128】　《唐書·孔穎達傳》:"帝問:'孔子稱以能問於不能,以多問於寡,有若亡,實若虛,何謂也?'"以曾子爲孔子。又《獨孤及傳》,上疏陳政,亦引孔子曰:"以能問於不能,以多問於寡。"……按:《舊唐書》太宗問穎達但云《論語》,穎達之對則云:"聖人說教,欲人謙光。"並問辭云孔子,乃《新書》改文之說。"昔者吾友",《史通·序傳篇》引《論語》曰:"吾之先友嘗從事於斯矣。"

［六］曾子曰："可以託六尺之孤,可以寄百里之命,臨大節而不可奪也。君子人與？君子人也。"

【《臧經》頁 1872】　《玉篇·人部》："侂,恥各切。侂,寄也。"《論語》云："可以侂六尺之孤。"今《論語·泰伯》侂作託。案：《說文·人部》："侂,寄也。從人,庉聲。庉,古文宅。"《言部》："託,寄也。從言,乇聲。"二字音義本同,然據《玉篇》所引,則《論語》舊是"侂"字。蓋從言者,以言託寄之。從人者,以人侂寄之。義各不同,今從言,蓋通借字。顧野王所見古本作"侂",與《說文》義合也。

［一〇］子曰："好勇疾貧,亂也；人而不仁,疾之已甚,亂也。"

【《劉論》頁 14215】　春秋於畔盜則誅之,于吳楚則先治小惡,不爲已甚,此其義也。

［一一］子曰："如有周公之才之美,使驕且吝,其餘不足觀也已。"

【《惠九》頁 3891】　《周書·寤儆篇》："周公曰：不驕不恡,時乃無敵。"(陸氏《論語釋文》云："吝,本亦作悋。") 此周公生平之學,所以裕制作之原也,夫子因反其語以誡後世之爲人臣者。

［一二］子曰："三年學,不至於穀,不易得也。"

【《翟四》頁 5129】　《釋文》曰："穀,公豆反,孔云善也。易,孫音亦,鄭音以豉反。"張南軒解曰:"學之久而不至於善,則亦難乎。其得之矣,苟知其所以用力,必有月異而歲不同者,從孔讀。"胡寅《論語詳說》曰:"以志(齊案:疑係'至'字之誤)爲志,則其義益精,或聲同而字誤也。"朱子《或問》曰:"此處解不行(旁注"至?")作志,稍通耳。"《集注考證》曰:"或疑'至'當訓'及',朱子不與其說,然圈外取楊氏之說,似亦不及於祿之意。"

【《毛四》頁1805】　凡升鄉學,升國學,升司馬,皆以三年爲斷。然是升賢之三年,非學三年也。……學之始事,務在至善。《大學》"誠意"所云:"道盛德至善是也。"特至善無難,學即得之,而沮善之徒必以爲善匪易事,將有學之久而仍不至者,故夫子反言曰"吾欲得其人而正未易也",此與"蓋有之矣,我未之見也"同意。

[一三]子曰:"篤信好學,守死善道。危邦不入,亂邦不居。天下有道則見,無道則隱。邦有道,貧且賤焉,恥也。邦無道,富且貴焉,恥也。"

【《毛四》頁1802】　"篤信好學,守死善道",《正義》謂此勸人守道者,其義極是,但多一"道"字。《尚書》:"人之有爲有守。"只"守"字已足,若守道則又犯善道,"道"字非本義矣。蓋篤信好學善道,皆成此一"守"字。篤信好學非信學也,謂厚于誠信而好學問也,守死者,非守其死也,謂守而至于死也。厚于誠信且好學問,而于以勵其守,雖至死不變,而皆善于道,則下文非乎,故下文皆言有守而善道之事。

【《劉論》頁14215】　如公弟、叔肸、孔父、荀息、仇牧之屬。

[一六]子曰:"狂而不直,侗而不愿,悾悾而不信,吾不知之矣。"

【《朱經》頁 14850】 包咸《注》:"悾悾,慤也。"彬謂《後漢書‧劉瑜傳》:"臣悾悾推情。"章懷太子《注》:"悾悾,誠懇之貌。"《廣雅》:"悾悾,誠也。"空空如也,亦謂其求教之誠。悾、空,古通用。悾,亦與欸通。屈原《漁父》:"吾能悃悃欸欸,樸以忠乎。"欸欸亦悾悾之謂。

[一八]子曰:"巍巍乎!堯舜之有天下也,而不與焉。"

【《翟四》頁 5129】 汪沆《論語集注剩義》曰:"《王莽傳》引孔子云云,師古注曰:'舜禹治天下,委任賢臣以成其功,而不身親其事也。'此讀與爲預,與《集注》不同。"

【《毛論》頁 1765】 言任人致治,不必身預,所謂無爲而治是也。若謂視之若無有,則是老氏無爲之學,非聖治矣。晉劉實作《崇讓論》有云:"舜禹有天下不與,謂賢人讓于朝,小人不爭于野,以賢才化無事,至道興矣,已仰其成,何與之有。"王充《論衡》云:"經云上帝引逸,謂虞舜也。舜承安繼治,任賢使能,恭己無爲而天下治。故孔子曰:'巍巍乎,舜禹之有天下也,而不與焉。'"是漢後儒者皆如此說。且此直指任賢使能,爲無爲而治之本。正可破王、何西晉老氏虛無之學,觀者審之。

【《臧經》頁 1856】 《古論語》:"巍巍乎,舜禹之有天下也,而不與焉。"《魯論語》:"巍巍乎,舜禹之有天下也,而不預焉。"(《白虎通‧聖人》)

[一九]子曰："大哉堯之爲君也！巍巍乎！唯天爲大，唯堯則之；蕩蕩乎！民無能名焉；巍巍乎！其有成功也，煥乎其有文章。"

【《焦論》頁 12367】 循按：《謚法》："民無能名曰神。"孟子言"聖而不可知之之謂神"，"殺之而不怨，利之而不庸，民日遷善而不知爲之者。故君子所過者化，所存者神。"不可知，故無能名。無爲而治，故不可知。《繫辭傳》云："黃帝、堯、舜氏作，通其變，使民不倦，神而化之，使民宜之。"孔子稱黃帝民得其利，百年畏其神，百年用其教。百年神而化之，故畏其神。堯之無能名，舜之無爲而治，皆神也。"爲政以德，譬如北辰，居其所而衆星共之"，包云："德首無爲，《易》之四德爲元亨利貞。"天以寒暑日月運行爲道，聖人以元亨利貞運行爲德。用中而不執一，故無爲，無爲故不可知，不可知故民無能名。民運行於聖人之元亨利貞，猶衆星運行於天之寒暑日月。民可使由之，不可使知之，故黃帝、堯、舜承伏羲、神農之後，以通變神化，立萬世治天下之法。《論語》凡言堯舜，皆發明之也。曰爲政以德，曰恭己正南面，曰脩己以敬，此堯舜所以神通其變。使民不倦，神而化之，使民宜之，此堯舜所以爲德。即德即神，即神即德，故云顯道神德行。又云神而明之，存乎其人，默而成之，不言而信，存乎德行，皆化裁推行之至用也。"民無能名"四字，爲成功文章之本，爲則天之實，《包注》尚未詳。

[二〇]舜有臣五人而天下治。武王曰："予有亂臣十人。"孔子曰："才難，不其然乎？唐虞之際，於斯爲盛，有婦人焉，九人而已；三分天下有其二，以服事殷，周之德可謂至德也已矣。"

【《王困》頁150】　《論語釋文》:"予有亂十人。"(下云:本或作亂臣十人,非。)《左傳》(襄公二十八年)叔孫穆子亦曰:"武王有亂十人。"(閻按:今《左傳》有"臣"字。案昭公二十四年萇宏引《大誓》曰"予有亂臣十人,同心同德",亦有"臣"字。)劉原父謂子無臣母之理,婦人蓋邑姜也。然本無"臣"字,舊說不必改。(元圻案:《泰誓中》正義曰:"《論語》引此云:予有亂臣十人,而孔子論之有一婦人焉。故先儒鄭玄等皆以十人爲:文母、周公、太公、召公、畢公、榮公、太顛、閎夭、散宜生、南宮括也。"劉原父《七經小傳》曰:"子無臣母之理,或云古文無臣字,如此則不成文,武王即位已八十餘,未知文母猶存否。以義推之,蓋邑姜必非文母。")

【《王困》頁571】　古者以德爲才,十六才子是也。(見文公十八年。謝疊山曰:"唐虞以上,無才德之分。如臯陶九德,皆才也,舜舉元愷之才,皆德也。")

【《顧日》頁34】　"予有亂臣十人,同心同德",此陳師誓衆之言。所謂十人,皆身在戎行者。而太姒邑姜,自在宮壼之内,必不從軍旅之事,亦必不並數之,以足十臣之數也。……或文字傳寫之誤,闕疑可也。

【《錢十》頁4962】　"予有亂十人",《尚書》、《論語》各一見,《春秋傳》兩見(襄廿八年、昭廿四年)。《唐石經》皆無"臣"字,今石刻旁添"臣"字者,宋人妄作耳。陸氏《釋文》亦同,云:"本或作亂臣十人,非。"五代國子監校刊九經,始據誤本添入"臣"字,邢昺《論語疏》亦承監本。於是劉原父有"子無臣母"之疑,蘇子瞻太皇太后挽詞,亦有"允矣才難十亂臣"之句。

【《翟四》頁5130】　《釋文》曰:"子有亂十人,本或作亂臣十人,非。"《唐石經》"予有亂十人","亂"下後人旁增"臣"字。……

《書·泰誓》有臣字。古文亂字作𤔔。《爾雅·釋詁》："亂,治也。"……輔廣《論語答問》曰:"荀卿子曰:'治亂謂之亂,猶治污謂之污也。'亂之訓治,由來久矣。"《論語集說》曰:"或云:亂本作𤔔,古治字也。"《群經音辨》曰:"孔安國訓亂曰治,《說文》解亂亦曰治也,從乙。乙,治之也。經典大抵以亂爲不理,夫理亂之義,善惡相反,而以治訓亂,可惑焉。若以《古文尚書》考之,以𤔔、亂字別而體近,豈隸古之初,傳寫訛合爲一字,而作治、亂二訓,後之諸儒遂不復辨之歟?"《集注考證》曰:"《古文尚書》,德惟𤔔,否德𤔔,二字正與《集注》合。𤔔字,從爪從系從乙。取以手理系,而有條理也。後人𤔔字加乙,與亂相似,故遂誤以𤔔爲亂字。"周密《癸辛雜志》曰:"治亂之亂,從乙,郎段切,治也,治之也。煩𢿙之𢿙從支,音同前,煩也,並見《說文》。"按:亂之訓治,猶故之訓今,在之訓徂,允之訓佞。義有反覆,旁通美惡,不嫌同名。周公作《爾雅》,已具此釋例,不僅始荀卿子矣。金氏引《古文尚書》爲證,而古文"亂臣十人",正作否德𤔔之𤔔字,轉覺其義不可通。

"唐虞之際",《四書通考》:"吳氏程曰:'唐虞'至'爲盛',當作一句。"程復心《四書章圖》曰:"此處必有缺誤,看三分有二一節,突起無頭,缺文可見。"《螺江日記續編》曰:"餘姚邵在陬云:《論語》'有婦人焉',衛氏古文作'有殷人焉',而韓退之直指爲膠鬲,似可從者。但衛氏古文不知見何書,韓退之說,《論語筆解》亦無之。以爲其人即膠鬲,更無憑據。"

【《惠九》頁 3891】 案:《釋文》及《唐石經》無"臣"字。陸氏云:"本或作亂臣十人。"非後世因晉時所出《大誓》以益之邪。劉原父遂闢馬、鄭之說,以邑姜易文母,真臆說也。原父又云:"或云古文無臣字,如此則不成文。"尤謬,王伯厚已辨之。

【《焦論》頁12368】 "予有亂臣十人",《注》:"馬曰亂,治也,治官者十人。"循按:官,小臣也(見《呂覽》注),十人治官者也。馬以"官"字解"臣"字,《邢疏》解作治官之臣,非是。

【《劉論》頁14215】 美文武之服事,爲中庸之德,所以立教也。

[二一]子曰:"禹,吾無間然矣。菲飲食而致孝乎鬼神,惡衣服而致美乎黻冕,卑宮室而盡力乎溝洫。禹,吾無間然矣。"

【《王經》頁86】 然,猶焉也。……禹,吾無間然矣。……"然"字與"焉"同義。

【《劉論》頁14215】 禹之治水,因鯀之功。溝洫之利,萬世永賴,致孝之大者也。不自大其事,不自尚其功,故無間然。

子罕第九

［一］子罕言利，與命，與仁。

【《翟四》頁5132】　史繩祖《學齋佔畢》曰："子罕言者，獨利而已，當以此四字爲句，作一義。曰命曰仁，皆平日所深與，此當別作一義。與，如'吾與點也'、'吾不與也'等字之義。"《史記辨惑》曰："馬遷併以此言爲與字，豈傳寫之訛歟。"

【《焦論》頁12368】　"子罕言利，與命，與仁"，《注》："罕者，希也。利者，義之和也。命者，天之命也。仁者，行之盛也。寡能及之，故希言也。"循按：古所謂利，皆以及物言。至春秋時，人第知利己，其能及物，遂別爲之義。故孔子贊《易》，以義釋利。謂古所謂利，今所謂義也。孔子言義，不多言利，故云："子罕言利。"若言利，則必與命並言之，與仁並言之。利與命並言，與仁並言，則利即是義。"子罕言"三字呼應兩"與"字，味其詞意甚明。《注》以"義之和"釋"利"字，此正是與命、與仁之利，爲孔子所言。至以命、仁，亦子所罕言。孔子固不罕言命、罕言仁矣，徒以利、命、仁三者不類，乃高置利字以配命、仁。不知義之和，正子所不罕言者也。《論語》稱子以四教，子之所慎。子不語，子絕四下目俱平列。此"子罕言利"爲句，下用兩"與"字，明與諸例爲異。史繩祖《學齋佔畢》讀兩"與"字爲"吾與點也"之"與",謂子所罕言者,惟利而已。曰命曰仁,皆平日所深與。此似知注疏之未合。然與點,指人之可與。用以指仁,辭不協。用以指命,尤不協也。

［二］達巷黨人曰:"大哉孔子!博學而無所成名。"子聞之,謂門弟子曰:"吾何執?執御乎?執射乎?吾執御矣。"

【《毛四》頁 1805】 博學而無所成名,與執御、執射是一串事,射、御即博學中兩件學也。《內則》:"十五學射御,二十博學,三十則博學無方。"無方者,無類,即無所成名也。然則博學故無名,博學不執學,故無一名。若射御則早學之矣,故夫子曰:"吾將執一學",則就平時所學中求之,其射御乎?然兩不能執,必當執一。又當擇其易者,則御易于射,執御已矣。此自明白。……《曲禮》、《少儀》皆曰:"問大夫之子,長曰能御矣,幼曰未能御也。"

【《焦論》頁 12368】 循按:無所成名,即民無能名。所謂焉不學,無常師,無可無不可也。孔子以民無能名贊堯之則天,故門人援達巷黨人之言,以明孔子與堯舜同。大哉孔子,即大哉堯之爲君。博學無所成名,即坦蕩蕩乎民無能名。孔子之學,即堯舜之學也。孔子云:"吾何執。"篇末云:"未可與權。"惟其權所以不執一,而民無能名,無間然也。雖別爲一篇,實與上相承接。

【《方論》頁 14449】 《漢書·董仲舒對策》:"此亡異於達巷黨人,不學而自知。"孟康《注》:"人,項橐也。"王伯厚謂孟康之說未知所出。案:《史記·孔子世家》稱達巷黨人童子,童子而知聖學之博,正不學自知者。漢時似相傳如此,故史遷得識其人爲童子。《董策》述其人爲不學而自知也。又《甘茂列傳》:"甘羅曰:項橐生七歲爲孔子師。"七歲者,又童子之證。子貢曰:"夫子焉不學,而亦何嘗師之有。"達巷黨人亦師矣哉。

[三]子曰:"麻冕,禮也,今也純,儉,吾從衆。拜下,禮也,今拜乎上,泰也。雖違衆,吾從下。"

【《王困》頁669】 《鄭注》:"純,黑繒也,側基反。"……按《儀禮疏》,古緇、紡二字並行,緇布之緇,本字不誤。紡帛之紡,多誤爲純。《周禮》(《地官·媒氏》)"純帛"注:"純實緇字,古緇以才爲聲。"

【《翟四》頁5132】 齊按:可參閱。

【《閻四》頁248】 拜而受之,如今之一揖折腰而已。再拜而送之,則兩揖。至拜下之拜,乃再拜稽首也。古者臣與君行禮,再拜稽首於堂下,君辭之,然後升堂,復再拜稽首,故曰升成拜。

【《王經》頁48】 也,猶者也。……今也純。

【《武經》頁8515】 近讀"今也純"一句,"儉"一句。與下文"今拜乎上"作一句,"泰也"作一句相對。據何氏《集解》,孔曰:"純,絲也。絲易成,故從儉。"邢氏《疏》:"今也謂當孔子時。純,絲也。絲易成,故云純儉。"《後漢書·陳元傳》引孔子曰"純儉吾從衆",又以"純儉"字連讀。

[四]子絕四:毋意,毋必,毋固,毋我。

【《翟四》頁5132】 《釋文》曰:"意,如字,或於力反,非。"《儀禮·士昏禮疏》引《論語》:"無必。"又《鄉射禮疏》引《論語》:"孔子云:君子無必,無固,無我。"既以記者詞爲孔子言,復加"君子"二字,略"毋意"二字。又《既夕疏》:"君子不必人意者,義取孔子云無必、無固之言也。"亦以爲孔子言,其"毋"字,三疏皆作"無"。……《朱子文集·答吳晦叔》曰:"孔子自無此四者,'毋'即'無'字,古書通用耳。《史記·孔子世家》正作'無'字也。"今本《史記》與《論語》同爲"毋"。

[六]大宰問於子貢曰:"夫子聖者與?何其多能也?"子貢曰:"固天縱之將聖,又多能也。"子聞之,曰:"大宰知我乎?吾少也賤,故多能鄙事,君子多乎哉?不多也。"牢曰:"子云:'吾不試,故藝。'"

【《錢十》頁5032】　……"將聖"之義,當從古注爲長。《釋詁》云:"將,大也。"然則將聖者,大聖也。孔安國云:"天固縱大聖之德。"此以大訓將之明證也。

【《翟四》頁5133】　《列子·仲尼篇》:"商太宰見孔子曰:'某聖者歟?'孔子曰:'聖則某何敢,然則某博學多識者也。'"《論衡·知實篇》引文,"固"作"故"。《風俗通義·窮通卷》引《論語》:"固天縱之,莫盛於聖。"《論語詳解》曰:"將音匠,猶將帥也,謂爲羣聖之統帥。"按:……此"將"字只合訓"大",《爾雅》云:"將,大也。"

【《朱經》頁14851】　曩嘗疑"將聖"之"將"當訓"大",方與下文"又"字相對。後見《錢少詹集》已暢言之。按:《論衡·知實篇》:"子貢曰:固天縱之將聖,又多能也。將者,且也。不言已聖,言且聖者,以爲孔子聖未就也。"則其誤實始於漢儒也。

【《全經》頁3277】　問:"固天縱之,吾丈句讀甚新,但果何出?"……答:"此本漢應仲遠《風俗通》。……蓋多能本不足言聖,亦有聖而不多能者。太宰不足以知聖,故有此言。子貢則本末並到,故曰天縱之,兼該一切,將聖而又多能也。則將字、又字俱圓融,此突過前人者。"

【《劉論》頁 14215】 天縱之,謂不有天下。聖又多能,周公、夫子二聖而已,言多能非聖人所貴也。

【《方論》頁 14449】 《孔注》曰:"大宰,官名。或吳或宋,未可知也。"《鄭注》以爲是吳大宰,蓋以夫子雖兩居宋,但一則年十九娶於幵官氏之女,時子貢猶未生(《弟子傳》:子貢少孔子三十六歲)。一則年五十六,去衛後過曹適宋,於時有桓魋拔樹之難,宜無冢卿向子貢私論夫子之聖。惟吳大宰則《左氏傳》哀七年,"公會吳於鄶時,與子貢語"。十二年,"公會吳於橐皋時,與子貢語"。其秋公會衛侯、宋皇瑗於鄖時,又與子貢語,故定爲吳大宰。毛氏《論語稽求篇》、閻氏《四書釋地》,亦並不從《孔注》"或宋"之說。惟是二君之論,復又相異。毛從《鄭注》,大宰屬吳。閻以爲尤不若屬陳,以《檀弓》有陳大宰嚭爲證。竊以爲"夫子聖者與"之問,則近吳人語。《史記·孔子世家》,吳客聞夫子防風氏骨節專車,及僬僥氏三尺之語,於是曰:"善哉,聖人!"是前此固有以夫子之多能爲聖者,亦吳人也。此可由語氣之同,悟大宰之吳大宰也。

[七]子曰:"吾有知乎哉?無知也。有鄙夫問於我,空空如也。我叩其兩端而竭焉。"

【《臧經》頁 1856】 《古論語》:"空空如也。"《魯論語》:"悾悾如也。"

【《焦論》頁 12368】 "我叩其兩端而竭焉",《注》:"孔曰:我則發事之始終兩端以語之,竭盡所知,不爲有愛也。"循按:孔氏之說未明,此兩端即《中庸》舜執其兩端,用其中於民之兩端也。鄙夫來問,必有所疑,惟有兩端,斯有疑也。故先叩發其兩端,謂先還問其所疑,而後即其所疑之兩端而窮盡其意,使知所向焉。蓋凡事皆有兩端,如楊朱"為我"無君也,乃曾子居武城,寇至則去。墨子"兼愛"無父也,乃禹手足胼胝至於偏枯。是故一旌善也,行之則詐偽之風起,不行又無以使民知勸。一伸枉也,行之則刁訴之俗甚,不行又無以使民知懲。一理財也,行之則頭會箕斂之流出,不行則度支或不足。一議兵也,行之則生事無功之說進,不行則國威將不振。凡若事皆兩端也,而皆有所宜,得所宜則為中。孔子叩之,叩此也,竭之,竭此也。舜執之,執此也,用之,用此也。處則以此為學,出則以此為治,通變神化之妙,皆自此兩端而宜之也。

[八]子曰:"鳳鳥不至,河不出圖,吾已矣夫!"

【《方論》頁14449】《四書釋地》謂:"河圖不必定宓羲時出,黃帝時亦出,堯、舜、禹時疊出,成王、周公時又出,載諸史志。"愚竊謂鳳鳥亦不獨舜時來儀,文王時鳴於岐山,黃帝時亦至,見《韓詩外傳》、《禮瑞命記》。少皞時亦至,見《春秋左氏傳》。周成王時亦至,見《尚書‧君奭》("我則鳴鳥不聞,言君奭若去,鳴鳥將不復聞,是於時鳳方在郊")、《詩‧卷阿》及《竹書紀年》。《集注》卻俱略。

[九]子見齊衰者、冕衣裳者與瞽者。見之,雖少必作,過之必趨。

【《翟四》頁5134】《義疏》本"少"下有"者"字。《疏》曰:"雖復年少,見之必起。"邢氏《疏》曰:"見此三種人,雖少,坐則必起。"《集注》曰:"或曰少當作坐。"《史記·世家》曰:"見齊衰,瞽者,雖童子必變。"《問辨錄》曰:"……今既謂之作,則坐何待言,還是雖少必作,于理爲得。"……按:邢氏讀少爲上聲,嫌文未足,乃以意增坐字解之。據皇本作少者,而《史記》以童子代少字,則少當去聲無疑。

【《臧經》頁1856】 《古論語》:"弁衣裳者。"《魯論語》:"絻衣裳者。"

【《惠九》頁3892】 冕,鄭本作弁,云《魯》讀弁爲絻,今從《古》。……《說文》曰:"冕或作絻,從系。"李善曰:"絻,古冕字,今《論語》作冕,蓋從《魯論》。"又《說文》弁作覍,覍與冕字相似,包咸以冕爲冠,或覍字之誤。(《衛靈篇》包咸《注》云:"冕,禮冠。"明此非冕。)

【《閻四》頁276】 有齊衰服之人,或三年,或期年,或三月,服不暫釋於其身。此見之,是真見其服此者。冕,孤卿大夫之冠也。或希或玄,惟朝聘天子及助祭於公始服,豈孔子所得燕見哉?此見之不必真見其服,但當服此者,故邢昺以"見大夫"三字疏"見冕"者,得之矣。

[一〇]顏淵喟然歎曰:"仰之彌高,鑽之彌堅,瞻之在前,忽焉在後。夫子循循然善誘人。博我以文,約我以禮。欲罷不能,既竭吾才,如有所立,卓爾。雖欲從之,末由也已。"

【《俞癸》頁59】 程子於《論語》"如有所立卓爾"注云:"到此地位,工夫猶難,直是峻絕,又大段著力不得。"按:此顏子云如有所立卓爾,謂立於禮也。雖欲從之,末由也已,謂克己復禮,從事於斯,不敢自己也,無峻絕、著力意。……何以知如有所立是立於禮也?孔子云:"立於禮。"……今顏淵亦云夫子循循然約我以禮,如有所立卓爾。故定知是言立於禮,他說皆不足以奪之也。

【《翟四》頁 5134】 ……惟陳氏本《拾遺》曰:"瞻之在前,過也。忽然在後,不及也。"作"忽然"。《三國志·步騭傳》曰:"《論語》言夫子恂恂然善誘人。"……《景祐集韻》曰:"恂,亦音旬。恂恂,善誘也。"《釋文》曰:"罷,皮買反,又皮巴反。又音皮。"

【《臧經》頁 1856】 《古論語》:"夫子循循然善誘人。"《魯論語》:"夫子恂恂然善誘人。"(《後漢書·張壹傳》、趙岐《孟子章指》)

【《劉論》頁 14216】 如,而也。卓讀如"灼見"之灼。

[一二]子貢曰:"有美玉於斯,韞匵而藏諸?求善賈而沽諸?"子曰:"沽之哉,沽之哉,我待賈者也。"

【《翟四》頁 5135】 《釋文》曰:"匵,本又作櫝。"《釋文》曰:"賈,音嫁,一音古。"《漢石經》"沽諸"、"沽之哉",沽俱作賈。《群經音辨》曰:"沽,古乎切。《論語》沽之哉,鄭康成亦音故。"《玉篇》曰:"叴,公乎切。《論語》求善價而叴諸,今作沽。"許謙《讀四書叢說》曰:"沽,去聲,訓賣,若平聲則訓買,於此義不相當。"《文選·顏延年詩、范蔚宗論》二注,皆作"求善價"。

【《惠九》頁 3892】 蔡邕《石經》,沽作賈。《唐石經》及《釋文》仍作沽。《玉篇》又引作叴。《說文》曰:"秦以市買多得爲叴。"

【《臧經》頁 1856】 《古論語》:"沽之哉,我待賈者也。"《魯論語》:"賈之哉,我待價者也。"(《白虎通·商賈》)

[一六]子在川上,曰:"逝者如斯夫,不舍晝夜。"

《翟四》頁5135　《孟子章句》"徐子"章章指,述"仲尼在川上曰:逝者如斯"。《文選》郭璞《遊①仙》、司馬彪《贈山濤》、張協《雜詩》,三注皆引"逝者如斯",不連"夫"字。《困學紀聞》曰:"《釋文》舍音捨,《集注》亦云上聲。而《楚辭辨證》云:'洪氏引顔師古:舍,止息也,屋舍、次舍皆此義。《論語》不舍晝夜,謂曉夕不息耳。今人或音捨者,非是。'《辨證》乃朱子晚歲之書,當從之。"《文選·勵志詩》、《褚淵碑文》兩注引《論語》,"舍"字皆作"捨"。

《王經》頁130　夫,猶乎也,歎辭也。……"逝者如斯夫,不舍晝夜"是也。

[一八]子曰:"譬如爲山,未成一簣,止,吾止也;譬如平地,雖覆一簣,進,吾往也。"

《俞古》頁46　雖、唯通用例。按:此"雖"字當讀爲"唯",言平地之上,唯覆一簣,極言其少,正與"未成一簣"相對成義。

[一九]子曰:"語之而不惰者,其回也與?"

《焦論》頁12369　"語之而不惰者,其回也與",《注》:"顔淵解,故語之而不惰。餘人不解,故有惰語之時。"循按:惰語謂惰於語,此何氏義也。《正義》謂餘人不能盡解,故乃懈惰於夫子之語

---

① 遊,原作"注",誤。《文選》卷二十一收錄郭璞《遊仙詩七首》,據改。

時。如此說,則"惰語"兩字不辭。

[二二]子曰:"後生可畏,焉知來者之不如今也。四十、五十而無聞焉,斯亦不足畏也已。"

【《劉論》頁 14216】 言來日雖多,不如今日之可恃。後生不知愛日,故卒於無聞也。

[二三]子曰:"法語之言,能無從乎?改之爲貴。巽與之言,能無說乎?繹之爲貴。說而不繹,從而不改,吾末如之何也已矣。"

【《翟四》頁 5136】 《藝文類聚》述《論語》曰:"法語之言,能無從乎,繹之爲貴。"郭璞《方言注》引《論語》曰:"悅而不懌。"

【《閻四》頁 271】 《集注》以"法語"、"巽言"作對,而"與"字之神不出。惟左蘿石文云:"言也者,所以匡救人也。人之流於失者,或有萬端,而我之匡救之者,止持一法,則其勢必窮。"於是法語之言不得不巽以與言之,而言者之心亦大,非獲已矣。

【《武經》頁 8515】 舊讀多從一句。考此以"也"字斷句,"已矣"另爲句。已,止也。言止於斯,而不可復挽。語更痛惜,義亦得通。"鳳鳥不至"章:"吾已矣夫。""不曰如之何"章:"已矣。"並同此解。

[二六]子曰:"衣敝縕袍,與衣狐貉者立而不恥者,其由也與?'不忮不求,何用不臧?'"子路終身誦之。子曰:"是道也,何足以臧?"

【《王經》頁10】 用,詞之爲也,《詩·雄雉》曰:"不忮不求,何用不臧。"言何爲不臧也。

【《焦論》頁12369】 循按:《釋文》:"貈,戶洛反。依字當作貉。"《說文》貈似狐善睡,獸從豸,舟聲。《論語》曰:"狐貈之厚以居。"貉與貈,同音相通字也。《說文》:"涸,從水固聲,讀若狐貈之貈,重文作澗。"貈從舟聲,而讀同涸,涸音同貉者也。

【《劉論》頁14216】 恥不若富貴,強者則有忮害之心,弱者則有求慕之心,故不能修身也。與子貢言"無諂無驕,未若樂道好禮"同義。

[二九]子曰:"可與共學,未可與適道;可與適道,未可與立;可與立,未可與權。""唐棣之華,偏其反而。豈不爾思?室是遠而。"

【《翟四》頁5136】 《韓李筆解》曰:"學而之道,豈猶不能立耶?吾謂《正義》傳寫錯倒,當云:可與共學,未可與立,可與適道,未可與權。"《毛詩·緜篇》正義……《說苑·權謀篇》、《牟①子理惑》,《論語》引孔子曰:"可與適道,未可與權。"《三國志·魏武帝紀》注引虞溥《江表傳》:"孔融曰:可與適道,未可與權。"《唐文粹》馮用之《權論》引孔子曰:"可與共學,未可與立;可與立,未可與適道;可與適道,未可與權。"與《筆解》正合。《淮南子·氾論訓》:"孔子曰:可與共學矣,而未可以適道也;可以適道,未可以權也。""與",俱作"以"。

【《臧經》頁1880】 《集解》:"適,之也。雖學或得異端,未必

---

① 牟,原作"弁",誤。

能之道。雖能之道，未必能有所立。雖能有所立，未必能權量其輕重之極。"唐李習之《筆解》引此作《孔注》，云《孔注》失其義。夫學而之道者，豈不能立耶？權者，經權之權，豈輕重之權耶？吾謂正文傳寫錯倒，當云："可與共學，未可與立；可與適道，未可與權。"如此則理通矣。又《詩·緜》正義引《論語》曰："可與適道，未可與權。"或欲據《詩正義》及《筆解》改今本《論語》。案：《淮南子·氾論》："孔子曰：可以共學矣，而未可以適道也；可與適道，未可以立也；可以立，未可與權。"《高注》："適，之也。道，仁義之善道。立，立德立功立言。"淮南王，漢初人，與《集解》本正合，知魏漢相傳並同今本。《詩正義》斷章取義，不必盡符本文。李習之後世文人，其言未足爲據。

【《焦論》頁 12369】　循按：《法言·問道篇》云："或問道，曰：道也者，通也，無不通也。或曰：可以適他與？曰：適堯舜文王者爲正道，非堯舜文王者爲他道，君子正而不他。塗雖曲而通諸夏，則由諸。川雖曲而通諸海，則由諸。"宋咸注云："他，異端也。"諸子之異端，若能自通於聖人之道，亦可也。此注云："雖學或得異端，用適他之義。"

[三〇]子曰："未之思也，夫何遠之有？"

【《武經》頁 8515】　近讀以"未之思也"絶句。《釋文》云："一讀以'夫'字屬上句。"據此始與聖人釋《詩》有詠嘆淫液之趣。

【《劉論》頁 14216】　《傳》曰："權者反乎經，然後有善者也。"夫子以思爲未思者，不欲誘咎於室，誠之至也。

鄉黨第十

【《臧經》頁1856】 《古論語》:"孔子於鄉黨,恂恂如也。"《魯論語》:"孔子於鄉黨,逡逡如也。"(《孔子世家索隱》、《隸釋‧山陽太守祝睦後碑》)《古論語》:"辯辯言,唯謹爾。"《魯論語》:"便便言,唯謹爾。"《古論語》:"朝與上大夫言,誾誾如也;與下大夫言,侃侃如也。"(《孔子世家》)《魯論語》:"朝與下大夫言,侃侃如也;與上大夫言,誾誾如也。"《古論語》:"執圭,鞠躬如也。"《魯論語》:"執圭,鞠窮如也。"(《儀禮‧聘禮》注)《古論語》:"上如揖,下如授。"《魯論語》:"上如揖,趨如授。"《古論語》:"不使勝食既。"(《說文‧自部》)《魯論語》:"不使勝食氣。"《古論語》:"雖疏食菜羹,瓜祭,必齊如也。"《魯論語》:"雖疏食菜羹,必祭,必齊如也。"《古論語》:"鄉人儺。"《魯論語》:"鄉人獻。"《古論語》:"君賜生。"《魯論語》:"君賜牲。"《古論語》:"見弁者。"《魯論語》:"見絻者。"《古論語》:"朋友死無所歸,曰於我殯。"《魯論語》:"朋友無所歸,生於我乎館,死於我乎殯。"(《白虎通‧三綱六紀》)《古論語》:"車中不內顧。"《魯論語》:"車中內顧。"

[三]君召使擯,色勃如也,足躩如也。揖所與立,左右手,衣前後,襜如也。趨進,翼如也。賓退必復命,曰:"賓不顧矣。"

【《方論》頁 14449】 此經之擯，《司儀》所云"交擯"是也。案：禮有交擯，有旅擯。兩君相見則交擯，若卿爲聘，賓則旅擯。(《小行人》云："凡四方之使者，大客則擯之。")交擯者，上擯、承擯、紹擯與賓之介相遞傳命。《聘禮》注云："其傳命各卿本受命，反面傳而下，及末則鄉受之，反面傳而上，又受命傳而下。旅擯則不上下相傳，直賓及上賓相對而語，承擯、紹擯立其處而無事。"今此經云"揖所與立，左右手"，傳命相語然後有揖。夫子於魯爲大夫，合爲承擯。右有上擯一人，左有紹擯三人。唯兩君相見，有事交擯傳辭，乃左右揖所與立之人也。

[八] 齊必變食，居必遷坐。食不厭精，膾不厭細。食饐而餲，魚餒而肉敗不食。色惡不食，臭惡不食，失飪不食，不時不食，割不正不食，不得其醬不食。肉雖多，不使勝食氣。唯酒無量，不及亂。沽酒市脯不食，不撤薑食，不多食。祭於公，不宿肉。祭肉不出三日，出三日，不食之矣。食不語，寢不言。雖蔬食菜羹瓜祭，必齊如也。

【《朱經》頁 14851】 彬謂"而"與"若"同，猶與也。饐、餲、魚、肉，皆對舉之詞。

【《方論》頁 14450】 "臭惡不食"，物之將壞者，固氣惡，然竊據《周禮》云："牛夜鳴則庮，羊泠毛而毳羶，狗赤股而躁臊，鳥皫色而沙鳴鬱，豕望視而交睫腥，馬黑脊而般臂漏。"鄭君曰："庮，惡臭。鬱，腐臭。漏，當爲螻，如螻蛄。"臭惟腥字，鄭讀爲星，是肉中如米者。今按肉中生小息肉，則氣亦惡，是《禮》文實《論語》之確解。

"不時不食"，《鄭注》："不時，非朝夕日中時。一日之中三時食。"按:《左傳》卜楚丘云:"食日爲二。"是一日之中食,有常時也。閒沒女寬云:"或賜二人酒,不夕食。"謂不及待夕之時而食也。《禮·內則》云:"孺子食無時。"則成人以上食必有時也。《詩·蝃蝀》傳云:"從旦至食時爲終朝。"《孟子》云:"朝不食,夕不食。"《淮南子》云:"臨於曾泉,是謂蚤食。次於桑野,是謂晏食。並是食時之證。"又案:鄭以朝夕日中爲三時,亦大略言之,其實貴賤仍有分別。天子食則四時,諸侯三時,大夫以下惟朝夕二時。"四時"者,《白虎通》云:"王者平旦食、晝食、哺食、暮食。""三時食",《玉藻》云:"諸侯朝服以食,特牲三俎祭肺。夕,深衣祭牢肉。"《注》:"天子言日中,諸侯言夕。天子言餕,諸侯言祭。牢肉互相挾,則特牲三俎,在朝時,日中又餕之。""二時"者,《內則》云:"由命士以上,昧爽而朝,辭以旨甘。日入而夕,慈以旨甘。"又云:"父母在,朝夕恒食,子婦佐餕是也。"《論語稽求篇》:"謂食時如春多酸,夏多苦,秋多辛,冬多鹹類。又如食齊視春時,羹齊視夏時,醬齊視秋時,飲齊視冬時類。又如春宜羔豚膳膏薌,夏宜腒鱐膳膏臊,秋宜犢麛膳膏腥,冬宜鮮羽膳膏羶。又如膾,春用葱,秋用芥。豚,春用韭,秋用蓼類。"愚更即其說而益以獸人冬獻狼,夏獻麋。鼈人春獻鼈蜃,秋獻龜魚,亦是食之時者。《仲尼燕居篇》:"味得其時。"《鄭注》蓋云:"四時有所多,及獻所宜也。"反是,其即不時之食歟。

"沽酒",《漢書·食貨志》引作"酤酒"。案:《說文》有"酤"字,以沽爲水名。酤有二義:一訓爲一宿酒,毛公《詩傳》云"酤,一宿酒",是。一訓爲買酒,《班志》云"酒酤在官,和旨便人",是。則以買酒字爲"沽"者,後人所改。漢以前則作"酤",或亦書假借爲之。

[九]席不正,不坐。鄉人飲酒,杖者出,斯出矣。

【《方論》頁14450】 "鄉人飲酒",案:《禮‧鄉飲酒義》正義,謂凡有四事;一則三年賓賢能,二則鄉大夫飲國中賢者,三則州長習射飲酒,四則黨正蜡祭飲酒。此《論語》鄉人飲酒當何屬乎？蓋黨正蜡祭飲酒也,所以知然者。此經云"杖者出斯出矣",是主於敬老。《周官禮‧黨正職》云:"國索鬼神而祭祀。"則以禮屬民而飲酒於序,以正齒位。《鄉飲酒義》第五節云:"六十者坐,五十者立侍。"以聽政役,所以明尊長也。"六十者三豆,七十者四豆,八十者五豆,九十者六豆",所以明養老也。《注》以黨正正齒位之禮解之,與此經有杖者,同是敬老之事。故知此鄉人飲酒,為黨正蜡祭飲酒也。若鄉大夫飲國中賢者,與州長習射飲酒,無關養老。其賓賢能之鄉飲酒,則以鄉學之士將升者賢者為賓,其次為介,其次為眾賓,皆是年少者為之,不得有杖者也。禮六十杖於鄉,夫子與鄉人飲酒而出,後杖者。則時為立侍之眾賓可知,所謂仲尼與於蜡賓也。黨中飲酒亦稱鄉者,黨鄉之細,與州長以禮會民,而射於州序之飲,同得為鄉飲酒。康成云:"謂之鄉者,州黨鄉之屬也。"又有別解云:"或則鄉之所居州黨鄉大夫,親為主人焉是也。"蜡祭飲酒,初雖正齒位,及其禮末,皆以醉為度。《雜記》云:"子貢觀於蜡曰:一國之人皆若狂。"是既醉而出之時,不復有先後之次。此夫子杖者出,斯出矣,所以為異於人。

[一一] 廄焚。子退朝,曰:"傷人乎？"不問馬。

【《方論》頁14451】 《鄭注》:"退朝,自君之朝來歸。"王弼《論語釋疑》曰:"廄,公廄也。"二說不同。案:《雜記》云:"廄焚,孔子拜鄉人為火來者。"則廄是孔子私家之廄,確有切證。又《詩》云

"自公退食",《禮》云"朝廷曰退",則退朝明是退至於家。果屬公廨,出朝時便可致問,當曰輟朝,不云退朝。公廨被焚,去朝不遠,宜從救火,何待朝罷委蛇而出?且路馬亦非可輕記者,安得大書曰不問?王弼之說非是(好異者又欲以"傷人乎不"爲句,未始不因王弼之說,指馬爲路馬,而撰此解也。試問問馬之句,上下文氣鶻突,復成何語)。

[一八]曰:"山梁雌雉,時哉!時哉!"子路共之,三臭而作。

【《劉論》頁14216】 《孟子》曰:"可以仕則仕,可以止則止,可以久則久,可以速則速。"聖之時者也。《鄉黨篇》記夫子言行,皆中乎禮而歸之時,中禮以時爲大也。

先進第十一

[一]子曰:"先進於禮樂,野人也。後進於禮樂,君子也。如用之,則吾從先進。"

【《翟四》頁5145】《集解》:"孔安國曰:後進與禮樂,俱得時之中,斯君子矣。似所據《古論語》,'於'字爲'與'。邢氏《疏》亦述作後進與禮樂云,後進與時消息。"

【《焦論》頁12373】 "先進於禮樂,野人也。後進於禮樂,君子也",《注》:"孔曰:先進、後進謂仕先後輩也。禮樂因世損益,後進與禮樂俱得時之中,斯君子矣。先進有古風,斯野人也。""如用之,則吾從先進",《注》:"將移風易俗,歸之淳素,先進猶近古風,故從之。"循按:皇侃上節注,仕作士,謂先輩五帝以上,後輩三王以還,是也。五帝時淳素,質勝於文。三王時文質彬彬,益野人而爲君子。自時厥後,文益盛,文又勝於質。遽欲其彬彬,還爲君子,不易得,宜以上古之淳素和之。用,謂變化之,"移風易俗"四字解"用"字最切。孔子時,文勝質,既非先進,亦非後進。欲其仍還後進之君子,必先移易以先進之野人也。譬如陰陽宜和,病陰陽者,宜以純陽制之,然後乃得其和。孔子從先進,非重野人輕君子,正將由野人而至君子也。《注》云"因世損益",得之。因質勝而益之爲君子,因文勝而損之爲君子。損文勝,莫如從先進。此聖人裁成輔相之妙也。邢昺緣《注》中"仕"字,牽合下章"皆不及門",謂此爲不從陳蔡得仕進者,又以先進當昭襄之世,後進當定哀之世。於禮樂因世損益之義,何以得合?

【《劉論》頁 14217】　此篇類記弟子之言行,夫子所裁正者。先進謂先及門,如子路諸人,志於撥亂世者。後進謂子游公西華諸人,志於致太平者。

[二]子曰:"從我於陳蔡者,皆不及門也。德行:顏淵、閔子騫、冉伯牛、仲弓。言語:宰我、子貢。政事:冉有、季路。文學:子游、子夏。"

【《翟四》頁 5145】　《七經考文補遺》曰:"古本'德行'上有'子曰'二字。"《論語稽求篇》曰:"舊有'子曰'字,故《史記‧冉伯牛傳》云:'孔子稱之爲德行。'"按《考文補遺》每云古本,皆以證其與皇本同也。今檢皇氏本,惟別分此爲章,"子曰"字未嘗有。其《疏》則云:"此章無'子曰'者,是記者所書,並從孔子印可而錄在論中也。"二字之無,尤確鑿。物氏以彼國別藏寫本,謬稱古本,未可援之實《史記》矣。孔子呼弟子皆名,此書字不名,亦可知非孔子語。而《史記》固不獨于伯牛云然也,《弟子傳》又云:"孔子以仲弓爲有德行,孔子以爲子游習于文學。"蓋漢時人以上節連此爲一辭,因皆誤指爲孔子語耳。《史記‧弟子傳》:"政事二人列前,言語二人列後。"

齊按:後人引此文,次列有與《論語》不同。

【《閻四》頁 233】　魏華父曰:"《檀弓》不知何人所作,而一篇之書，獨於子游極其稱譽。雖于孔門諸子，率多譏評。又以言曾並列，其是言而非曾者非一，幾若偏於抑揚。然即其書以考之，大抵當典禮譌闕，無所考訂之時。人之有疑弗決者，以質諸子游，故前後典禮所關者十有四，皆以言游一言，爲可否。……然則游以習禮，列於文學。茲其爲文爲學，蓋三代典章之遺，賴游以有存者。"

【《閻四》頁279】 按：孔子厄於陳蔡，年六十三。時子游年才十八，子夏年十九耳，而既以文學名。

【《臧經》頁1856】 《古論語》："德行：顏淵、閔子騫、冉伯牛、仲弓。政事：冉有、季路。言語：宰我、子貢。文學：子游、子夏。"（《仲尼弟子傳》）《魯論語》："德行：顏淵、閔子騫、冉伯牛、仲弓。言語：宰我，子貢。政事：冉有，季路。文學：子游、子夏。"

【《王經》頁47】 也，猶矣也。……皆不及門也。"也"字並與"矣"同義。

【《焦論》頁12373】 "皆不及門"，《注》："鄭曰：皆不及仕進之門而失其所。"循按：《堯典》："詢于四岳，闢四門。"鄭氏《注》云："卿士之職，使爲己出政教於天下。"言四門者，亦因卿士之私朝在國門，魯有東門襄仲，宋有桐門右師，是後之取法於前也（《詩·緇衣》正義）。孔穎達用《孔傳》，而《正義》引此文云："《論語》云：從我於陳蔡者，皆不及門也。"門者，行之所由，故以門言仕路。孔以闢門爲求賢之路，與鄭異。鄭以門爲卿士之家，則及門者，謂仕於卿大夫之私朝也。《周禮·大司馬》："辨名號之用，帥以門名。"《注》云："帥謂軍將，以門名者，所被徽識，如其在門所樹者也。軍將皆命卿，古者軍將蓋爲營治於國門。魯有東門襄仲、宋有桐門右師，皆上卿爲軍將者也。"《春官·小宗伯》："掌三族之別，以辨親疏。其正室皆謂之門子，掌其政令。"《注》云："正室，適子也。將代父當門者也。"襄九年,戲之盟,"鄭六卿:公子騑、公子發、公子嘉、公孫輒、公孫蠆、公孫舍之及其大夫門子,皆從鄭伯"。《注》云:"門子,卿之適子。"卿之子稱門子,是卿以門名,卿當門以門名。適子代父當門,則稱門子,其仕於卿大夫之門,謂之及門矣。

[四] 子曰:"孝哉閔子騫,人不間於其父母昆弟之言。"

【《錢十》頁5033】 問:"人不間於其父母昆弟之言。"陳羣謂:"上事父母,下順兄弟,動靜盡善,故人不得有非間之言。"較之《集注》較長。曰:"此漢儒之說,不始於陳氏。《漢書》杜鄴《對策》言:'孔子善閔子騫守禮,不苟從親,所行無非禮者,故無可間也。'"

【《翟四》頁5145】 朱子《或問》曰:"夫子于弟子未嘗稱字,或集語者之誤。"

【《惠九》頁3892】 《後漢書》范升奏記王邑曰:"升聞子以人不間於其父母爲孝,臣以下不非其君上爲忠。"《注》:《論語》云云。間,非也。言子騫之孝,化其父母兄弟。言人無非之者,忠臣事君,有過即諫,在下無有非君者,是忠臣也。家君曰:"《論語》依此說爲允。若如《朱注》,未足爲孝也。"

【《閻四》頁228】 《湛園未定稿》曰:"夫子作《春秋》,賢之書字僅十二人。弟子無有以字稱者,稱閔子騫,是直述時人之辭。當時其父母昆弟皆謂之孝矣,而時人亦同稱之曰孝哉閔子騫。此所謂不間於其父母昆弟之言也,若其他則固無有是稱矣。"

【《毛論》頁1768】 子騫,閔損字,夫子似不宜以字呼弟子。故近說書家,有謂"孝哉閔子騫"一句,正是人言,而夫子述之。謂"孝哉"一言,人與其父母昆弟,俱無間然。初聞之甚以爲當,且呼字亦有謂。按:"不間"句有二說:後漢陳群,系陳仲弓之孫,其釋此有云:"閔子行孝,動靜盡善,人于其父母昆弟間所言,無可非間。"此言閔子言善,人自服之,此一說也。又范升九歲,能通《論語》,其奏記王邑有曰:"升聞子以人不間於其父母兄弟爲孝,臣以下不非其君上爲忠。"劉昭注此,謂"閔子行孝,父母昆弟皆化之,故人無毀言",此又一說也。

【《王經》頁 124】 不,否、無也。……人不間於其父母昆弟之言也(說見《經義述聞》)。

【《焦論》頁 12373】 "人不間於其父母昆弟之言",《注》:"陳曰:言閔子騫上事父母,下順兄弟,動靜皆善,故人不得有非間之言。"循按:《漢書·杜鄴傳》:"舉方正,對曰:'昔曾子問從令之義,孔子曰:是何言與？善閔子騫守禮不苟,從親所行,無非理者,故無可間也。'"《後漢·范升傳》:"升奏記王邑:升聞子以人不間於其父母爲孝,臣以下不非其君上爲忠。"又云:"知而從令,則過大矣。"二者皆引以爲"從令"之證。蓋以從令而致親於不義,則人必有非間其父母昆弟之言。唯不苟於從令,務使親所行均合於義,人乃無非間其親之言,是乃得爲孝。然則閔子之孝,在人無間於其父母昆弟之言。人所以無間於其父母昆弟之言者,以其不苟從親令也。《陳注》"動靜盡善",或即指此。《藝文類聚·孝部》引《說苑》云:"閔子騫兄弟二人。母死,其父更娶,復有二子。子騫爲其父御車,失轡。父持其手,衣甚單。父則歸,呼其後母兒,持其手,衣甚厚溫。即謂其婦曰:'吾所以娶汝,乃爲吾子。今汝欺我,去無留。'子騫前曰:'母在,一子單。母去,四子寒。'其父默然。故曰:孝哉閔子騫,一言其母還,再言三子溫。"《太平御覽》四百一十三引師覺授《孝子傳》云:"閔損,字子騫,以德行稱。早失母,後母遇之甚酷,損事之彌謹。損衣皆槁枲爲絮,其子則綿纊重厚。父使損御,冬寒失轡,後母子御,則不然。父怒詰之,損默然而已。後視二子衣,乃知其故。將欲遣妻,損諫曰:'大人有一寒子,猶上垂心。若遣母,有二寒子也。'父感其言,乃止。依此事,閔子不從父令則後母不遣,是其上事父母,兩弟溫暖,無慍心。而恐母遣而兩弟寒,是下順兄弟,於是父感之,其後母及兩弟亦感之。"可知則此一不從父令而諫,一家孝友克全,尤非尋常不苟從令可比。孔子稱其孝,兼言兄弟,正指此事,是所謂動靜盡善也。後母之酷,可閒。二子獨綿纊,可閒。父不能察後妻,可閒。一諫而全家感化,父母不失其慈,二子不失其悌,使可閒化而爲無可閒。閔子之孝,不啻大舜之義不格姦,若恭世子不肯傷公之心,不言志而死,非可言孝也,"不"字作"無"字解自明。人無非閒之言,不是無非閒閔子之言,乃無非閒其父母昆弟之言也。

[五]南容三復白圭。孔子以其兄之子妻之。

【《臧經》頁1856】 《古論語》:"南容三復白珪。"(《仲尼弟子傳》)《魯論語》:"南容三復白圭。"

[六]季康子問:"弟子孰爲好學?"孔子對曰:"有顏回者好學,不幸短命死矣。今也則亡。"

【《翟四》頁5145】 《湛淵靜語》曰:"季康子問,弟子孰謂好學。與下季子然問,仲田冉求,可謂大臣與。'問'字皆當讀斷。"……王柏《論語通義》曰:"前有季康子兩問,無'對'字,則知此

'對'字疑誤矣。"

［七］顏淵死，顏路請子之車以爲之椁。子曰："才不才，亦各言其子也。鯉也死，有棺而無椁，吾不徒行以爲之椁。以吾從大夫之後，不可徒行也。"

【《翟四》頁5146】　《七經考文》曰："足利本，脫'以爲之椁'四字。"才不才，《史記·弟子傳》作"材不材"。"鯉也死"，《疏》曰："據年則顏淵先伯魚卒，而此云鯉也死，又以伯魚先死者。"王肅《家語注》云："此書久遠，年數錯誤，未可詳也。或以爲假設之辭也。"《禮記·曲禮》正義曰："許慎以爲《論語》稱鯉也死，時實未死，假言死耳。"鄭康成以《論語》云有棺無椁，是實死未葬已前也。故鄭駁許慎云："設言死，凡人于恩猶不然，況聖賢乎？"按《史記》云："顏子年二十九，髮盡白，蚤死。"二十九乃其髮白之年，非死之年。其死年無所記，但云蚤耳。旁考之，則顏子之死，乃在哀公十四年獲麟之後。其次年，子路亦死。故《公羊傳》連識之曰："有以麟告者，孔子反袂拭面，涕沾袍。顏淵死，子曰：'噫，天喪予。'子路死，子曰：'天祝予。'"公羊氏去聖較近，所傳述定得本真。顏子實後伯魚死二年，時當四十一。而孔子言其短命者，仁者宜壽，雖四十亦短命耳。許慎偶爾滯迷，尚未回護。一經駁正，可不致害於經。王肅偽造《家語》，撫拾史文，於"蚤死"上妄增"三十一"三字，知與《論語》牴牾，更自妄注，謂《論語》錯誤。後之儒者，往往于《家語》一書不辨真偽，而輕信之。小司馬氏注《史記》，遂漫引其說。而邢氏復轉取之，以疏此《論語》。甚矣！王肅《偽家語》之害于經者大也。

齊按:《論衡‧問孔篇》作"有棺無槨"。

【《閻四》頁 233】　《仲尼弟子列傳》:"顏回少孔子三十歲。"余謂"三十"下脫"七"字,蓋生於魯昭公二十八年丁亥,卒於哀公十二年戊午,方合三十二歲之數。是年伯魚亦卒在前,不然則如王肅《注》:"鯉也死,有棺而無椁,爲設事之辭。"豈不笑滾了人?

【《毛論》頁 1768】　據《史記》:"顏淵少孔子三十歲,至二十九歲,髮盡白,早死。"《家語》亦云:"顏淵少孔子三十歲,二十九歲而髮白,三十一歲早死。"(原注:舊《家語》本,原是三十一歲,坊本訛作"二"字。今俗傳三十二歲,謬也。觀《索隱》《史記注》:"夫子六十一歲,顏淵死。"《集解》、《正義》亦云:"顏淵卒時,孔子年六十一。"若三十二歲,則孔子年六十二矣。)……則是顏淵之死,在夫子七十一歲,非六十一歲。……則必《弟子列傳》所云"少孔子三十歲"者,原是四十之誤。……伯魚之死,則剛在淵死之前。按《家語》:"夫子年十九娶宋之上官氏,又一年而生伯魚。"則伯魚之生,在夫子已二十歲矣。《史記》云:"伯魚年五十,先孔子死。"以二十加五十,正當夫子七十歲。

【《宋四》頁 14492】　"顏淵",王肅《注》:"鯉也死,有棺而無椁,爲設事之辭。"豈不可笑?按《禮記‧曲體》正義曰:"許慎以爲《論語》稱鯉也死,時實未死,假言死耳。鄭康成以《論語》曰有棺無椁,是實死葬以前也。故鄭駁許慎云:'設言死,凡人於恩猶不然,況聖賢乎。'"據此,子雍實本自叔重,康成先駁之矣。

[一一]季路問事鬼神,子曰:"未能事人,焉能事鬼?"曰:"敢問死。"曰:"未知生,焉知死?"

【《翟四》頁 5146】　《七經考文》曰:"敢問死,古本'死'上有'事'字。"

[一二]閔子侍側,誾誾如也。子路,行行如也。冉有、子貢,侃侃如也。子樂。"若由也,不得其死然。"

【《翟四》頁 5147】　《集注》:"洪氏曰:《漢書》引此句,'若由也'上有'曰'字。或曰:上文'樂'字,即'曰'字之誤。"《論語集說》曰:"此'子樂'下脫'子曰'二字。"輔廣《論語答問》曰:"子樂,不若'子曰'之協於文勢也。"《示兒編》曰:"子樂必當作子曰,聲之誤也。始以聲相近而轉曰而悅,繼又以義相近而轉悅而樂。知由也不得其死,則何樂之有。"按:《漢書》無引此文處,《集注》仍洪氏爲說,洪當誤憶師古《漢書注》爲《漢書》耳。然皇氏《義疏》本自有"曰"字,何宋代諸儒竟無見者,致煩紛紛擬議,不得已取證及史注耶? 此可知皇氏《疏》自宋南渡時已佚。

【《王經》頁 86】　然,猶爲也。若由也,不得其死然。……"然"字並與"爲"同義。

[一三]魯人爲長府。閔子騫曰:"仍舊貫,如之何,何必改作?"子曰:"夫人不言,言必有中。"

【《翟四》頁 5147】　"仍舊貫,如之何",《釋文》曰:"《魯》讀'仍'爲'仁',今從《古》。"《隋書》何妥上事,引孔子曰"仍舊貫,何必作改",亦無"如之何"三字。又誤爲孔子語。

【《惠九》頁 3892】　《釋文》云:"《魯》讀'仍'爲'仁',今從

《古》。"揚雄《將作大匠箴》曰:"或作長府而閔子不仁。"用《魯論》也。

【《臧經》頁 1856】 《古論語》:"仍舊貫。"《魯論語》:"仁舊貫。"

【《王經》頁 131】 夫,猶此也。……夫人不言,言必有中。……夫,皆此也。

[一四]子曰:"由之瑟,奚爲於丘之門?"門人不敬子路。子曰:"由也升堂矣,未入於室也。"

【《王經》頁 24】 爲,猶以也。……奚爲於某之門(高誘注《呂氏春秋·期貢篇》曰:"於,猶在也。"言由之瑟,何爲在我之門也)。胡爲、曷爲、何爲、奚爲,皆言何以也。

【《王經》頁 48】 也,猶耳也。……未入於室也。(馬融《注》曰:"升我堂矣,未入於室耳。")

[一六]季氏富於周公,而求也爲之聚斂而附益之。子曰:"非吾徒也,小子鳴鼓而攻之可也。"

【《翟四》頁 5148】 《左傳·哀公十一年》:"季氏欲以田賦,使冉有訪于仲尼,仲尼……"《後漢書·楊秉文傳》注,引文以"孔子曰"字,冠此句上。古史《弟子傳》述文,亦以"孔子曰"字冠此句上。按《說文》:"富,備也。一曰厚也。"此富祇合訓厚,以與薄稅斂之薄反對。季氏之用賦,厚於周公典籍,故云"富於周公也"。……此事又詳著於《外傳·魯語》,以證《論語》,似最允協。若依舊說,則周公勳貴有之,曷嘗以之致富,而乃與富人相衡量哉?

[一七]柴也愚,參也魯,師也辟,由也喭。

【《翟四》頁5148】《集注》:"吳氏曰:此章之首脫'子曰'二字。或疑下章'子曰'當在此章之首,而通爲一章。"《四書湖南講》曰:"此必夫子平時零碎議論,門人彙記于此,故不用'子曰'字冠首。"……《尚書·無逸篇》正義引《論語》"由也喭",以喭作諺。

【《臧經》頁1856】《古論語》:"師也辟,參也魯,柴也愚,由也喭。"《魯論語》:"柴也愚,參也魯,師也辟,由也彥。"

【《俞古》頁16】 語急例:"由也喭。"《鄭注》曰:"子路之行,失於畔喭。"然則喭即畔喭也,並古人語急而省也。《雍也篇》:"君子博學於文,約之以禮,亦可以弗畔矣夫。"畔,亦即畔喭也。畔喭,本疊韻字,急言之,則或曰"喭","由也喭"是也。或曰"畔","亦可以弗畔矣夫"是也。《鄭注》曰:"弗畔,不違道。"殆未免乎知二五而不知十矣。

【《俞古》頁35】《詩·皇矣篇》:"無然畔援。"《箋》云:"畔援,猶跋扈也。"《韓詩》曰:"畔援,武強也。"按畔援即畔喭。《論語·先進篇》鄭注:"子路之行,失於畔喭。"《正義》曰:"言子路性行剛強,常吼喭失禮容。"正與鄭、韓意合。喭之爲援,猶吼之爲畔,聲近而義通矣。

[一八]子曰:"回也其庶乎?屢空,賜不受命,而貨殖焉,億則屢中。"

【《翟四》頁5148】　《易·繫辭》:"子曰:顏氏之子,其殆庶幾乎。"虞翻《易·繫辭注》引孔子曰:"回也其庶幾乎。"

"屢空",《說文注》曰:"今之婁字,本是屢空字。屢字乃後人所加。"《論語詳解》曰:"其庶乎屢空,當作一句讀。"按:何氏"空"凡二解:一云空匱,一云虛中。據《說文》,"空"祇一音,蓋俱宜如字,讀苦紅反。近人以空匱別讀去聲,據《小雅》"不宜空我師",空訓窮,音苦貢反,意猶可通。

"而貨殖焉",《韓李筆解》曰:"貨當爲資,殖當爲權,字之誤也。子貢資于權變,未受性命之理,所以亞回也。"

《漢書·貨殖傳》……"意則屢中",師古《注》曰:"意讀曰億。"……《左傳·定公十五年》:"仲尼曰:賜不幸言而中。"是使賜多言者也。

【《毛論》頁1769】　空者,窮也。《詩·節南山》"不宜空我師",作"不宜窮我師"解。古貧、窮本二義,而時俗通語,即呼貧爲窮,此正本空字而兼其義者。蓋家有虧匱,身有缺乏,歉也亦貧也。生計無去路,窮也。家歉無日贏,生計有時絕,故曰屢空。(原注:子路問亦有窮乎,子曰君子固窮,窮字正同。)

【《王經》頁116】　"回也其庶乎",《易·繫辭傳》曰:"顏氏之子其殆庶幾乎?"(《詩·兔爰》正義引《易說》曰:"庶,幸也。幾,覬也。")《爾雅》曰:"庶,幸也。庶幾,尚也。常語也。"

【《俞古》頁79】　不達古語而誤解例。婁空,古語也。《說文·女部》:"空也。從毋、中、女,婁空之意也。"凡物空者無不明,故以人言則曰離婁,以屋言則曰麗廔。離與麗,皆婁字之雙聲也。《論語先進篇》:"回也其庶乎,婁空。"此言顏子之心,通達無滯,若窗牖之麗廔闓明也。《史記·伯夷傳》:"回也屢空,糟糠不厭。"則西漢經師,已失其解。而"婁空"之語,獨見于《說文》。乃歎許君之書,有裨經學不淺也。

【《武經》頁 8516】 此凡兩讀,何氏《集解》言:"回庶幾聖道,雖婁空匱,而樂在其中。"是以"乎"字絕句,近讀從之。又云:"屢,猶每也。空,猶虛中也。言其于庶幾每能虛中者。"是以"屢空"連上"庶幾"爲句。

【《焦論》頁 12374】 "回也其庶乎,屢空。賜不受命,而貨殖焉,億則屢中",《注》:"言回庶幾聖道,雖數空匱,而樂在其中。賜不受教命,唯財貨是殖,億度是非,蓋美回所以勵賜也。"循按:此文簡奧,宜以"不受命"三字爲之樞。《皇疏》引殷仲堪云:"不受矯君命。"江熙云:"賜不榮濁世之祿,亦庶幾道者也。雖然,有貨殖之業,恬愉不足,所以不敢望回耳。"兩說於受命爲合。揆《論語》此文,謂顏子不受祿命,則貧而至於屢空。子貢不受祿命,則貨殖而屢中。相較"回也其庶幾乎","貨殖"上用一"而"字,明從屢空作轉。同一不受祿命,回不貨殖,故屢空。賜貨殖而屢中,故不屢空,兩"屢"字亦相呼應。不善貨殖者,損折亦能屢空。賜則能屢中,謂如其所億度,而得贏餘也。回非不能貨殖屢中,其至於屢空,本不貨殖以得贏餘,故空乏也。先提起"其庶乎"三字,下文倒裝互發。周秦之文,往往如此,而此文尤其靈妙者也。何氏以不受命爲不受教命,辭義遂不可達。

[一九]子張問善人之道。子曰:"不踐迹,亦不入於室。"

【《顧日》頁 35】 服堯之服,誦堯之言,行堯之行,所謂踐迹也。……善人者,忠信而未學禮,篤實而未日新。雖其天資之美,亦能闇與道合,而足己不學,無自以入聖人之室矣。

【《翟四》頁5149】 《四書釋地三續》曰:"'之道'二字宜衍,以答不貼道字故。"按:善人生質雖美,不由實踐,則亦不能造於深奧。若以答辭作如是解,庶於道字貼合。"不踐迹",《釋文》曰:"迹,本亦作跡。"

【《閻四》頁264】 "子張問善人之道","之道"二字宜衍,以答不貼道字故。

【《孔經》頁8363】 言問善人之道,則非問何如而可以爲善人,乃問善人當何道以自處也。故子告以善人所行之道,當效前言往行,以成其德。譬諸入室,必踐陳除堂戶之迹,而後可循循然至也。蓋有不踐迹,而自入於室者,唯聖人能之。……亦有踐迹而終不入於室者,七十子之學孔子是也。若善人上不及聖,而又非中賢以下所及。故苟踐迹,斯必入於室。若其不踐迹,則亦不能入於室耳。

[二〇]子曰:"論篤是與,君子者乎? 色莊者乎?"

【《翟四》頁5149】 《釋文》曰:"與,音餘。"《疏》曰:"謂所論說皆重厚,是善人與。孔子謙不正言,故云與以疑之也,讀餘音。"《七經小傳》曰:"與,讀如黨與之與。"按:舊謂此一篇皆記弟子之行,故以此章合上"子張問善人"爲一章,而讀"與"字平聲解之。若郝氏《詳解》,依今本別分爲章,仍欲以"與"爲疑辭,則鑿矣。

"君子者乎",《釋常談》引《論語》曰:"君子色莊者乎。"《七經考文》曰:"古本'乎'作'與'。"

[二一]子路問:"聞斯行諸?"子曰:"有父兄在,如之何其聞斯行之?"冉有問:"聞斯行諸?"子曰:"聞斯行之。"公西華曰:"由也問聞斯行諸,子曰'有父兄在';求也問聞斯行諸,子曰'聞斯行之'。赤也惑,敢問。"子曰:"求也退,故進之。由也兼人,故退之。"

【《武經》頁8516】 舊讀連文爲句。或有獻疑者,引《書》"微子云:若之何其",《詩》"夜如何其",並以"其"字爲助詞絕句,似此"如之何其"亦當爲一句。愚謂不然。若"如之何其徹也","如之何其廢之";《孟子》"如之何其受之","如之何其可也",又豈可以"其"字絕句?從舊讀爲是。

[二二]子畏於匡,顏淵後。子曰:"吾以女爲死矣。"曰:"子在,回何敢死?"

【《翟四》頁5149】 "回何敢死",《韓李筆解》曰:"'死'當'先'字之誤也。上云顏淵後,下云回何敢先,義自明。"《程子外書》亦云:"先字之誤。"

【《焦論》頁12374】 "子在,回何敢死",《注》:"包曰:言夫子在,己無所敢死。"循按:毛西河說最精善。《呂氏春秋·孟夏紀》、《勸學篇》云:"曾點使曾參過期而不至,人皆見曾點曰:'無乃畏邪?'曾點曰:'彼雖畏,我存,夫安敢畏。'孔子畏於匡,顏淵後。孔子曰:'吾以汝爲死矣。'顏淵曰:'子在,回何敢死。'"兩事相比,然則"回何敢死",正是"回何敢畏"。高誘《注》訓"畏"爲"死",謂由畏而死,即《檀弓》"死而不弔"之"畏"矣。以畏而死,則子必不死,故知子在以畏而死,則不可畏。故顏子不敢死,即曾子安敢畏。以曾證顏，義本明白，何從來未見及此（西河說見《聖門釋非錄》）。《檀弓》："死而不吊者三，畏、厭、溺。"《鄭注》"畏"字云："人或時以非罪攻己不能有以說之，死之者，孔子畏於匡。"鄭氏引"子畏於匡"之畏，證"死而不吊"之畏。且以死而不吊為輕身忘死，豈孔顏而輕身忘孝，以畏而死乎？是回所以不敢死，鄭已明之，惜鄭氏《論語》此注，何氏不採也。《孟子》云："莫非命也，順受其正，是故知命者不立乎巖牆之下。"立巖牆之下，則恐其厭。厭而死，猶畏而死，俱為非命。莫者，無也，不可非命而死，乃為知命。《孟子》此文，與"子在，回何敢死"相發明。"子在"者，聖人知命，不死於非命也。"回何敢死"者，大賢知命不死於非命也。《論語》此文，明聖賢知命之學。其所以能不死者，《史記·孔子世家》言孔子使從者為甯武子臣於衛，然後得去，《索隱》云："《家語》：子路彈劍而歌，孔子和之。曲三終，匡人解圍而去。今此取《論語》'文王既沒'之文，及從者臣甯武子然後得去。蓋夫子再厄，匡人或設辭以解圍，或彈劍而釋難。"《檀弓》正義引《世家》云："陽虎嘗侵暴於匡，時又孔子弟子顏刻為陽虎御車，後孔亦使刻御車，從匡過。孔子與陽虎相似，故匡人謂孔子為陽虎，因圍欲殺之。孔子自說，故匡人解圍也。"自說者，謂卑辭遜禮。《論語注》云："微服而去。"謂身著微服潛行而去，不敢與匡人鬭，以媚悅之也。此所引與今《史記》不同，而微服為遭宋桓司馬事，見《孟子》。此時以貌似陽虎被圍，但明其非虎則圍可解。不必微服，不必使從者為甯氏臣也。《琴操》云："匡人告匡君曰：往者陽虎今復來至，乃率衆圍孔子，數日不解。子路悲感，悖然大怒，張目奮劍，聲如鐘鼓。孔子曰：'由，來。今汝欲鬭名，為戮我於天下，為汝悲歌而感之，汝皆和我。'孔子乃引琴而歌，音曲甚哀。有暴風擊拒，軍士僵仆。於是匡人乃知孔子聖人，瓦解而去。"蓋微服所以脫桓魋,彈琴所以解匡人。魋惡其習禮,故微服自廢於禮,以柔魋之怒。匡人憾虎暴,故彈琴以明其非虎。各有所當,可想見聖人解難之妙用。若鬭必死於畏矣,故《琴操》戒子路之欲鬭,而《禮疏》稱其不敢與匡人鬭。不鬭所以不死,不死所以爲知命。皇疑引李充言輕死非明節,是也。《邢疏》云:"孔子謂顏淵曰:吾以女爲以死。與匡人鬭也,謂鬭則致死,然則回不敢死,正回之不敢鬭也。"《史記集解》引《包注》作"已無所致死"。《邢疏》一則云"回必致死",再則云"言不敢致死"。《包注》"敢死",宜作"致死"。

[二三]季子然問:"仲由、冉求可謂大臣與?"子曰:"吾以子爲異之問,曾由與求之問。所謂大臣者,以道事君,不可則止。今由與求也,可謂具臣矣。"曰:"然則從之者與?"子曰:"弒父與君,亦不從也。"

【《王經》頁68】　曾,亦乃也。……曾由與求之問,是也。

【《王經》頁98】　曾,乃也,則也。……曾由與求之問。(《孔傳》曰:"則此二人之問。")

[二五]子路、曾晳、冉有、公西華侍坐。子曰:"以吾一日長乎爾,毋吾以也,居則曰不吾知也。如或知爾,則何以哉?"子路率爾而對曰:"千乘之國,攝乎大國之間,加之以師旅,因之以饑饉。由也爲之,比及三年,可使有勇,且知方也。"夫子哂之。"求,爾何如?"對曰:"方六七十,如五六十,求也爲之,比及三年,可使足民。如其禮樂,以俟君子。""赤,爾何如?"對曰:"非曰能之,願學焉。宗廟之事,如會同,端章甫,願爲小相焉。""點,爾何如?"鼓瑟希,鏗

爾,舍瑟而作,對曰:"異乎三子者之撰。"子曰:"何傷乎? 亦各言其志也。"曰:"莫春者,春服既成,冠者五六人,童子六七人,浴於沂,風乎舞雩,詠而歸。"夫子喟然歎曰:"吾與點也!"三子者出,曾皙後。曾皙曰:"夫三子者之言何如?"子曰:"亦各言其志也已矣。"曰:"夫子何哂由也?"曰:"爲國以禮,其言不讓,是故哂之。""唯求則非邦也與?""安見方六七十,如五六十,而非邦也者?""唯赤則非邦也與?""宗廟會同,非諸侯而何? 赤也爲之小,孰能爲之大?"

【《王困》頁686】 王充云:"浴乎沂,涉沂水也。風乎舞雩,風,歌也。"仲長統云:"諷於舞雩之下,愚謂以風爲諷,則與詠而歸一意矣。"(《論衡・明雩篇》:"浴乎沂,涉沂也,象龍之從水出也。風乎舞雩,風,歌也。詠而饋,詠歌饋祭也。"《後漢・仲長統傳》:"諷於舞雩之下,詠歸高堂之上。"注引《論語》。《兩漢刊誤補遺》十:"浴乎沂,風乎舞雩。說者以爲風乾身,時尚寒,安得風乾身乎?"充說與統合,包氏諸家讀如本字,誤矣。)

【《翟四》頁5149】 "毋吾以也",《釋文》曰:"以鄭本作已。"……蘇濂《石渠意見補缺》曰:"以、已通用。已,止也。謂毋以我年長,止而不言。"

"率爾",按:"率"字,諸字書訓義頗多,獨未有以"輕遽"爲訓。若"卒"之讀倉末切者,《廣韻》卻訓"急遽"。皇本作"卒爾",與《孟子・梁襄王》"卒然"義正相合。今之作"率",似因形近致訛。

"加之以師旅"……《晉書・食貨志》引此二句爲孔子語。《文選・關中詩》注,亦引爲孔子語。

"可使有勇",《七經考文》曰:"一本'使'下有'民'字。"

"非曰能之",《七經考文》曰:"一本'曰'下有'敢'字。"

姚旅《露書》曰:"《禮記》(《玉藻》)'諸侯玄端以祭',端,古冕字。正端章甫之端,未必與《禮記》異。"按:……則端與冕,古未嘗通也。《周禮·司服》:"齊服有玄端素端。"先鄭云:"衣有襡裳爲端。"後鄭云:"端者取其正也,衣袂屬幅,廣袤等也。"端本以端正爲義音,亦何容通變?《樂記》云:"端冕而聽古樂。"《表記》云:"端冕則有敬色。"若云端古冕字,何以言端更言冕乎?姚氏偶爾管窺,造次立說,不足爲據。

"異乎三子者之撰",《釋文》曰:"撰,鄭作僎,讀曰詮,詮之言善也。"

"浴乎沂",《韓李筆解》曰:"'浴'當爲'沿'字之誤。周三月,夏之正月也。堅冰未解,安有浴之理哉?"朱子《論語或問》曰:"《漢志》三月上巳祓除,官民潔於東流水上,而蔡邕引此以爲證,是也。韓李疑夫裸身川浴之禮,而改浴爲沿,蓋不察乎此爾。"

"風乎舞雩",……《論衡·明雩篇》:"曾晳言風乎舞雩。風,歌也,讀風如諷。"《困學紀聞》曰:(以前所引不重錄)。《禮記·月令》正義曰:"雩用歌舞,故《論語》云舞雩詠而歸也",以"舞雩"二字連下讀。酈道元《水經·泗水注》曰:"雩門南有雩壇,曾點所欲風舞處也。"以"舞"字連上讀。

"詠而歸",《釋文》曰:"歸,如字,鄭本作饋。饋,酒食也。《魯》讀饋爲歸,今從《古》。《論衡》作饋,云饋,祭也。歌詠而祭也。"

【《惠九》頁3892】 歸,鄭本作饋,云饋酒食也。《魯》讀饋爲歸,今從《古》。王充曰:"詠而饋,詠,歌。饋,祭也。"何晏從《魯論》作"歸",故不載《孔注》。

【《閻四》頁221】 邢昺《論語疏》:"《聘禮》云:'卿爲上擯,大夫爲承擯,士爲紹擯。'《玉藻》云:'……則卿爲上介,大夫爲次介,士爲末介也。'此云願爲小相者,謙不敢爲上擯、上介之卿,願爲承擯、紹擯、次介、末介之大夫士耳。"……端章甫即束帶立於朝願爲小相焉,即可使與賓客言也。赤自思從政爲大夫,豈妄思周天子與之一諸侯? 非諸侯而何,乃指諸侯之事,言非人也。

【《臧經》頁 1856】 《古論語》:"詠而饋。"《魯論語》:"詠而歸。"《古論語》:"吾與蟫也。"(《說文》:蟫雖晳而黑也,從黑箴聲。古人名蟫字子晳,《仲尼弟子傳》作箴字,是省文。)《魯論語》:"吾與點也。"

【《王經》頁 80】 如,猶與也,及也。……方六七十,如五六十。又曰:"宗廟之事,如會同。""如"字並與"與"同義。

【《俞古》頁 49】 《考工記注》:"若,如也。乃古人則又用爲連及之詞。"……方六七十,如五六十。又曰:"宗廟之事,如會同。"皆是也,如之與若,義本不殊,故連及之詞,爲若又爲如矣。《朱注》曰:"如猶或也。"古無此義。

【《李群》頁 8448】 "吾與點也",三子承"知爾"之問。兵農禮樂,言志之正也。點之志,卻是別調。夫子獨許之者,亦以見眼前真樂,在己者可憑;事業功名,在人者難必。喟然一歎,正不勝身世之感也。《集注》索之太深,亦不免於夸矣。

齊按:疑點之志爲修己之意,孔子以修己爲首要,故許之。

【《武經》頁 8516】 案《集注》云:以吾一日長乎女,讀從"爾"字絕句。考此"乎"字,宜斷爲句,"爾"字屬下連讀。當時師弟情事,皆以吾與爾爲詞。又"乎"字爲句,此正誘之盡言,神理如見。何氏《集解》:"孔曰:言我問女,女毋以我長,故難對。"玩《注》"女毋以我長"句,明是"爾"字屬下讀。

【《朱經》頁14851】 "唯求則非邦也與","唯赤則非邦也與"。此皆孔子之言,所以申明子路見哂之故。方六七十,如五六十,與宗廟會同,莫非爲邦之事。特詞意謙巽,使人不覺耳,非曾晳問而夫子答也。《邢疏》辭不別白,皇侃《義疏》得之。

【《焦論》頁12375】 "攝乎大國之間",《注》:"包曰:攝迫於大國之間。"循按:荀子《禮論》云:"其立哭泣哀戚也,不至於隘攝傷生。"楊倞《注》:"隘,窮也。攝猶戚也。此戚即蹙字,與迫同。"《楚辭·哀時命》"衣攝葉以儲與兮",王逸《章句》云:"攝葉,不舒貌。迫蹙故不舒。"

"吾與點也",《注》:"周曰:善點獨知時。"循按:三子所言者爲政之具,猶器也。聖人以道運器,則時行焉,故與點也。《邢疏》以與點,爲善其不求爲政;以知時,爲生值亂時,志在澡身浴德,詠懷樂道。皆失之。

顏淵第十二

[一]顏淵問仁。子曰："克己復禮爲仁。一日克己復禮,天下歸仁焉。爲仁由己,而由人乎哉?"顏淵曰:"請問其目。"子曰:"非禮勿視,非禮勿聽,非禮勿言,非禮勿動。"顏淵曰:"回雖不敏,請事斯語矣。"

【《王困》頁634】　古也有《志》,克己復禮,仁也(昭十二年)。或謂克己復禮,古人所傳,非出於仲尼。致堂曰:"夫子以克己復禮爲仁,非指克己復禮即仁也。"

【《惠九》頁3894】　克己復禮爲仁,左氏以爲《古志》。

【《毛論》頁1769】　馬融以約身爲克己,從來說如此。夫子是語本引成語。《春秋·昭十二年》,楚靈王聞《祈招》之詩,不能自克,以及於難。夫子聞之嘆曰:"古也有《志》,克己復禮,仁也。"楚靈王若能如是,豈其辱於乾谿? 據此,則克己復禮本屬成語。夫子一引之以嘆楚靈,一引之以告顏子。此間無解,而在《左傳》,則明有不能自克,作克己對解。克者,約也,抑也。己者,自也。……《北史》稱馮元興卑身克己,人無恨者,唐韓愈《與馮宿書》:"故至此以來,克己自下。"直作"卑身"作"自下"解。若後漢陳仲弓誨盜曰:"觀君狀貌,不似惡人,宜深尅己反善。"別以"克"字作"尅"字,正以掊尅揁削，皆深自貶抑之義。歸仁即稱仁，與上句"爲仁"爲字同。《禮記・哀公問》："君子也者，人之成名也。百姓歸之，名謂之。"則百姓之歸，亦祇是名謂之義，此真善於釋歸字者。

【《阮挲》頁 11384】 己字，即自己之己，與下"爲仁由己"相同。……若以克己字，解爲"私欲"，則下文"爲仁由己"之己，斷不能再解爲"私"。而由己不由人，反詰辭氣，與上文不相屬矣。顏子請問其目，孔子答以四勿，勿即克之謂也。

【《臧拜文》頁 12510】 《左氏傳・昭十二年》："楚子次于乾谿，右尹子革讀《祈招》之詩。王揖而入，饋不食，寢不寐，數日不能自克，以及於難。"《杜注》："克，勝也。仲尼曰：古也有《志》，克己復禮，仁也。信善哉。楚靈王若能如是，豈其辱於乾谿。"《正義》曰："劉炫云：克訓勝也，己謂身也。有嗜慾當以禮義齊之，嗜慾與禮義交戰，使禮義勝其嗜慾，身得歸復於禮，如是乃爲仁也。復，反也。"《論語》："顏淵問仁。子曰：克己復禮爲仁。"《集解》："馬融曰：'克己，約身也。'孔安國曰：'復，反也。身能反禮，則爲仁矣。'"梁皇侃《義疏》云："言若能自約儉己身，返反於禮之中，則爲仁也。於時爲奢泰過禮，故云禮也。"范甯云："克，責也。復禮謂責克己失禮。非仁者，則不能責己復禮，故能自責己復禮，則爲仁矣。"庸按：《左氏》"克己復禮，仁也"，即《論語》"克己復禮爲仁"。《古志》本有是語，孔子嘗稱之，《左氏》引以論楚子，《論語》引以答顏淵，注疏家各望文生義。《爾雅・釋詁》："克，勝也。"又："勝，克也。"展轉相訓。杜元凱本之。楚靈王誇功利，多嗜慾，不能修身自勝，以歸於禮，故劉光伯《疏》有"嗜慾與禮義交戰"之說。此以釋《左氏》，而非以釋《論語》也。馬季長以"克己"爲"約身"者，能修己自勝，約儉其身，即下文"非禮勿動"四者。是范武子訓"克"爲

"責",責己失禮而復之,與下文"四勿",義亦通。馬氏"約身"之訓,即《論語》"以約失之者鮮矣"之約。約身則非禮勿視聽言動,故"克己復禮"連文。《左傳》、《論語》、馬、杜、范、劉等說,義本互通。惟劉光伯嗜慾之言,意主楚靈王。而邢叔明襲之以釋《論語》,遂開《集注》訓"己"爲"私欲"之端,與全部《論語》人己對舉之文,方員鑿枘之不合矣。

【《焦論》頁12375】 "克己復禮爲仁",《注》:"馬曰:克己約身。孔曰:復,反也。身能反禮,則爲仁矣。"循按:孔與馬異,孔訓克爲能,故云:"身能反禮。"《邢疏》解爲能約身,非孔義。

[二]仲弓問仁。子曰:"出門如見大賓,使民如承大祭。己所不欲,勿施於人。在邦無怨,在家無怨。"仲弓曰:"雍雖不敏,請事斯語矣。"

【《王困》頁634】 胥臣曰:"出門如賓,承事如祭,仁之則也。"(僖三十三年)

【《翟四》頁5152】 《史記·弟子傳》,"仲弓問政,孔子曰:出門如見大賓"云云。《左傳·僖公三十三年》:"晉臼季曰:臣聞之,出門如賓,承事如祭,仁之則也。"《馮氏論語解》曰:"《左傳》仲尼曰:古語有之,克己復禮,仁也。"蓋古有此語,惟顏子可以從事於此。又曰:"出門如賓,使民如祭,仁之則也。"亦古有此語,惟仲弓可以從事於此。"己所不欲,勿施於人",《管子·小問篇》引語曰:"非其所欲,勿施於人,仁也。"

【《惠九》頁3894】 "出門如見大賓,使民如承大祭",此胥臣多聞之所述也。"己所不欲,勿施於人",《管子》以爲古語(見《小問篇》)。

【《臧經》頁 1856】 《古論語》:"仲弓問政。"(《仲尼弟子傳》)《魯論語》:"仲弓問仁。"

【《焦論》頁 12376】 "出門如見大賓,使民如承大祭。己所不欲,勿施於人。在邦無怨,在家無怨",《注》:"孔曰:'爲仁之道,莫尚乎敬。'包曰:'在邦爲諸侯,在家爲卿大夫。'"循按:皇侃以敬恕爲二事,非也。克己復禮,仁也。《古志》之言也(昭十二年《左傳》)。孔子引以答顔淵。"非禮勿視,非禮勿聽,非禮勿言,非禮勿動",孔子所以解"克己復禮"也。"出門如賓,承事如祭,仁之則也",晉臼季之言也(僖三十三年《左傳》),孔子引以答仲弓。"己所不欲,勿施於人。在邦無怨,在家無怨",孔子所以解"出門如見大賓,使民如承大祭"也。"非禮勿視,非禮勿聽,非禮無言,非禮勿動",爲"克己復禮"之目。"出門如見大賓,使民如承大祭",爲"己所不欲,勿施於人"之目。非禮勿視,非禮勿聽,非禮無言,非禮勿動,則出門如見大賓,使民如承大祭矣。在家無怨,仁及乎一家矣。在邦無怨,仁及乎一國矣。天下歸仁,仁及乎天下矣。仁及家國天下,不過己所不欲,勿施於人。故爲人由己,而不由人。由己有所欲,而推之則能好天下之所好。由己所不欲,而推之則能惡天下之所惡。人以非禮加己,己所不欲也。即勿視,勿聽,勿言,勿動,勿施於人也。勿施於人,即是克己。克己而不以非禮施人,即復禮也。克己復禮,未詳其目,故顔淵請問之。出門如見大賓,使民如承大祭,先已詳其目,而後反復明之,不煩更問。此兩章問仁,互相發明,文亦錯綜入妙。《後漢·臧洪傳》云:"使主人少垂忠恕之情,來者側席,去者克己。"以克己爲忠恕,是克己復禮者,即己所不欲,勿施於人也。

[三]司馬牛問仁。子曰："仁者，其言也訒。"曰："其言也訒，斯謂之仁已乎？"子曰："爲之難，言之得無訒乎？"

【《毛四》頁 1797】 本言爲仁極難，無暇言說。且此"難"字，正與仁者先難，可以爲仁矣，可以爲難矣，俱有關會。

[五]司馬牛憂曰："人皆有兄弟，我獨亡。"子夏曰："商聞之矣，死生有命，富貴在天。君子敬而無失，與人恭而有禮，四海之內，皆兄弟也。君子何患乎無兄弟也？"

【《翟四》頁 5152】 "死生有命，富貴在天"，《論衡·錄命篇》、《辨祟篇》（齊按：又見《問孔篇》）皆引："孔子曰：死生有命，富貴在天。"……惟《命義篇》引屬子夏。……按：上云："商聞之矣。"先儒謂聞之孔子，則以此爲孔子語也亦宜。《程子遺書》："或問人有以'君子敬而無失與人'爲一句，是否？伊川曰：不可。"

【《方論》頁 14451】 牛之兄弟不獨向魋，尚有向巢、子頎、子車。左氏哀十四年《傳》："宋景公將討桓魋。司馬子仲曰：不得左師，不可。"《注》："左師，向魋兄向巢也。"又："子頎騁而告桓司馬。"《注》："子頎，桓魋弟。"又："司馬欲入，子車止之。"《注》："車亦魋弟。"又："司馬牛致其邑與珪焉，而適齊。"《注》："牛，桓魋弟也。"據此，則向巢諸人，並是牛之兄弟。觀傳記，左師每食擊鐘，汰侈可見。迨受命伐魋，不克，遂欲質大夫以入，而卒入曹，與魋合。子頎、子車，蓋與魋爲黨。一族之中，戾氣幾遍，惟牛淒然孤立，真可哀哉。至牛獨亡兄弟之憂，似發於向巢、向魋出奔之後。蓋魋等叛迹未彰，牛亦未能不以之爲兄弟，隱憂雖深，何能舉以告人。即子夏慰解之辭,斷不當其兄弟無故之日,而反泛引"四海皆兄弟"之語,以相曉也。因悟夫子卒於向魋作亂之後二年,"商聞之矣"之言,亦是夫子沒後語,如《檀弓》曾子曰"聞之矣"之類。

[七]子貢問政。子曰:"足食,足兵,民信之矣。"子貢曰:"必不得已而去,於斯三者何先?"曰:"去兵。"子貢曰:"必不得已而去,於斯二者何先?"曰:"去食。自古皆有死,民無信不立。"

【《翟四》頁 5153】　《呂氏春秋‧季秋紀》注引《論語》云:"非信不立。"

【《閻四》頁 255】　陳幾亭曰:"由也果,於天下事,無一不喜其大全。故問君子,則以為未盡於修己,問政則以為未盡於先勞。賜也達,於天下事,無一不思其究竟。故問士則必窮其次,問政則必窮所去。尋常視之,似子貢之志卑矣,然實不卑。"

【《毛四補》頁 1806】　子貢問政,則子所答者,是民信之政。《論語》"敬事而信",子夏云"君子信而後勞其民",是為政另一條件。不必與兵食相關,且亦不是民信於我。信之者,謂我有以信之也。……特民無信不立,是君不信民,焉能立國,死固所不計耳。

眉批:《論衡‧問孔篇》謂去食先於去信,與先富後教之義不符。且無食,亦必無暇顧及信。

【《武經》頁 8516】　"必不得已而去於斯,三者何先",近讀從"去"字絕句。據《釋文》云:"一讀'而去於斯'為絕句。"則"三者何先"另為一句。子貢所問"有美玉於斯",即如此例。

【《劉論》頁 14217】　《春秋》書滅者,亡國之善辭,上下之同力者。有王者起,當興之,以獎忠信。無信不立,如梁王沈潰然。

[八]棘子成曰:"君子質而已矣,何以文爲?"子貢曰:"惜乎,夫子之說君子也。駟不及舌,文猶質也,質猶文也。虎豹之鞟,猶犬羊之鞟。"

【《閻四》頁269】 黃東發曰:"《集注》謂棘子成之言,乃君子之意。某按上文,棘子成曰:君子質而已矣,故子貢指其說君子,恐非。其所言,別有君子之意也。"張惟適曰:"'惜乎夫子之說君子也',二句十三字作一氣讀,'君子'即上文君子,'說'字即指上二句。謂其論君子,專主質,不合文質不可相無道理。總是惜其失言,無兩層意。"

【《王經》頁276】 爲,語助也。……"何以文爲",皇侃《疏》曰:"何必用於文華乎。"是爲語助也。邢昺《正義》曰:"何用文章乃爲君子。"非是。

【《武經》頁8516】 此凡兩讀:《集注》言子成之言乃君子之意,是以"說"字斷句。張惟適曰:是又以"君子也"屬上作一句讀。(齊按:與《閻四》同,引見《四書釋地》)

【《劉論》頁14217】 君子救文以質,貴中也。舉其偏者,以補其弊而已。則三王之道相循環,非廢文也。棘子成欲去文,則秦楚滅三代之禮法,賊民興,喪無日矣。

[九]哀公問於有若曰:"年饑,用不足。如之何?"有若對曰:"盍徹乎?"曰:"二吾猶不足,如之何其徹也?"對曰:"百姓足,君孰與不足?百姓不足,君孰與足?"

【《劉論》頁14217】 徹無公田,近於貢法。公劉所制,以年之上下出斂法，與貢校數歲之中以爲常者異也。宣公稅畝，于公田之外，復加用徹法，《春秋》譏之。後乃復古，書"大有年"，見天人相與之際。今哀公因年饑而欲用田賦，是斁民而歸之三家也，故有若以公劉之法開之。

[一○]子張問崇德辨惑。子曰："主忠信，徙義，崇德也。愛之欲其生，惡之欲其死。既欲其生，又欲其死，是惑也。誠不以富，亦祇以異。"

【《王經》頁112】　《詩·我行其野》曰："成不以富，亦祇以異。"《毛傳》曰："祇，適也。常語也。"

【《劉遺》頁9097】　謹案："愛之欲其生，惡之欲其死"，猶言進人若將加諸膝，退人若將墜諸淵，皆形容譬況之辭。《朱注》謂死生有命，不可欲而欲之，是爲惑，未免誤以借言爲正論。人情於親戚骨肉，未有不欲其生者。仇讎怨毒，未有不欲其死者。壽考之祝，偕亡之誓，於古有之，豈得概指爲惑。此說恐非也。愛之欲其生，惡之欲其死，言愛惡反覆無常。既欲其生，又欲其死，覆舉上文而迫筆其詞，以起惑字，非兩意也。凡言惑者，謂其顛倒瞀亂，若人有惑疾者然。……公乘興訟五尊曰："尊以京師廢亂，群盜並興，選賢徵用，起家爲卿。賊亂既除，豪猾伏辜，即以佞巧廢黜，一尊之身，三期之間，乍賢乍佞，豈不甚哉？孔子曰：'愛之欲其生，惡之欲其死，是惑也。'"應仲遠爲泰山太守，舉一孝廉，旬月之間而殺之。邴原曰："孝廉，國之俊選也。舉之若是，則殺之非也。若殺之是，則舉之非也。語云：'愛之欲其生，惡之欲其死。既欲其生，又欲其死。是惑也。'仲遠之惑甚矣。"漢人引此言，皆不失夫子本意。

[一一] 齊景公問政於孔子。孔子對曰:"君君,臣臣,父父,子子。"公曰:"善哉!信如君不君,臣不臣,父不父,子不子。雖有粟,吾得而食諸?"

【《翟四》頁5154】 《管子·形勢篇》:"君不君,則臣不臣。父不父,則子不子。"按:玩"信如"二字,知景公所稱,自屬成語。景公,齊君也。知管仲之說而已矣。孔子對景公八字,亦非無本。《國語》晉勃鞮曰:"君君臣臣,是謂明訓。"曾先孔子述之,而稱曰"明訓",必周先王之典訓也。

【《劉論》頁14217】 時景公寵少子舍而逐陽生,後陽生因陳乞殺舍而立,大亂數世,國移陳世。故夫子之對,深切如此。

【《方論》頁14451】 《孔注》云:"當此之時,陳恒制齊。"謹案:《左傳》哀五年,齊景公卒。六年,陳僖子使召公子陽生立之。至十四年,陳恒始以弒君見於經傳。時為簡公,即恒所殺。則陳恒制齊,在景公卒後七八年。景公時,厚施於民者,則是僖子乞。

[一二] 子曰:"片言可以折獄者,其由也與?"子路無宿諾。

【《錢十》頁5033】 問:片言可以折獄,孔安國訓"片"為"偏",謂聽訟必須兩辭以定是非,偏信一言以折獄者,惟子路可。《朱注》訓片為半,謂言出而人服,不待其辭之畢。《書·呂刑》疏,謂孔子美子路,片言可以折獄,片言即單辭也。子路行直,聞於天下,不肯自道己長,妄稱彼短。得其單辭,即可以斷獄者,惟子路爾。單辭,謂一人獨言,未有與對之人也。三說不同,未審何從。曰:折獄與衆共之,斷無言未畢而人服之理。《書疏》以片言為單辭,是矣。然子路大賢，何至與人興訟？於理亦難通，總不如孔安國注之確。子路才性明辨，故能聽一人之言，而決兩家之獄。

【《翟四》頁 5154】　《釋文》曰："《魯》讀折爲制，今從《古》。"《太平御覽》注曰："片讀爲半。"按：片有判音，而訓半，則讀如字。故陸氏釋此云："片，如字。"鄭云："半也。"是義爲半，音不爲半。《御覽》注，傳之失真。

【《臧經》頁 1856】　《古論語》："片語可以折獄者。"《魯論語》："片語可以制獄者。"（《廣雅一·釋詁》："制，折也。"）

【《焦論》頁 12376】　"片言可以折獄者，其由也與"，《注》："孔曰：片猶偏也，聽訟必須兩辭以定是非，偏信一言以折獄者，唯子路可。"循按：《呂刑》："今天相民，作配在下，明清於單辭。"《正義》云："單辭謂一人獨言，未有與對之人。訟者多直己以曲彼，搆辭以誣人。孔子美子路云：'片言可以折獄者，其由也與。'片言，即單辭也。子路行直聞於天下，不肯自道己長，妄稱彼短，得其單辭，即可以斷獄者，惟子路耳。凡人少能然，故難聽也。"此說甚明，與下"子路無宿諾"一貫。無宿諾者，不輕諾也。子路篤信不欺，故其單辭必無誣妄。孔子假訟辭之不信，以明子路之信，非謂子路有與人訟之事也。若子路聽訟，雖極明決，亦必兩造至，然後聽之。不待兩造至，據單辭以爲明決，恐無是理，且與無宿諾何涉？無宿諾自爲不欺，單辭折獄自爲明決。明決者不必不欺，不欺者不必明決也。《皇疏》引孫綽云："謂子路心高而言信，未嘗文過以自衛。聽訟者便宜以子路單辭爲正，不待對驗而後分明也。非謂子路聞人片言，便能斷獄也。"孔云："聽訟必須兩辭以定是非，必須兩辭，則必無單辭可折之理。"又云："偏信一言以折獄者，唯子路可者。謂若偏信一辭，則唯此一辭出諸子路乃可也。"子路固必不訟，訟者必非子路,然則聽訟者,何得偏信一言以爲曲直。孔子美子路之不欺,亦所以爲聽訟者砭也。當時或有信一言以爲曲直者,故孔子發之。觀下章言"聽訟吾猶人也",則此章論聽訟,不論子路明矣。

[一四]子張問政。子曰:"居之無倦,行之以忠。"

【《惠九》頁3892】 《釋文》曰:"倦,亦作卷。"棟案:"卷,當作券。"《說文》曰:"券,勞也。"《漢涼州刺史魏君碑》云:"施捨不券。"鄭氏《考工注》云:"券,今倦字也。"

[一七]季康子問政於孔子。孔子對曰:"政者,正也。子帥以正,孰敢不正?"

【《翟四》頁5155】 《釋文》曰:"帥,所類反,又所律反,並與率同。"……按《書·君牙篇》:"爾身克正,罔敢弗正。"孔子本《書》文告康子也。上文政者,正也。別見《孝經緯》及《管子·法法篇》,蓋亦古之成語。

[一九]季康子問政於孔子曰:"如殺無道以就有道,何如?"孔子對曰:"子爲政,焉用殺?子欲善而民善矣。君子之德風,小人之德草,草上之風,必偃。"

【《王困》頁526】 魯哀公問仲尼曰:"《春秋》之記曰:冬十二月,霣霜不殺菽,何爲記此?"仲尼對曰:"此言可以殺而不殺也,夫宜殺而不殺,桃李冬實,天失道,草木猶犯干之,而況於人君乎?"此韓非書所載也(此《內儲說上篇》文)。以《魯論》"焉用殺"之言觀之,恐非夫子之言也。法家者流,託聖言以文其峭刻耳。胡文定公《春秋傳》取之,未詳其意。(何云:夫所謂焉用殺者,蓋以上失其道。蚩蚩之民,罹於刑辟,或非其罪,當以教化先之。非縱捨姦慝,宜殺而不殺也。而迂儒以法家稱引,故疑之乎?)

【《翟四》頁5155】 《尚書·君陳篇》:"爾惟風,下民惟草。"……舊文"上"爲"尚"。《釋文》曰:"尚,本或作上。"

[二〇]子張問:"士何如斯可謂之達矣?"子曰:"何哉,爾所謂達者?"子張對曰:"在邦必聞,在家必聞。"子曰:"是聞也,非達也。夫達也者,質直而好義,察言而觀色,慮以下人。在邦必達,在家必達。夫聞也者,色取仁而行違,居之不疑。在邦必聞,在家必聞。"

【《閻四》頁270】 《讀書劄記》曰:"在邦必達矣,何以又云在家必達?其實在家難達,甚於在邦。余謂亦即齊家難於治國之說。"

[二一]樊遲從遊於舞雩之下,曰:"敢問崇德,修慝,辨惑?"子曰:"善哉問!先事後得,非崇德與?攻其惡,無攻人之惡,非修慝與?一朝之忿,忘其身,以及其親,非惑與?"

【《惠九》頁3892】 《荀子·不苟篇》曰:"鬭者,忘其身者也,忘其親者也,行其少頃之怒,而喪終身之軀。然且爲之,是忘其身也。室家立殘,親戚不免乎刑戮,然且爲之,是忘其親也。"楊倞曰:"蓋當時禁鬭殺人之法,戮及親戚。"

【《劉論》頁 14217】 此章蓋在昭公孫齊之年，《春秋》書："上辛，大雩。季辛，又雩。"《傳》曰："又雩者，非雩也，聚衆以逐季氏也。"樊遲欲究昭公喪亂之由，而言不迫切。故夫子獨善之，先盡君道，而臣道自正。昭之失民、失政久矣，驟欲得之可乎？子家駒言諸侯僭天子，大夫僭諸侯。公曰："吾何僭？是知人之惡而不知己之惡也。"至不忍一朝之忿而身不容于齊晉，辱及宗廟，則惑之甚矣。夫子將適齊而樊遲從遊，特誌舞雩之下，聖賢之傷國事而不正言如此。

[二三]樊遲問仁，子曰："愛人。"問智，子曰："知人。"樊遲未達。子曰："舉直錯諸枉，能使枉者直。"樊遲退，見子夏曰："鄉也吾見於夫子而問之，子曰'舉直錯諸枉，能使枉者直'，何謂也？"子夏曰："富哉言乎！舜有天下，選於衆，舉皋陶，不仁者遠矣。湯有天下，選於衆，舉伊尹，不仁者遠矣。"

【《翟四》頁 5155–5156】《大戴禮·主言篇》："孔子曰：仁者莫大於愛人，知者莫大於知賢。"《荀子·子道篇》："子貢對夫子問曰：知者，知人。仁者，愛人。"《釋文》曰："錯，或作措，同。"《七經考文補遺》曰："古本'諸'作'於'。"

【《劉論》頁 14217】 此因上章而類記之，如魯昭公能用夫子及子家駒，何憂季氏之僭。

子路第十三

[一]子路問政。子曰:"先之,勞之。"請益。曰:"無倦。"

【《翟四》頁 5157】《論語釋文》曰:"勞,孔如字,鄭力報反。"《朱子文集》,程允夫引"堯曰勞之來之"爲證,讀勞去聲。《論語集注考證》曰:"先,當作去聲。"

【《毛論》頁 1770】 先之,先民也。勞則勞誰乎?先仲氏曰:"經凡之字,俱有所指。"孔安國解此謂:"先導民以德,使民信之,夫然後從而勞之。"則兩"之"字,俱屬"民"解。且此是聖門習語,如:"夫子贊《易》曰:'說以使民,民忘其勞。'子夏曰:'君子信而後勞其民。'"是也。若無倦,另是一意。先勞是不迫于始,無倦是不懈于終。一不銳往,一不惰歸;一不苛于民,一不恕于己。更不必兩作粘合說,亦甚妥。但孔氏于"無倦"節,則又屬"先勞"解,謂行此上事無倦則可。且舊解亦多如此,如晉武帝泰始四年,下《耕藉詔》有云:"先之勞之,在于不倦。"可驗。

[三]子路曰:"衛君待子而爲政,子將奚先?"子曰:"必也正名乎。"子路曰:"有是哉,子之迂也!奚其正?"子曰:"野哉,由也!君子於其所不知,蓋闕如也。名不正,則言不順。言不順,則事不成。

事不成,則禮樂不興。禮樂不興,則刑罰不中。刑罰不中,則民無所錯手足。故君子名之可必言也,言之可必行也。君子於其言,無所苟而已矣。"

【《錢十》頁5033】 問:"馬融解'正名'云'正百事之名',而鄭康成以文字釋之。宋儒改爲正祖禰之名,則於衛事爲切。但衛君拒父,本以王父命爲詞。故《公羊》於石曼姑圍戚,謂不以父命辭王父命,初無禰祖之事。若以授受之義論之,直當勸其讓國耳。徒正其名無益,況名本未嘗紊乎?"曰:"正名,自當從鄭義。《禮·祭法》記云:'黃帝正名百物。'而倉頡制文字,即於其時。名即文也,物即事也。文不正,則言不順,而事不成。馬、鄭本無二義,故唐以前說《論語》者皆因之。春秋之世,方競戰爭。而孔子以正名爲先,故子路以爲迂也。"

【《翟四》頁5157】《釋文》曰:"迂,鄭本作于,云于往也。"舊文"措"字爲"錯",《釋文》曰:"錯,本又作措。"……《梁統傳》引孔子曰:"刑罰不衷,則人無所厝手足。"《史記·世家》作"夫君子爲之必可名,言之必可行"。

【《毛論》頁1771】 非宋儒正祖禰之名,采馬說。(文長不錄)

【《臧經》頁1845】 "必也正名乎",《集解》馬融曰:"正百事之名也。"《儀禮·聘禮》疏引鄭注《論語》云:"古者曰名,今世曰字。"案馬、鄭說不同,亦各有所本。學者喜馬說之平易,便斥鄭爲迂遠。爲鄭學者專主其說,又以馬解爲非,俱未嘗遍考也(齊按:中引馬、鄭所本),固不當專主一解以爲是矣。

【《臧經》頁1856】《古論語》:"子之迂也。"《魯論語》:"子之于也。"《古論語》:"夫君子爲之必可名,言之必可行。"(《孔子世家》)《魯論語》:"故君子名之必可言也,言之必可行也。"

【《孫讀續》頁5421】 "刑罰不中",《集解》孔安國曰:"禮以安上,樂以移風,二者不行,則有淫刑濫罰。"《釋文》:"中,丁仲反。"非也。中當如字讀,刑罰之所重者中。《呂刑》一篇言中者十。《周禮·鄉士》:"獄訟成,士師受中。"鄭司農云:"中者,刑罰之中也。"故《論語》曰:"刑罰不中,則民無所措手足。"

[四]樊遲請學稼。子曰:"吾不如老農。"請學爲圃。曰:"吾不如老圃。"樊遲出。子曰:"小人哉,樊須也。上好禮,則民莫敢不敬。上好義,則民莫敢不服。上好信,則民莫敢不用情。夫如是,則四方之民襁負其子而至矣,焉用稼?"

【《毛四》頁1797】 朱鹿田曰:"莫是如后稷教民稼穡,思以稼穡治民否。"及觀包咸舊注,則直曰遲將用稼以教民,則世亦原有見及者。遲以爲世好文治,民不信從,不如以本治治之。此亦時近戰國,幾幾有後此神農之言之意,特非並耕耳,然而小人之用矣。古凡習稼事者皆稱小人,《尚書·無逸篇》:"知稼穡艱難,則之小人之依。"……故子曰用稼非不善,然而身已爲小人而不自知矣。因以君民相感三大端教之。蓋好禮義信則用大,學稼則用小也。古學字即教字,爲教而學,故教亦名學。

[五]子曰:"誦《詩》三百,授之以政,不達。使於四方,不能專對,雖多,亦奚以爲?"

【《閻四》頁245】 專,擅也。即《公羊傳》:"聘禮,大夫受命不受辭,出竟有可以安社稷、利國家者,則專之可也。"專之,《大全辯》載一說曰:"通義理,識時窮,不拘君命,不執成規。"正得其解。《集注》:"專,獨也。"本何晏說者,遂謂使有正有介。正使自能致辭,不假衆介之助。果爾,先王遣聘,只使者一人爲上賓足矣,胡爲而從以上介及衆介耶?蓋應對之事,使者固多。而上介、次介、末介,亦非嘿無語者,《聘禮》一篇可見。專,擅也,亦與上文"達"字關合。

【《王經》頁276】 爲,語助也。……"雖多,亦奚以爲。"以,用也。爲,語助。言誦《詩》雖多,亦何用也。皇侃《疏》曰:"亦何所爲用哉。"失之。

[七]子曰:"魯、衛之政,兄弟也。"

【《方論》頁14451】 包咸《注》:"周公、康叔既爲兄弟,康叔睦於周公。其國之政亦如兄弟,不就衰亂言。"案:左氏定四年《傳》:"皆啟以商政。"《注》:"皆魯、衛也。"又夫子嘗言,魯一變至於道,而五至衛國,則有"三年有成"之語。又論子賤而以魯爲多君子,與季札稱衛多君子,辭若一轍。齊大陸子方曰:"何以見魯、衛之士。"並見二國之政俗,末世猶賢於他國。更證之《漢書·馮奉世傳》:"人歌立與野王曰大馮君、小馮君。兄弟繼踵相因循,聰明賢知惠吏民。政如魯衛德化均,周公康叔猶二君。"政如魯衛,二句正用《魯論語》,漢世之解如此。

此經之語美魯、衛乎?丁希曾先生曰:"春秋時非成周時矣,道美者未嘗不是刺。"

[八]子謂衛公子荊善居室。始有,曰:"苟合矣。"少有,曰:

"苟完矣。"富有,曰:"苟美矣。"

【《王經》頁 64】 苟,且也。……苟合矣,苟完矣,苟美矣,是也,亦常語。

【《方論》頁 14452】 子謂子產不加"鄭"字,晏平仲不加"齊"字。《論語》中類如此,獨公子荆與公孫朝,則冠以"衛"字,何也?蓋於時魯哀公之子,亦爲公子荆,《左傳》"公子荆之母嬖",是。楚子西之子武城尹亦爲公孫朝,《左傳》"楚公孫朝帥師滅陳",是。記者欲別於此二人,故特顯之曰衛公子荆、衛公孫朝。

[一四] 冉子退朝。子曰:"何晏也?"對曰:"有政。"子曰:"其事也。如有政,雖不吾以,吾其與聞之。"

【《毛論》頁 1775】 《國語》有云:"天子及諸侯合民事于外朝,合神事于內朝。"此言天子諸侯有內外朝也。其所以分內外者,以外議民政,內議國典。神事者,祭祀之事,即典禮也。又云:"自卿以下,合官職于外朝,合家事于內朝。"此言卿大夫家有內外朝也。其所以分內外者,外朝與私臣議公家之政事,故曰業官職。內朝與家臣議私家之政事,故曰庀家政。則是季氏本有朝,季氏之朝,原可以議國政,並議家事。而爲之家臣者,原得詣私朝,而與之議政、議事。然則夫子何譏焉?曰:譏其議事之久也。蓋朝不可晏,朝見曰朝,夕見曰夕。……公事曰政,私事曰事,原有分別。何晏謂政事通言,但隨事大小而異其名,非是。《左傳·昭二十五年》:"爲政事,庸力行務,以從四時。"杜預曰:"在君爲政,在臣爲事。"又北魏帝問高閭《論語》,……對曰:"政者,上之所行。事者,下之所綜也。"

【《俞古》頁 45】 也、邪通用例。……"其事也","也"讀爲"邪"。

【《劉論》頁 14217】 季康子先召冉子,因冉子而以幣反夫子於衛。夫子反魯,冉子之力也。冉子朝事畢,即至夫子所,一日遲至。故異而問之。大曰政,小曰事。政有所改更,事曰行常事也。夫子恐魯君臣變古易常,故命冉子來告,冀可以匡救也。其後伐顓臾,用田賦,皆冉子所告也。或行或止,則末如之何矣。

【《方論》頁 14452】 周氏《注》:"謂罷朝於魯君。"鄭君《注》:"以冉有臣於季氏,以朝爲季氏之朝。"何晏《集解》從《周注》,朱子《集注》用鄭說。案:左氏哀十一年《傳》:"季孫使冉子從於朝,俟於黨氏之溝。"可見家臣從大夫之公朝,僅得俟於朝中之地,無朝魯君之事。其朝於大夫之私朝者,則左氏襄三十年《傳》:"鄭伯有嗜酒,朝至未已。朝者曰:公焉在?"《魯語》:"公父文伯之母,如季氏康子在其朝與之言,弗應。康子辭於朝而入。"《注》云:"辭其家臣",是其證也。從鄭說是。《禮·玉藻》云:"揖私朝煇如也,登車則有光矣。"《注》:"揖其臣乃行。"《玉藻》又云:"朝辨色始入,先視私朝,然後朝君。"猶當辨色之時,則家臣之退,自然宜蚤。此子所以問冉有退朝之晏。

[一五] 定公問:"一言而可以興邦,有諸?"孔子對曰:"言不可以若是其幾也。人之言曰:'爲君難,爲臣不易。'如知爲君之難也,不幾乎一言而興邦乎?"曰:"一言而喪邦,有諸?"孔子對曰:"言不可以若是其幾也。人之言曰:'予無樂乎爲君,唯其言而莫予違也。'如其善而莫之違也,不亦善乎? 如不善而莫之違也,不幾乎一

言而喪邦乎?"

【《翟四》頁5159】 "言不可以若是其幾也",……《論語辨惑》曰:"幾,近也。即下文不幾乎之幾耳,'其幾也'三字自爲一句。一言得失,何遽至於興喪,然有近之者,此意甚明。"《四書辨疑》曰:"經文兩'其幾也',皆三字爲句。舊注文亦是作兩句說。"《朱子文集》:"李守約問:'舊點言不可以若是爲句,今以'言不可以若是其幾也'作一句,不識別有微意否?'答曰:'如《集注》說,恐二字亦是相應。以'若是'絕句,恐不詞也。'"……《韓非子·難篇》:"晉平公與群臣飲,飲酣,喟然歎曰:'莫樂爲人君,惟其言而莫之違。'師曠侍坐于前,援琴撞之曰:'啞是非君人者之言也。'"按:此天子舉晉平公成言以爲定公戒也。上文"興邦"之言,亦即《大禹謨》"后克艱厥后","臣克艱厥臣"二語之變,足以相明。

【《惠九》頁3892】 《韓非子·外儲說》曰:"晉平公與群臣飲,飲酣,乃喟然歎曰:'莫樂爲人,惟其言而莫之違。'"

[一八] 葉公語孔子曰:"吾黨有直躬者,其父攘羊,而子證之。"孔子曰:"吾黨之直者異於是:父爲子隱,子爲父隱,直在其中矣。"

【《王困》頁673】 《呂氏春秋》(《仲春紀·當務篇》):"楚有直躬者,其父竊羊,而謁之上。上執而將誅之,直躬者請代之。將誅矣,告吏曰:'父竊羊而謁之,不亦信乎?父誅而代之,不亦孝乎?信且孝而誅之,國將有不誅者乎?'荊王聞之,乃不誅也。孔子聞之曰:'異哉,直躬之爲信也。一父而載取名焉。'故直躬之信,不若無信。"此即葉公所云也。(原注:致堂曰:"直躬,猶曰正己。"……

《淮南子‧氾論訓》高誘《注》:"直躬,楚葉縣人也。躬,蓋名。其人必素以直稱者,故稱直躬。"陸德明《論語釋文》:"直躬,鄭康成本作弓,云直人名弓。")

【《俞癸》頁61】 《韓非‧五蠹》云:"楚有直躬,其父竊羊,而謁之吏。令尹曰:殺之。"《呂氏春秋‧當務篇》云:……案:此事當以韓非之言爲信。《韓非》云:"令尹誅之,而楚姦不如聞,則直躬死矣。"《莊子‧盜跖篇》云:"直躬證父,信之患也。"……葉公問於孔子,子曰:"吾黨之直者異於是。"或葉公前有此事,聞孔子之言,以告而誅之歟。

【《臧經》頁1856】 《古論語》:"吾黨有直躬者。"《魯論語》:"吾黨有直弓者。"

[一九]樊遲問仁。子曰:"居處恭,執事敬,與人忠。雖之夷狄,不可棄也。"

【《翟四》頁5160】 《楊龜山文集》:"胡德輝問:'此章與子張問行章,語意正類。或說問仁乃問行,字之誤也,有諸?'答曰:'學者求仁而已,行則由是而之焉者也。其語相似,無足疑者。'"

【《劉論》頁14218】 若夫子之告葉公,不以楚而外之,所謂與人忠也,故類記之。

[二〇]子貢問曰:"何如斯可謂之士矣?"子曰:"行己有恥,使於四方,不辱君命,可謂士矣。"曰:"敢問其次。"曰:"宗族稱孝焉,鄉黨稱弟焉。"曰:"敢問其次。"曰:"言必信,行必果,硜硜然小人哉,抑可以爲次矣。"曰:"今之從政者何如?"子曰:"噫!斗筲之人,

何足算也?"

【《翟四》頁 5160】 《韓李筆解》本錄此章文:"子貢問曰:'何如斯可以爲士矣。'子曰:'宗族稱其孝焉,鄉黨稱其悌矣。'曰:'敢問其次。'曰:'行己有恥,使於四方,不辱君命,可謂士矣。'曰:'敢問其次。'曰:'言必信,行必果,硜硜然小人哉,抑亦可以爲次矣。'"解曰:"孝悌爲百行之首,無以上之者。舊本'子曰行己有恥'爲上文,簡編差失也。"

"硜硜然小人哉",《孟子》"悻悻然見於其面",《章句》引論"悻悻然小人哉"爲證。《孫氏音義》曰:"悻字或作怪,然《論語》音鏗。"《韓李筆解》曰:"硜硜,勇敢貌。非小人也。'小'當爲'之'字,古文'小'與'之'相類,傳之誤也。"《釋文》曰:"算,本或作筭。"《漢書·公孫賀傳贊》、《鹽鐵論·大論》,俱作"何足選也"。

【《臧經》頁 1856】《古論語》:"硜硜然小人哉。"《魯論語》:"悻悻然小人哉。"(《孟子·公孫丑下》注)

【《王經》頁 37】 昭公年《左傳注》曰:"抑,疑辭。"……抑亦,亦詞之轉也。……"抑亦可以爲次矣",是也。

[二一]子曰:"不得中行而與之,必也狂狷乎!狂者進取,狷者有所不爲也。"

【《翟四》頁 5160】 《後漢書·獨行傳序》引:"孔子曰:'與其不得中庸也,必也狂狷乎。'"

[二三]子曰:"南人有言曰:'人而無恒,不可以作巫醫。'善

夫!""不恒其德,或承之羞。"子曰:"不占而已矣。"

【《毛四》頁1802】 鄭康成謂:"巫醫不能治無恒之人。"此言不可作巫醫以治此人,非謂此人不可作巫醫也。作,立也。《尚書》"乃建立卜筮人",是也。蓋無恒之人,禱祀所不如,醫藥所不及,故云然。若謂此人作巫醫,則巫醫豈易作者?《周禮》司巫、司醫,皆是士大夫試而爲之。極其鄭重,故不占而已矣。鄭氏亦謂無恒之人,《易》所不占,與巫醫不治並同。蓋"或承之羞",羞是惡義,然在凶悔吝之外,故曰"不占"。觀《緇衣》:"子曰:'人而無恒,不可以作卜筮。'"古之遺言與?龜筮猶不能知也,而況于人乎?《詩》曰:"我龜既厭,不我告猶。"則明明言卜筮不能及,此孔子自爲注脚也。

【《方論》頁14452】 南人,南國之人。本孔注《禮·緇衣》疏云:"南人,殷掌卜之人,有遺餘之言。"考之地理,殷故都在魯南,則二義並得相通。

《鄭注》"不可以作巫醫",曰:"言巫醫不能治無恒之人。"注"不占而已矣",曰:"無恒之德,《易》所不占。"案:此一經與《緇衣篇》中略同。惟此經"巫醫",《緇衣篇》作"卜筮"。然巫與醫卜並以治人之疾。以言不能治無恒之人,無異義也。《緇衣》云:"龜筮猶不能知也,而況於人乎?"謂卦兆不能見其情,定其吉凶,蓋即此經不占之意。屈子卜,改行易轍。詹尹曰:"龜筴誠不能知此事。"得斯旨也。以經解經,頗自明暢。《鄭注》所以爲勝,惜朱子不用。是以"不占而已矣"句,解不去。轉引楊氏,愈不明白。

[二四]子貢問曰:"鄉人皆好之,何如?"子曰:"未可也。""鄉人皆惡之,何如?"子曰:"未可也。不如鄉人之善者好之,其不善者

惡之。"

【《焦論》頁 14218】 言行必本於鄉里。《春秋》書鄭詹之佞,不以微者略也。

[二五]子曰:"君子易事而難說也。說之不以道,不說也。及其使人也,器之。小人難事而易說也。說之雖不以道,說也。及其使人也,求備焉。"

【《毛論》頁 1775】 舊注原以"說"字作"悅"字解。《集注》所用,固是舊注。特漢儒復有一解,謂"說"如字,即言說也。《先聽齋講錄》曰:"此以言說定事使也。夫在下爲事,在上爲使。下欲事上,必先覘上之易使,而後我事之難易以定。顧事之難易,全在言說。難言者,必易事,易言者,必難事。此一定之理也。而在上之君子小人分焉,……"其文曾引入《四書模》中。若《曲禮》"禮不妄說人",鄭康成注云:"爲近佞媚也,君子說之,不以其道,則不說也。"亦引此文爲證。但"近佞媚"難解,惟《孔疏》云此引《論語》文。

[二六]子曰:"君子泰而不驕,小人驕而不泰。"

【《焦論》頁 12377】 "君子泰而不驕,小人驕而不泰",《注》:"君子自縱泰,似驕而不驕。小人拘忌,而實自驕矜也。"循按:泰者,通也。君子所知所能,放而達之於世,故云:"縱泰似驕。"然實非驕也。小人所知所能,匿而不露,似乎不驕,不知其拘忌正其驕矜也。君子不自矜,而通之於世。小人自以爲是,而不據通之於人。此驕泰之分也,《邢疏》不能詳。"今拜乎下,泰也",此"泰"乃"忕"之借。

[二七]子曰:"剛毅木訥,近仁。"

【《洪容》頁16】 剛毅者必不能令色,木訥者必不爲所言,此近仁、鮮仁之辨也。

【《焦論》頁12377】 "剛毅木訥近仁",《注》:"王曰:剛,無欲也。毅,果敢也。木,質樸也。訥,遲鈍也。"循按:巧言令色,鮮矣仁。此質樸遲鈍,所以近仁也。《唐書·刑法志》云:"仁者制亂,而弱者縱之。然則剛強非不仁,而柔弱者,仁之賊也。"此果敢所以近仁也。

[二八]子路問曰:"何如斯可謂之士矣?"子曰:"切切偲偲,怡怡如也,可謂士矣。朋友切切偲偲,兄弟怡怡。"

【《臧經》頁1856】 《古論語》:"朋友切切節節,兄弟熙熙。"(《毛詩·伐木傳》)《魯論語》:"朋友切切偲偲,兄弟怡怡。"

【《方論》頁14452】 《朱注》:"以朋友切切偲偲,兄弟怡怡,爲子路所不足。"案《禮·檀弓篇》:"子路去魯,顏淵謂子路曰:'何以處我?'子路曰:'吾聞之也,過墓則式,過祀則下,不可謂不切切偲偲。'"又子路曰:"吾寡兄弟,而弗忍也。"子路無兄弟,更何處見有不足。

[二九]子曰:"善人教民七年,亦可以即戎矣。"

【《翟四》頁 5161】 《韓李筆解》曰:"即戎是諸侯朝會于王,各修戎事之職也。《王制》云:'五年一朝。'仲尼志在尊周,故言五年可以即戎事,朝天子。七年者,字之誤歟?"

[三〇] 子曰:"以不教民戰,是謂棄之。"

【《劉論》頁 14218】 禮,比年簡徒謂之蒐,三年簡車謂之大閱,五年大簡車徒謂之大蒐。存不忘亡,安不忘危,《春秋》所以譏罕也。(此本《公羊注》。鄭玄言用不習之民,使之攻戰,必破敗,是謂棄之。《公羊疏》謂"何、鄭意別",實不別也。)

憲問第十四

[一]憲問恥。子曰："邦有道，穀。邦無道，穀，恥也。"

【《錢十》頁5034】 問："邦有道穀，何以可恥？"曰："《泰伯篇》云：'邦有道，貧且賤焉，恥也。'以貧賤爲恥，則食祿何恥之有？孔安國云：'邦有道，當食其祿。無道而食其祿，是恥辱也。'其說至當不可易。後儒有意立異，非聖人本恉。"

【《翟四》頁5162】 皇氏《義疏》曰："問孔子進仕之道也。"……按侃敘篇次，自云："受自師業，問恥之恥，似說爲仕。"而經文仍正作"恥"，《疏》亦不以仕爲義。侃所宗凡十三家，此或其一家之別傳，故但存其說，不遽易其文耶。

【《毛論》頁1776】 《集注》謂此篇疑原憲所記，以憲字子思，此不稱"思問"而稱"憲問"，自謙故也。但記者例稱字，然亦有偶稱名者，如篇中"南宮适問孔子"、《季氏篇》"陳亢問于伯魚"、《子罕篇》"牢曰子云"類。據《史記》，适字子容。《家語》亢字子禽，牢字子張，則皆稱名，可驗也。又他"宰予晝寢"，"而求也爲之聚斂"，皆記者文。若憲則他書記事，亦多稱名（下引《檀弓》、《史記》、《家語》爲證）。

【《方論》頁14452】 《孔注》："邦有道當食祿，君無道而在其朝食其祿,是恥辱。"朱子以爲皆可恥。謹以《泰伯篇》"子曰:邦有道,貧且賤焉,恥也;邦無道,富且貴焉,恥也"之文例之。邦有道,穀,正是不貧且賤,何反得恥?若謂恥不能有爲,而但知食祿,則竊驗之往古有道之世,君子在位,尸祿素餐之輩,必不能倖位於朝,何有但知食祿之人也?故《泰伯篇》兩加"恥也"字,是二事俱可恥。此憲問恥,子於"邦有道穀"下無"恥也"一語,是惟邦無道穀,爲可恥矣。邦無道穀,即是富且貴也。彼此互證,《孔注》良是。

[二]"克、伐、怨、欲不行焉,可以爲仁矣?"子曰:"可以爲難矣,仁則吾不知也。"

【《焦論》頁12377】 "可以爲難矣,仁則吾不知也",《注》:"包曰:此四者,行之難,未足以爲仁。"循按:董子論仁曰:其事易,此孔子之恉也。"我欲仁斯仁至矣","有能一日用其力於仁矣乎,我未見力不足者",皆以仁爲易也。故《易傳》云:"易則易知,簡則易從。"《呂覽·察微》云:"子貢贖魯人於諸侯,來而讓,不取其金。孔子曰:'賜失之矣,自今以往,魯人不贖人矣。取其金則無損於行。'子路拯溺者,其人拜之以牛,子路受之。孔子曰:'魯人必拯溺者矣。'"讓不取金,不伐不欲也,而贖人之路遂窒。《孟子》稱公劉好貨,太王好色,與百姓同之,使有積倉而無怨曠。孟子之學,全得諸孔子。此即已達達人,已立立人之義。必屏妃妾,減服食,而於百姓之饑寒仳離,漠不關心,則堅瓠也。故克伐怨欲不行,苦心潔身之士,孔子所不取。不如因己之欲,推以知人之欲。即因己之不欲,推以知人之不欲。絜矩取譬,事不難而仁已至矣。絕己之欲,而不能通天下之志,非所以爲仁也。

［六］南宮适問於孔子曰："羿善射，奡盪舟，俱不得其死然。禹、稷躬稼而有天下。"夫子不答。南宮适出，子曰："君子哉若人！尚德哉若人！"

【《洪容》頁153】 南宮适問羿、奡不得其死，禹、稷有天下，言力可賤而德可貴。其義已盡，無所可答。故夫子俟其出而歎其爲君子，獎其尚德。至於再言之，聖人之意斯可見矣。然明道先生云："以禹、稷比孔子，故不答。"范淳父以爲禹、稷有天下，故夫子不敢答，弗敢當也。楊龜山云："禹、稷之有天下，不止於躬稼而已。孔子未盡然其言，故不答。然而不正之者，不責備於其言，以沮其尚德之志也。與所謂雍之言然，則異矣。"予竊謂南宮之問，初無以禹、稷比孔子之意，不知二先生何爲有是言。若龜山之語，淺之已甚。獨謝顯道云："南宮适知以躬行爲事，是以謂之君子。知言之要，非尚德者不能。在當時發問間，必有目擊而道存。首肯之意，非直不答也。"其說最爲切當。

【《顧日》頁37】 古人以左右衝殺爲盪陣，其銳卒謂之跳盪。別帥謂之盪主，……《唐書・百官志》："矢石未交，陷堅突衆，敵因而敗者，曰跳盪。"盪舟蓋兼此義，與"蔡姬之乘舟盪公"者不同。（原注：《左傳・僖公三年》）

【《翟四》頁5162】 《潛夫論》："《五行志》引南宮括言，作'俱不得其死也'。"《通鑒前編》曰："子何子以'死'字句。"《集注考證》曰："俗連'然'字句者，非。若'由也不得其死然'，言於未死之前，期辭也。此述二人於既死之後，斷辭也。'然'字喚起下文，便見得尚德之意。"李豫亨《推蓬寤語》亦曰："此以'俱不得其死'爲句，不當如'由也不得其死然'例。蓋由也未然，而羿奡則已然也。"按：

《集解》于"然"字下位注。王逸《離騷章句》引文,亦以"然"字絕句。先儒所讀,未可遽訾其俗。

[七]子曰:"君子而不仁者有矣夫,未有小人而仁者也。"

【《翟四》頁5162】《韓李筆解》曰:"孔氏注此,雖君子猶未能備。仁當爲備,字之誤也。君子才行或不備者有矣,小人求備,則未之有也。"《舊唐書》魏徵疏引孔子曰:"君子或有不仁者焉,未見小人而仁者。"

[八]子曰:"愛之,能勿勞乎?忠焉,能勿誨乎?"

【《翟四》頁5162】《集解》:"孔曰:'言人有所愛,必欲勞來之。讀勞去聲。'《釋文》亦曰:'勞,力報反。'"《白虎通·諫諍篇》:"愛之,能無勞乎?忠焉,能無誨乎?"《鹽鐵論·授時章》:"忠焉,能勿誨乎?愛之,而勿勞乎?"

【《俞古》頁41】 上下文變換虛字例。《鹽鐵論》:"忠焉,能勿誨乎?愛之,而勿勞乎?"……上句用"能"字,下句用"而"字,能即而也。

[一〇]或問子產。子曰:"惠人也。"問子西。曰:"彼哉!彼哉!"問管仲。曰:"人也。奪伯氏駢邑三百,飯疏食,沒齒無怨言。"

【《翟四》頁5163】《荀子·大略篇》:"子謂子產,惠人也,不如管仲。管仲之爲人,力功不力義,力知不力仁,野人也,不可以爲天子大夫。"按：孔門所已論定之《論語》本，荀卿似曾見之，故此以論子產管仲，而並下章"不可以爲大夫"語攔入也。同篇又引"君子難說，說之不以道，不說也"，亦足相明。

"彼哉彼哉"，《廣韻》、《佩觿》、《類篇》、《集韻》皆引《論語》曰："子西，彼哉。"《論語稽求篇》曰："《埤蒼》曰：彼者，邪也，彼字省作彼字。而《廣韻》、《集韻》遂各收'彼'字在紙韻，且各引《論語》'彼哉彼哉'爲證。于是傅會之家遂謂《魯論》舊本原是'彼'字，而後小誤其偏旁者。然按《公羊傳》，'陽虎謀弑季氏不得，見公斂處父之甲，睨而曰：彼哉，彼哉'，則'彼'本如字。且陽虎時未有《魯論》，此必古成語，而夫子引以作答者。然則何可穿鑿矣。"《義門讀書記》曰："彼，讀若賁卦之賁，彼義切，哀也，《廣韻》在五寘中。"

"人也"，《七經小傳》曰："'人'上當失'一'字。彼非人，而管仲乃獨謂之人乎。或曰人當作仁，亦非也。管仲之功爲仁耳，仁之道非所能盡，仲尼亦不輕予之。荀子謂之野人，亦非也，義不合。"

【《毛論》頁 1776】　盧東元曰："春秋有二子西：其一鄭子駟之子公孫夏，子產之同宗兄弟也。其一楚公子申，則楚昭王之庶兄也。或人以子西與子產連問，且與上'爲命'節連記，則必是鄭之子西可知。"……若楚亦有兩子西，一鬭宜申，在僖文間謀弑伏誅，一公子申時未死。……《埤倉》曰："彼者，邪也。彼字省作彼字。"而《廣韻》、《集韻》，遂各收"彼"字在上紙韻，且各引《論語》"彼哉彼哉"爲證。於是傅會之家，遂謂《魯論》舊本原是"彼"字。然按《公羊·定八年》："陽虎謀弑季氏不得，見公斂處父之甲，睨而曰：彼哉彼哉。"則"彼"本如字。且陽虎時未有《魯論》，此必古成語，而夫子引以作答者。

【《朱經》頁 14851】　《表記》:"仁者,人也。"《注》引《公羊傳》:"執未有言舍之者,此其言舍之何人也。"今《公羊傳》何《注》,作"仁之"也,人即仁之謂。孔子於子產稱其惠,於管仲稱其仁。觀伯氏之沒齒無怨,則仲之仁可知。故子路、子貢疑其非仁,而孔子特信之。

【《焦論》頁 12377】　"人也",《注》:"猶《詩》言'所謂伊人'。"循按:《詩》"所謂伊人,在水一方",貫下之詞也。此"人也"二字,亦貫下之詞,故何氏引《詩》以例之。《皇疏》謂:"管仲人也,是美管仲。"非是。《皇疏》此注爲鄭康成。

"奪伯氏駢邑三百,飯疏食,沒齒無怨言",《注》:"孔曰:伯氏食邑三百家,管仲奪之,使至疏食,而沒齒無怨言,以其當理也。"循按:《天官‧太宰》:"八柄,六曰奪以馭其貧。"《注》云:"奪謂臣有大罪,沒入家財者。"蓋伯氏時有罪管仲,沒其家財,故《注》云"當理"。《廣雅》:"理,治也。"治獄之官名理,當理,謂治獄得當也。此管氏所以爲法家之冠矣。諸葛孔明廢廖立爲民,廖聞亮卒,垂泣歎曰:"吾終爲左衽矣。"又嘗廢李平爲民,徙梓潼郡十二年。平聞亮卒,發病死。習鑿齒曰:"昔管仲奪伯氏駢邑三百,沒齒而無怨,言聖人以爲難。諸葛亮之使廖立垂泣,李平致死,豈徒無怨言而已。"習氏引管仲事以例諸葛,今轉可引諸葛事以例管仲。《邢疏》未能詳也。惟習云"聖人以爲難",則連下"貧而無怨"爲一章。

【《方論》頁 14453】　《孔注》云:"伯氏食邑三百家。"《鄭注》云:"三百家,齊下大夫之制。"(《鄭注》見宋本《禮記疏》)今證之《易‧訟卦》云:"其邑人三百戶。"《鄭注》謂:"下大夫采地方一成,其定稅三百家。"然則伯氏齊下大夫也,管仲所受,自不止此。其奪諸伯氏者,乃此數耳。《國語‧吳語》曰:"寡人其達王於甬句東,夫

［一三］子路問成人。子曰：“若臧武仲之知，公綽之不欲，卞莊子之勇，冉求之藝。文之以禮樂，亦可以爲成人矣。”曰：“今之成人者何必然？見利思義，見危授命，久要不忘平生之言，亦可以爲成人矣。”

【《王困》頁5679】 "卞莊子之勇"，《或問》云事見《新序》。愚按：《荀子·大略篇》："齊人欲伐魯，忌卞莊子，不敢過卞。"此可見其有勇也。（《新序·義勇篇》："卞莊子好勇，養母，戰而三北。交遊非之，國君辱之。及母死三年，齊與魯戰。莊子請從，見魯將軍曰：'昔與母處，是以三北。今母死，請塞責。'遂赴敵，獲一甲首而獻之，曰此塞一北。又入獲一甲首而獻之，曰此塞再北。又入獲一甲首而獻之，曰此塞三北。"按《韓詩外傳》載卞莊子事，與《新序》同。）

【《翟四》頁5164】 "曰：今之成人者"，《集注》曰："復加'曰'字者，既答而復言也。胡氏曰：'以下乃子路之言。'"《四書纂疏》曰："觀'何必然'三字，似以前說爲疑。三者又皆子路所能，故胡氏疑其爲子路言。"《四書辨疑》曰："二說皆不可取。此一節與上文，只一段話，'曰'字衍。"《義門讀書記》曰："按《紹聞編》云：'胡氏之說較近。'然有一疑，子路之言如此，夫子何以無言？"按邢氏《疏》云："夫子鄉言成人者，是古之人也。又言今之成人，不必能備。"原以此節爲夫子言。

"久要不忘平生之言"，……阮籍《詠懷詩》顏《注》引《論語》，作"久約"。

【《王經》頁 17】 有一人之言而自爲問答者,則加"曰"字以別之。……"曰:今之成人者,何必然",是也。(齊按:此處非自爲問答。)

【《俞古》頁 17】 亦有非自問自答之辭,而中間又用"曰"字,以別更端之語者。……"曰:今之成人者,何必然。"……此加"曰"字,以別更端之語也。

[一六]子曰:"晉文公譎而不正,齊桓公正而不譎。"

【《王困》頁 600】 狐偃曰:"求諸侯莫如勤王。"(僖二十五年)……豈誠於爲義者,故曰譎而不正。(宋王晳《春秋皇綱論》:"晉文公之迎襄王也,藉以求諸侯信義之名,非其至誠。而狐偃勸以繼文之業,王城之師是也。以其不本尊王之義,故謂之譎而不正。")

【《翟四》頁 5164】 《漢書・鄒陽傳》引孔子曰:"齊桓公法而不譎。"

【《劉論》頁 14218】 譎讀如"主文譎諫"之譎,二伯無所優劣也。《春秋》書晉文,則踊爲之諱本惡,故曰譎而不正。書齊桓之纂,則從正例。公羊子詳之矣。

[一七]子路曰:"桓公殺公子糾,召忽死之,管仲不死。曰:未仁乎?"子曰:"桓公九合諸侯,不以兵車,管仲之力也。如其仁,如其仁。"

【盧文弨《鍾山札記》頁 4011】　明顧端文憲成《劄記》有云："予頃讀孔子與子路、子貢，評管仲二條，殊可疑。因語子弟季時（名允成），季時曰：'此恐是齊人張大之辭，而託於孔子耳。或《齊論語》竄入《魯論語》中，未可知也。謂出自孔子，似乎不然。'予曰：'弟此意見得極直截，近袁子才亦同此見。謂齊人最尊管仲，此必齊之弟子記之。其上章云：齊桓公正而不譎；下章云：陳成子弑簡公，非《齊論》而何？'"文弨案：孔子之門，五尺童子羞稱五伯。齊人在聖門者，若子羔、季次諸人，見地特高，亦不應有此。班固謂仲尼沒而微言絕，七十子喪而大義乖。《論語》蓋門人所記，乃弟子之弟子也，故往往附載其師之說。荀卿、吳起之儔，亦出其中。流愈遠而失真，故有此雜而不純之論。即有以自經溝瀆為不指召忽言者，亦曲為之解耳。就使不指召忽，語氣亦覺抑揚太過，與聖人平日辭氣迥然不同。孟子學孔子者也，而曰"仲尼之徒，無道桓文之事者"，"管仲、曾西之所不為"，豈有聖人許之，而孟子顧貶之若是甚哉？有以知孔子之必無是語矣。

【《毛論》頁 1776】　"九合"是九數，與下章"一匡天下"一數作對（齊按：中引《呂覽》、《楚詞》王逸注），蓋九數有核實者。《穀梁傳》云："衣裳之會十有一。"范甯《注》云："莊十三年會北杏，十四年會鄄，十五年又會鄄，十六年會幽，二十七年又會幽。僖元年會檉，二年會貫，三年會陽穀，五年會首止，七年會甯毋，九年會葵丘。凡十一會。"《正義》曰："祇稱九者，不取北杏及陽穀，故減二也。若《管子》'兵車之會六，乘車之會三'，《國語》'兵車之屬六，乘車之會三'，《史記》'兵車之會三，乘車之會六'，皆合九數。其曰不以兵車者，言不純乎以兵車也。"此則與前"九會"之說，稍有同異，然亦可參較者。若據《左傳·僖二十六年》，齊伐我北鄙，公使展喜犒師,曰:"桓公糾合諸侯,而謀其不協。"則"九"與"糾"字,果是相通。然此是"九"通"糾",非"糾"通"九"也。惟"九"是正字,……子糾,兄也。小白,弟也。……《說苑》:"子路問於孔子曰:……"此則專論才具,特尚時用。與夫子"一匡天下,民到于今受其賜"語,正是一意。蓋夫子未嘗薄事功也。

【《王經》頁79】 如,猶乃也。……言管仲不用民力而天下安,乃其仁,乃其仁。(《孔傳》曰:"誰如管仲之仁。"加"誰"字以解之,於文義未安。)

【汪中《述學》卷一《釋三九》】 ……二並一則爲三,故三者,數之成也。積而至十,則復歸於一,十不可以爲數,故九者,數之終也。於是先王之制禮,凡一二之所不能盡者,則以三爲之節,"三加"、"三推"之屬是也。三之所不能盡者,則以九爲之節,"九章"、"九命"之屬是也。此制度之實數也。因而生人之措辭,凡一二之所不能盡者,則約之三,以見其多。三之所不能盡者,則約之九,以見其極多。此言語之虛數也。實數可稽也,虛數不可執也。……《楚辭》"雖九死其猶未悔",此不能有九也。《詩》"九十其儀"、《史記》"若九牛之亡一毛",又"腸一日而九廻",此不必限以九也。《孫子》"善守者藏於九地之下,善攻者動於九天之上",此不可以言九也。故知九者虛數也。(齊按:《述學》見《文選樓叢書》第八函第一冊,"九合諸侯",似亦可以此意解之。)

【《孫讀》頁5408】 "如其仁,如其仁"者,蓋疑而不許之詞,非重言以深許之也,豈有夫子而輕以仁許管仲乎?自孔安國誤解,而《集注》因之,後世學者遂疑聖人立論之偏,與"器小章"抑揚懸絕,而欲置此二章於《齊論》之內,以爲齊人祇知有管仲云爾。

【《劉論》頁14218】 桓公之信著於天下,自柯之盟始。故《春秋》於桓之盟不日,其會不致,會盟凡十有六。九,當作糾,聲之誤。

[一八]子貢曰:"管仲非仁者與?桓公殺公子糾,不能死,又相之。"子曰:"管仲相桓公,霸諸侯,一匡天下,民到于今受其賜。微管仲,吾其被髮左衽矣。豈若匹夫匹婦之爲諒也,自經於溝瀆而莫之知也。"

【《顧日》頁37】 君臣之分,所關者在一身。華裔之防,所繫者在天下。故夫子之於管仲,略其不死子糾之罪,而取其一匡九合之功。蓋權衡於大小之間,而以天下爲心也。……有謂管仲之於子糾,未成爲君臣者,子糾於齊未成君,於仲與忽則成爲君臣矣。……又謂桓兄糾弟,此亦強爲之說。

齊按:泰伯三以天下讓,孔子稱其爲至德。子糾以弟爭國,孔子略其不死之罪,或以此歟?

【《翟四》頁5166】 豈若匹夫匹婦之爲諒也。《唐石經》本無"豈"字,後人旁增。《中論·智行篇》……一本"諒"作"量"。

【《俞古》頁45】 也、邪通用例……"豈若匹夫匹婦之爲諒也",也字,當讀爲邪。

[一九]公叔文子之臣大夫僎與文子同升諸公,子聞之,曰:"可以爲文矣。"

【《閻四》頁225】 陪臣至春秋時亦稱大夫。公叔文子之臣大夫僎,"大夫僎"者,家臣之稱也。非有如《洪注》"僎本家臣,薦之方並爲大夫"之說。……請徵之《檀弓》,陳子車死於衛,其妻與其家大夫謀以殉。

【《毛四》頁 1793】 臣大夫,即家大夫也。其曰同升諸公,則家臣升大夫之書法耳。《左傳》子伯季氏,初爲孔氏臣(即孔悝家臣也),新登于公。

[二〇]子言衛靈公之無道也,康子曰:"夫如是,奚而不喪?"孔子曰:"仲叔圉治賓客,祝鮀治宗廟,王孫賈治軍旅。夫如是,奚其喪?"

【《劉論》頁 14218】 夫子嘗事衛靈,當爲之諱。不諱者,所以發康子之問也。舉衛三臣以厲康子也。三臣不足稱道,其事靈公猶愈于魯三家也。昭、哀之出奔,夫子歸罪於季氏焉。

[二一]陳成子弒簡公。孔子沐浴而朝,告於哀公曰:"陳恒弒其君,請討之。"公曰:"告夫三子。"孔子曰:"以吾從大夫之後,不敢不告也。君曰:'告夫三子者。'"之三子告,不可。孔子曰:"以吾從大夫之後,不敢不告也。"

【《方論》頁 14453】 案:《左氏傳》云三子告季孫孔子辭,與此不同,竊謂當以此文爲正。蓋季氏雖爲家卿專魯,然自襄公十一年作中軍,三分公室而各有其一。迨昭公五年,舍中軍,四分公室而各有其一。季氏擇二,二子各一,則兵柄實三子分主。又哀公十一年齊國書伐我,冉有謂季孫曰:"一子守,二子從公禦諸境。"季孫告二子,二子不可。及叔孫問戰,冉有不對,然後恥不成丈夫,退而蒐乘。可見斯時師旅之命,季孫不能獨專。此正是請討陳恒前三年事,故知"告夫三子"之文爲正(《唐石經》作"告夫二三子",語益活潑矣)。哀公既使孔子告三子,孔子雖知必爲所沮,但君命不可不奉,故知"之三子告"之文爲正。惟是之三子告當出就三子之朝位而語之,非至其家也。考《周官禮》:"宰夫掌治朝之法,以待諸臣之復,萬民之逆。司士正朝儀之位,王南鄉,三公北面東上,孤東面北上,卿大夫西面北上,王入内朝,皆退。"又《禮·玉藻》云:"朝,辨色始入。君日出而視之,退適路寢聽政,使人視大夫。大夫退,然後適小寢釋服。"據此,則孔子告哀公討陳恒,先與諸侯朝於路寢門外之治朝,俟君退,乃由宰夫復於路寢,陳言討罪之事。斯時大夫未退,故孔子出就其位而告之國政,議於朝也。不然,孔子嘗曰:"其事也,以私家不宜圖國政。"何屑至其家而謀耶?

【《毛論》頁 1778】 孔子請討事,見《左傳》(中引《左傳》文)。"魯爲齊弱"一段,《論語》無之。……"子告"一段,魯史無之。

[二五]子曰:"古之學者爲己,今之學者爲人。"

《荀子·勸學篇》(中華本卷一頁 5 左):"古之學者爲己,今之學者爲人。君子之學也以美其身,小人之學也以爲禽犢。"

【《焦論》頁 12378】 "古之學者爲己,今之學者爲人",《注》:"孔曰:爲己履道而行之,爲人徒能言之。"循按:荀子入乎耳者著乎心,爲己也;入乎耳出乎口,爲人也。入耳出口,故徒能言之。《北堂書鈔》引《新序》云:"齊王問墨子曰:'古之學者爲己,今之學者爲人,何如?'對曰:'古之學者得一善言以附其身,今之學者得一善言務以悦人。'"《顏氏家訓·勉學篇》云:"古之學者爲己,以補不足也。今之學者爲人,但能說之也。"

[二六]蘧伯玉使人於孔子，孔子與之坐而問焉，曰："夫子何爲？"對曰："夫子欲寡其過而未能也。"使者出。子曰："使乎！使乎！"

《朱注》："故夫子直言使乎，以重美之。"《論衡・問孔篇》："非之者。"說《論語》者曰："非之者，非其代人謙也。"

【《段經》頁7696】 當以"使乎使"三字爲逗，下一"乎"字爲永歎之語助。曰：何也？曰：是《尚書》"孝乎惟孝"，《禮記・仲尼燕居》"禮乎禮"之句法也。包咸之注《論語》曰："孝乎惟孝，美大孝之辭也。"……《禮記》："子貢曰：'敢問將何以爲此中者也？'子曰：'禮乎禮。'"《鄭注》云："禮乎禮，惟有禮也。"二注互相發明。言專壹於孝，專壹於禮。……蓋一字不足以盡其美，疊一字以美之。謂孝迥出乎凡孝，禮迥出乎尋常守禮，皆古人津津頌好之辭，有《孟子》"出於其類，拔乎其萃"之意焉。使乎使，謂好使中之好使也。古人多有此句法。《公羊傳》云"賤乎賤者也"，謂盜爲賤中之賤者也。《爾雅・釋訓》"微乎微者也"，謂式微式微，言微而又微也。……不可上"使乎"，逗；下"使乎"，句。

[二九]子曰："君子恥其言而過其行。"

【《錢十》頁5034】 問："……如君子恥其言而過其行，皇本作'恥其言之過其行也'，於義似亦通。"曰："邢叔明《疏》云：'君子言行相顧，若言過其行，謂有言而行不副，君子所恥也。'則邢本亦當與皇同。今《注疏》本乃後人依朱文公本校改，非邢氏之舊矣。"

【《翟四》頁5168】 《潛夫論・交際篇》"孔子疾夫言之過其行

者",亦作"之"字。《四書辨疑》曰:"言不過行,有何可恥? 行取得中,豈容過餘? 過中之行,君子不爲。過猶不及,聖人之明論也。《注》中本因'而'字,故爲此說。本分言之,止是恥其言過其行。舊說君子言行相顧,若言過其行,謂有言而行不副,君子所恥。南軒曰:'言過其行,則爲無實之言。恥言之過,則其篤行可知矣。'二論意同,必如此說義乃可通。'而'字,蓋'之'字之誤。"《禮記·雜記》:"有其言而無其行,君子恥之。"又《表記》:"君子恥有其辭,而無其德,有其德而無其行。"

【《毛論》頁1778】 恥其言而過其行,非恥言也。恥言之過乎行也,若恥過對待,則言何足恥,行何必過?(下引《雜記》、《表記》)

【《俞古》頁9】 恥其言而過其行,亦語平而意側。皇侃《義疏》本作"君子恥其言之過其行也",語意更明。《朱注》曰:"恥者,不敢盡之意。過者,欲有餘之辭。"誤以兩句爲平列,失之。

[三一]子貢方人。子曰:"賜也賢夫哉? 夫我則不暇。"

【《翟四》頁5168】 《釋文》曰:"鄭本作'謗人'。"

【《臧經》頁1856】 《古論語》:"子貢方人。"《魯論語》:"子貢謗人。"

【《孫讀》頁5408】 子貢方人,鄭康成本作"謗人"(見《釋文》),初疑其說之不經。後讀《左傳》(襄十四年)"庶人謗",《正義》云:"謗謂言其過失,使在上聞之而自改,亦是諫之類也。"昭四年《傳》:"鄭人謗子產。"《國語》:"厲王虐,國人謗王。"皆是言其實事謂之爲謗。但傳聞之事,有實有虛,或有妄謗人者。今世遂以謗爲誣類,是俗易而意異也。始悟子貢謗人之義如此,康成解經,悉有據依,未可輕詆,安得一一疏通而證明之乎?

【《朱經》頁14851】 賢,猶多也。《禮記·檀弓》"又多乎哉","多矣乎,予出祖者",語意相類。《投壺》"某賢於某若干純",是其證。多,即有饒裕意,故下文曰"夫我則不暇"。

[三六]或曰:"以德報怨,何如?"子曰:"何以報德?以直報怨,以德報德。"

【《翟四》頁5168】 《道德經·思始章》:"大小多少,報怨以德。"《說苑·權謀篇》引孔子曰:"聖人報怨以德。"《禮記·表記》:"子曰:'以德報怨,則寬仁之身也。以怨報德,則刑戮之民也。'又曰:'以德報德,則民有所勸。以怨報怨,則民有所懲。'"《集注考證》曰:"觀此章之答,則知《表記》以爲夫子之言者,蓋失其傳也。"按《論語》二十篇,無及老聃一事。惟或人舉此語爲問,而夫子深不謂然,即此可破學于老聃之浮說矣。

[三七]子曰:"莫我知也夫!"子貢曰:"何爲其莫知子也?"子曰:"不怨天,不尤人,下學而上達。知我者其天乎!"

【《翟四》頁5169】 《史記·世家》:"西狩見麟曰:'吾道窮矣。'喟然嘆曰:'莫我知夫!'子貢曰:'何爲莫知子?'子曰'不怨天'云云。"《說苑·至公篇》:"夫子道不行,退修《春秋》,精和聖制,上通于天,而麟至。此天之知夫子也,故夫子曰'不怨天'云云。"

[三八]公伯寮愬子路於季孫,子服景伯以告曰:"夫子固有惑志於公伯寮,吾力猶能肆諸市朝。"子曰:"道之將行也與,命也。道之將廢也與,命也。公伯寮其如命何?"

【《翟四》頁5169】 《集解》于"惑志"下容注文,蓋以"志"字絕句。《史記》"惑志"下亦間注文,下作:"僚也,吾力猶能肆諸市朝。"《義疏》本"寮"下有"也"字,《疏》曰……

[三九]子曰:"賢者辟世,其次辟地,其次辟色,其次辟言。"

【《翟四》頁5169】 《子華子・神氣篇》:"吾聞之,太上違世,其次違地,其次違人。"

[四二]子擊磬於衛,有荷蕢而過孔氏之門者,曰:"有心哉,擊磬乎!"既而曰:"鄙哉,硜硜乎!莫己知也,斯已而已矣。深則厲,淺則揭。"子曰:"果哉,末之難矣。"

【《翟四》頁5169】 《釋文》曰:"斯己之己,音紀。"《集解》曰:"徒信己而已,言亦無益,讀上'己'如'紀'。"《史記・世家》述作"夫而已矣",古史《孔子傳》作"夫己而已矣"。

【《惠九》頁3892】 案《說文》:"硜,古文磬。"故何晏《注》云:"此硜硜者,謂此磬聲也。"《史記》載《樂記》云:"石聲硜硜,即磬字,今《禮記》作磬。"

【《臧經》頁1856】 《古論語》:"有荷史而過孔子之門者。"(《說文・艸部》)《魯論語》:"有荷蕢而過孔氏之門者。"

【《朱經》頁14851】 彬謂"果哉"六字,二字爲句,自成韻語。末,無也,蔑也,言其所見小也。《檀弓》"末之卜也",曾子曰"微與",孔子曰"亡之",詞意皆相近。

[四三]子張曰:"《書》云:'高宗諒陰,三年不言',何謂也?"子曰:"何必高宗,古之人皆然。君薨,百官總己以聽於冢宰三年。"

【《王困》頁105】 "亮陰",《禮記》(《喪服四制》)作"諒闇"(原注:《注》讀爲梁鶴)。《漢五行志》作"涼陰"。(師古《注》:"涼,信也。陰,默也。言居哀信默,三年不言也。涼讀曰諒。一說涼陰,謂居喪之廬也。謂三年處於廬中,不言。涼,音力羊反。")《大傳》作"梁闇"。(康成《注》:"闇讀如鶉,鶉謂廬也。")

【《翟四》頁5170】 《禮記·檀弓》:"子張問曰:'《書》云高宗三年不言,言乃讙。有諸?'仲尼曰:'胡爲其不然也?古者天子崩,王世子聽於冢宰三年。"《書·說命》……又《無逸》。

【《毛四》頁1793】 《論語》以君薨答高宗事,此隨舉相應。以天子諸侯,本通禮也。崩即是薨,非妄語也。《孟子》稱"舜卒鳴條,文王卒畢郢",而《尚書》且稱"舜陟方乃死",何也?且《爾雅》:"崩、薨、無祿、卒、殂落、殪,死也。"《郭注》曰:"古者死亡,尊卑同稱也,豈非崩、薨本相通與?"曰:禮有周制,有商制,夏制。惟唐虞制未定,故尊卑同稱。郭璞所云"古者",正指唐虞以前言也。若商、周一有定制,則必如《曲禮》:"天子死曰崩,諸侯曰薨,大夫曰卒,士曰不祿,庶人曰死。"鑿不可易,此如朕,我也。……

【《臧經》頁1853】 《古論語》:"高宗諒陰三年。"《魯論語》:"高宗諒闇三年。"(《鄭注》本《公羊傳·文九年》注)

【《焦論》頁 12378】 循按：《說文》："總，聚束也。己，猶身也。"《皇疏》："百官各自束己身。"是也。

【《劉論》頁 14218】 《傳》曰："以諸侯之踰年即位，亦知天子之踰年即位也。以天子三年然後稱王，亦知諸侯於其封內三年稱子也。緣民臣之心，不可一日無君。緣終始之義，一年不二君，不可曠年無君。緣孝子之心，則三年內不忍當也。"又曰："君存稱世子，君薨稱子某，既葬稱子，踰年稱公子。卒不書葬，未踰年之君也。"

[四六]原壤夷俟。子曰："幼而不孫弟，長而無述焉，老而不死，是爲賊。"以杖叩其脛。

【《翟四》頁 5170】 《釋文》曰："叩音口，又音扣。"《筆解》本作"扣"，解曰："扣，文之誤也，當作指。指其足脛，使知夷踞之罪。"

【《焦論》頁 12378】 "原壤夷俟"，《注》："馬曰：夷踞也。俟，待也。踞待孔子。"循按：《法言·五百篇》云："或問禮難以彊世，曰：難故彊世。如夷俟、倨肆，羈角之哺果而陷之。奚其彊？"宋咸《注》云："夷俟、倨肆，皆驕倨之謂。"《廣雅》云："蹲、踞、屍、啟、肆，踞也。夷俟，即是倨肆、俟肆，音相近。"夷俟，猶踦肆，與鞠躬爲匒匌同。鞠躬，雙聲也；夷俟，疊韻也。馬氏訓"俟"爲"待"，而謂踞待孔子，失之。

衛靈公第十五

[一]衛靈公問陳於孔子。孔子對曰:"俎豆之事,則嘗聞之矣。軍旅之事,未之學也。"明日遂行。在陳絕糧,從者病,莫能興。子路慍見,曰:"君子亦有窮乎?"子曰:"君子固窮,小人窮斯濫矣。"

【《翟四》頁 5171】《左傳·哀公十一年》:"孔文子之將攻太叔也,訪於仲尼。仲尼曰:'胡簋之事,則嘗學之矣。甲兵之事,未之聞也。'退命駕而行。"《呂氏·孝行覽》:"孔子窮于陳蔡之間,子路與子貢相與言,孔子召之入。子貢曰:'如此者,可謂窮矣。'"以窮爲子貢言。……《說文解字》引文,濫作嬾。《九經字樣》曰:"《論語》'小人窮斯嬾',今經典相承作'濫'。"

【《臧經》頁 1857】《古論語》:"在陳絕糧。"《魯論語》:"在陳絕粻。"《古論語》:"小人窮斯嬾矣。"(《說文·女部》)《魯論語》:"小人窮斯濫矣。"

【《劉論》頁 14218】夫子於衛靈際可之仕,故言不稱臣,見幾而作,不俟終日。與"去魯三年,待放"異。

《孟子》曰:"君子之厄於陳蔡之間,無上下之交也。去衛已久,故絕糧。"《史記》載陳蔡大夫發兵圍孔子事,誤也。

[二]子曰："賜也，女以予爲多學而識之者與？"對曰："然，非與？"曰："非也，予一以貫之。"

【《孔經》頁 8364】 此章與告曾子"吾道一以貫之"語大殊。彼以道之成體言，此以學之用功言也。聖人固自多學，但不取強記耳。子之問子貢，非以多學爲非，以其多學而識爲非也。子貢正專事於識者，故始而然之。但見夫子發問之意，似爲不然，故有"非與"之請。此亦質疑常理。必以爲積久功深，言下頓悟，便涉禪解。"予一以貫之"，言予之多學，乃執一理以貫通所聞。推此而求彼，得新而證故。必如是，然後學可多也。若一一識之，則其識既難，其忘亦易，非所以爲多學之道矣。……故一貫者爲從事於多學之方。宋人言今日格一物，明日格一物，久而後能一旦貫通，得無與此義相左乎？

【《焦論》頁 12378】 "予一以貫之"，《注》："善有元，事有會。天下殊塗而同歸，百慮而一致。知其元，則衆善舉矣。故不待多學，而一知之。"循按：《繫辭傳》云："天下何思何慮，天下同歸而殊途，一致而百慮。"韓康伯《注》云："少則得，多則惑，塗雖殊，其歸則同。慮雖百，其致不二。苟識其要，不在博求。一以貫之，不慮而盡矣。"與何晏說同。《易傳》言"同歸而殊途，一致而百慮"，何氏倒其文，爲"殊途而同歸，百慮而一致"，則失乎聖人之恉。《莊子》引《記》曰："通於一而萬事畢。"此何、韓之說也。夫通於一而萬事畢，是執一之謂也，非一以貫之也。孔子以"一貫"語曾子，曾子即發明之云："忠恕而已矣。"忠恕者何？成己以成物也。孟子曰："大舜有大焉，善與人同。舍己從人，樂取於人以爲善。"舜於天下之善，無不從之，是真一以貫之，以一心而同萬善，所以大也。一貫則爲聖人，執一則爲異端。董子云："夫喜怒哀樂之發，與清暖寒暑，其實一貫也。四氣者，天與人所同也。"天與人一貫，人與己一貫，故一貫者，忠恕也。孔子焉不學，無常師，無可無不可，異端反是。孟子以楊子爲我，墨子兼愛，子莫執中，爲執一而賊道，執一由於不忠恕。楊子惟知爲己，而不知兼愛。墨子惟知兼愛，而不知爲我。子莫但知執中，而不知有當爲我，當兼愛之時也。爲楊者必斥墨，爲墨者必斥楊。楊已不能貫墨，墨已不能貫楊。使楊子思兼愛之說不可廢，墨子思爲我之說不可廢，則恕矣，則不執一矣。聖人之道，貫乎爲我、兼愛、執中者。執一則人之所知所行，與己不合者，皆屛而斥之。入主出奴，不恕不仁，道日小而害日大矣。人之有技，若己有之，保邦之本也。己所不知，人其舍諸，舉賢之要也。知之爲知之，不知爲不知，力學之基也。善與人同，則人之所知所能，皆我之所知所能，而無有異。惟事事欲出乎己，則嫉忌之心生。嫉忌之心生，則不與人同，而與人異。執兩端而一貫者，聖人也。執一端而無權者，異端也。《記》曰："夫言豈一端而已，夫各有所當也。"各有所當，何可以一端概之？《史記·禮書》云："人道經緯萬端，規矩無所不貫。"惟孔子無所不貫，似恃乎多學而識之。乃多學而識，仍自致其功而未嘗通於人。孔子以忠恕之道，通天下之志。故無所不知，無所不能，非徒恃乎一己之多學而識也。忠恕者，絜矩也。絜矩者，格物也。物格而後知至，故無不知由身以達乎家國天下，是一以貫之也。一以貫之，則天下之知皆我之知，天下之能皆我之能，何自多之有？自執其多，仍執一矣。

[三]子曰："由，知德者鮮矣。"

【《翟四》頁5172】 《韓李筆解》曰："此句是簡編脫漏,當在'子路慍見'下文一段爲得。"《論語辨惑》曰："知德者鮮,說者皆云爲慍見而發,過矣。中間有告子貢多學一章,則既已間斷,安得通爲一時事哉?蓋《孔子世家》亦載此,而'多學'語上加'子貢色作'四字,所以生學者之疑。嗚呼,解經不守其本文,而信傳記不根之說,亦見其好異而喜鑿矣。"

【《臧經》頁1883】 李(李翶)云:"……此一句是簡編脫漏,當在'子路慍見'下文一段爲得。"案:《集解》載王肅《注》云:"君子固窮,而子路慍見,故謂之少於知德。"此解與王意合。

[四]子曰:"無爲而治者,其舜也與?夫何爲哉?恭己正南面而已矣。"

【《翟四》頁5172】 《春秋繁露·楚莊王篇》:"孔子曰:'無爲而制者,其舜乎?'"《漢書·董仲舒傳》:"孔子曰:'亡爲而治者,其舜虖?'"《晉書·劉寔傳》:"子曰:'無爲而化者,其舜也歟?'"《韓昌黎文集·進士策問》:"夫子言無爲而理者,其舜也歟?"《隸釋·孟郁修堯廟碑》作:"無爲如治。"

齊按:《荀子·王霸》:"故治國有道,人主有職,……論德使能,而官施之者,聖王之道也。……則天子共己而已。"可爲參考(中華本卷七頁六左至七右)。又"……則天子共己而止矣",亦可參考(卷七頁十右)。

【《焦論》頁12379】 "無爲而治者",《注》:"言任官得其人,故無爲而治。"循按:孔子贊《易》,言黃帝堯舜垂衣裳而天下治,正與此經相發明。蓋伏羲、神農以前,民苦於不知。伏羲定人道,而民知男女之有別。神農教耒耜,而民知飲食之有道。顓蒙之知識已開,詐偽之心漸起。往往窺朝廷之好尚,以行其慧;假軍國之禁令,以濟其詭。無爲者,無一定之好尚,無偏執之禁令,以一心運天下而不息。故能通其變,使民不倦;神而化之,使民宜之也。黃帝、堯、舜承伏羲、神農之後,以通變神化爲治,所謂民可使由之,不可使知之。伏羲、神農之治,在使民有所知;黃帝、堯、舜之治,在不使民知。不使民知,所以無爲。何以無爲,由於恭己。恭己則無爲而治,即所謂篤恭而天下平。《中庸》本天命、率性,而推論脩道設教之由,盡其性以盡物之性。贊天地之化育,與天地參,此伏羲、神農之治也。其次致曲,曲能有誠,以至形著明動變化,此黃帝、堯、舜之治也。唯天下至誠爲能盡其性,唯天下至誠爲能化,變化承於盡性之後。故云其次,次猶繼也。盡性者,以通神明之德,以類萬物之情也。致曲者,通其變,使民不倦,神而化之,使民宜之也。因其性善,而使之知,故自誠明。因其知而致曲,使復其性之善,故自明誠。伏羲、神農開其先,固是天下至誠。黃帝、堯、舜次其後,亦是天下至誠。鄭康成謂"其次致曲"爲不能盡性,失之矣。羲、農已盡人盡物之性,繼之者以能化爲神。此黃帝、堯、舜,次羲、農以通變神化爲治,實爲萬世聖王之法。《中庸》自此以下,多詳"能化"之義,曰至誠如神,曰時措之宜,曰無爲而成,曰生物不測,曰純亦不已。惟時措,故不已;惟不已,故不測;惟不測,故如神,而神則無爲。凡議禮制度考文,所以寡天下之過,無不如此。無爲而治,民無能名,堯舜之能化也。文武法堯舜者也。故明之云:"祖述堯舜,憲章文武。"錯行代明,並育並行,溥博淵泉而時出,經綸大經,立大本,知化育而無所倚。皆所以如神,所以能化之實用也。如是乃無爲而治,故末暢發之。君子之所不可及者,其爲人之所不見乎。不動而敬,不言而信,不賞而勸,不怒而威,所以無爲而治,所以篤恭而天下平。上天之載,無聲無臭,此天之無爲而成,即聖人之無爲而治。《邢疏》以"無爲"爲老氏之清淨,全與經義相悖。

[五]子張問行,子曰:"言忠信,行篤敬,雖蠻貊之邦,行矣。言不忠信,行不篤敬,雖州里,行乎哉？立則見其參於前也,在輿則見其倚於衡也,夫然後行。"子張書諸紳。

【《翟四》頁5172】 ……《釋文》曰:"參,所金反。"《集解》:……《韓李筆解》曰:"參,古驂字。"《集注》因《筆解》說,音七南反。

[八]子曰:"志士仁人,無求生以害仁,有殺身以成仁。"

【《翟四》頁5173】 《唐石經》"害仁"之"仁"作"人"。《文選·曹植〈贈徐幹詩〉》注引《論語》:"無求生以害人。"《太平御覽·仁德類》述《論語》:"無求生以害人。"《漢書·蘇武傳贊》、《中論·天壽篇》、《後漢書·杜林傳》注、《秦淮海集·臧洪論》引文,皆以"殺身"句處"求生"句前。《列女傳·節義篇》引《論語》曰:"君子殺身以成仁,無求生以害仁。"

【《焦論》頁12379】 "志士仁人,無求生以害仁,有殺身以成仁",《注》:"孔曰:無求生以害仁,死而後成仁,則志士仁人,不愛其身也。"循按:"殺身成仁",皇、邢兩《疏》引比干、夷、齊固矣,乃殺身不必盡甘刀鋸鼎鑊也。舜勤衆事而野死,冥勤其官而水死。爲民禦大菑,捍大患,所謂仁也。以死勤事,即是殺身成仁。苟自惜其身,則禹不胼胝,不至於跳步,則水不平。民生不遂,田賦不能成,即是不能成仁,故有殺身以成仁者也。不愛其身以成仁,則能敬其事。故脩己以敬,即能安人安天下也。管仲不死,而民到於今受其賜,則成仁不必殺身,死不死之關乎仁不仁,可互見矣。

[九]子貢問爲仁。子曰:"工欲善其事,必先利其器。居是邦也,事其大夫之賢者,友其士之仁者。"

【《惠九》頁3892】 《漢書‧梅福》云:"孔子曰:'工欲善其事,必先厲其器。'"《古文論語》,"厲"作"利"。案《春秋》文七年《傳》云"訓卒利兵",是"利"與"厲"同。

【《臧經》頁1857】 《古論語》:"工欲善其事,必先利其器。"《魯論語》:"工欲善其事,必先厲其器。"(《漢書‧梅福傳》)

【《朱經》頁14851】 事與友,特以位別之,仁亦賢也。《史記‧管晏列傳》:"晏子謂越石父曰:'嬰雖不仁,免子於厄。'"不仁即不賢之謂。《孟子》曰:"不信仁賢,則國空虛。"《趙注》:"不親仁賢,仁賢去之。國無賢人,則空虛也。"蓋假借通用,對文則別,散文則通。

[一〇]顔淵問爲邦。子曰:"行夏之時,乘殷之輅,服周之冕。樂則《韶》、《舞》,放鄭聲,遠佞人。鄭聲淫,佞人殆。"

【《劉論》頁14218】 "顔淵問爲邦,子曰:行夏之時",《春秋》于郜、河陽,冬言狩,周十二月,夏十月也。于郎,春言狩,周正月,夏十一月。以正月譏其非禮。獲麟,春言狩,不加正月,譏文去周之正,行夏之時也。夏時今在《禮記》,文簡而旨無窮。《春秋》法其等,用其忠也。

"乘殷之輅",謂貴其質。夫子善殷禮者多矣,以輅舉其意。

"服周之冕",謂貴其文,存二代以著師法之義。故正月、二月、三月,皆書王也。

"樂則《韶》、《舞》",《春秋》撥亂反正,文成致麟,猶堯舜之隆,鳳皇來儀。

"放鄭聲",《春秋》于内諱大惡,故不書齊人來歸女樂。而于定公十四年去冬,見聖功之不成,此其義也。

"遠佞人",書齊人執鄭詹,鄭詹自齊逃來之義。聖人所與其制作者,惟顔氏之子。博文約禮,用行舍藏,獨薦爲好學焉。天喪素臣,而二帝三王之治道,夫子之微言,或幾乎息矣。

[一一]子曰:"人無遠慮,必有近憂。"

【《閻四》頁268】 京山郝氏曰:"居安而不慮危,危即生于安。處治而不慮亂,亂即伏于治。故曰:慮不遠,憂必近也。慮者預備,非虛慮也。凡造化人事,憂樂相循,利害相倚。日中則昃,月盈則虧,自然之數,能慮則神明常醒。灼見消息盈虛之理,不敢爲貫盈履滿之事。兢業早圖,則造化可回。雖氣數有固,然而意外卒至之患無矣。"

[一三]子曰:"臧文仲,其竊位者與! 知柳下惠之賢而不與立也。"

【《俞古》頁1】 古文"位"、"立"同字,此章"立"字,當讀爲

"位"。不與立,即不與位。言知柳下惠之賢,而不與之祿位也。上文"竊位"字作"位",下文不"與位"字作"立",異文而同義也。

【《劉論》頁 14219】 在魯言魯,前乎夫子而聖與仁,柳下惠一人而已。文仲忌而不舉,罪與三家者同。《春秋》于莊公二十八年書"臧孫辰告糴于齊",譏其爲國不知禮也。自後大亂三世,臧文仲執政,若罔聞知,歷莊、僖、文之篇,凡四十有八年而書其卒。餘事曾不一見于策,蓋削之也。若曰素餐尸位,妨賢病國之臣,不若遄死之爲愈矣。

【《方論》頁 14453】 《集注》范氏說:若難定文仲,果知柳下惠與否?不知展喜犒齊師,使受命於展禽,正臧孫辰爲政之時,見《內傳》。展禽譏文仲祀爰居,文仲曰:"是吾過也。"季子之言,不可不法也。使書之以爲三筴,見《外傳》,並是文仲知柳下惠之證。聖人責人,豈肯臆坐以知賢不舉之罪哉?

[一四]子曰:"躬自厚而薄責於人,則遠怨矣。"

【《翟四》頁 5173】 《春秋繁露·仁義法篇》作:"躬自厚而薄責於外。"

【《劉論》頁 14219】 《春秋》詳內小惡、略外小惡之義。

[一六]子曰:"群居終日,言不及義,好行小慧,難矣哉!"

【《翟四》頁 5173】 《釋文》曰:"《魯》讀慧爲惠,今從《古》。"《義疏》本,慧作惠。所載鄭氏《注》,亦作"小惠"。《文選·陳琳〈檄吳將校部曲文〉》注引《論語》:"好行小惠。"《太平御覽·人事部》引《論語》:"好行小惠。"按《漢書》:"昌邑王清狂不惠。"《列子》:"逢氏有子少而惠。"義並通"慧"。又《韓非·說林》,"惠子"作"慧子"。王應麟云:"篆文惠與慧同,然則《魯》、《古》之文雖異,實乃無異。"

【《惠九》頁3893】　鄭氏云:"小慧謂小小之才知,《魯》讀慧爲惠,今從《古》。"案:篆文叀與慧同。《漢書》"昌邑王清狂不惠",義作慧。

【《臧經》頁1857】　《古論語》:"好行小慧。"《魯論語》:"好行小惠。"

[一七]子曰:"君子義以爲質,禮以行之,孫以出之,信以成之。君子哉!"

【《臧經》頁1939】　《釋文》云:"義以(此二字舊脫)爲質,一本作君子義以爲質。鄭本略同。"據此知陸氏所從古本,作"子曰義以爲質",無"君子"二字。鄭康成注本同,一本有者,係衍文。蓋先說"義以爲質"四句,然後言"君子哉",明不當先言"君子"也。"鄭本略同","略"字蓋衍。

[一九]子曰:"君子疾沒世而名不稱焉。"

【《翟四》頁5173】　《法言·問神篇》:"君子病沒世而無名。"薛侃《陽明傳習錄》曰:"稱字當去聲讀,亦聲聞過情,君子恥之之意。"

［二四］子曰："吾之於人也,誰毀誰譽? 如有所譽者,其有所試矣。斯民也,三代之所以直道而行也。"

【《閻四》頁266】 黃勉齋,朱子之子壻也。親見朱子改訂注文,直至通宵。又謂:"此句難得簡潔,然宜挑出'直道'獨解,而後及句意。其辭若曰'直道而行',謂善善惡惡,無所私曲也。吾之於民,所以無毀譽者,蓋以此。民,即三代之時所用以直道而行之民,故我今亦不得而枉其是非之實也。"實勝今《集注》。

【《閻四》頁268】 《仲尼弟子列傳》:"太史公曰:'學者多稱七十子之徒,譽之或過其實,毀之或損其真'。"《集注》本此。

子曰:"吾之於人也,誰毀誰譽? 如有所譽者,其所試矣。斯民也,三代之所以直道而行也。"

【《劉論》頁14219】 《春秋》不虛美,不隱惡,褒貶予奪,悉本三代之法,無虛加之辭也。董子曰:"《春秋》辨是非,故長于治人。"

［二五］子曰:"吾猶及史之闕文也,有馬者借人乘之,今亡矣夫。"

【《翟四》頁5174】 葉夢得《石林燕語》曰:"班孟堅引:'子曰:吾猶及史之闕文也,今亡矣夫。'雖略去'有馬者借人乘之'之語,其傳必有自矣。"按:二事大小精粗,實不相並。葉氏疑'有馬者'七字爲衍,因作是說。

【《焦論》頁12380】 "吾猶及史之闕文也,有馬者借人乘之,今亡矣夫",《注》:"包曰:古之良史於書字有疑則闕之,以待知者。有馬不能調良,則借人乘習之。孔子自謂及見其人如此,至今無有矣。言此者以俗多穿鑿。"循按:《包注》以闕文、借人兩事平列,孔子自謂云云,總乘上兩事言之。不闕文,馬不調,不假人調之。皆自妄逞聰明,不知妄作也。《邢疏》謂有馬借人爲舉喻,非是。借,猶藉也。僖二十八年,先軫曰:"使宋舍我而賂齊秦,藉之告楚。"《釋文》:"藉,借也。"《杜注》云:"報借齊秦使爲宋請。"宣十二年,楚子告唐惠侯曰:"敢藉君靈以濟楚師。"《杜注》云:"藉,猶假借也。"我有馬不能服習,藉人之能服習者,乞其代己調良,此謹篤服善之事也,與子路以車馬衣裘公諸朋友不同。史闕文屬書,借人乘屬御,此孔子爲學六藝者言也。

【《劉論》頁14219】 史闕文,如"紀子伯"、"夏五"之類,今則多不知而作者矣。

[二九] 子曰:"過而不改,是謂過矣。"

【《翟四》頁5174】 《韓詩外傳》三卷引:"孔子曰:'過而改之,是不過也。'"

[三〇] 子曰:"吾嘗終日不食,終夜不寢,以思,無益。不如學也。"

【《翟四》頁5175】 《大戴禮·勸學篇》:"孔子曰:'吾嘗終日而思矣,不如須臾之所學也。'"《荀子·勸學篇》無"孔子曰"三字,餘同。《孔叢子·雜訓篇》:"子思曰:'吾嘗深有思而莫之得也,於學則寤焉。'"

【《武經》頁8513】 案:此凡有兩讀:一讀以"思無益"連句。

一讀以"思"屬上二句,自"吾嘗"以下十二字作一氣讀,"無益"另作一讀。義並通。

[三二]子曰:"知及之,仁不能守之。雖得之,必失之。知及之,仁能守之,不莊以涖之,則民不敬。知及之,仁能守之,莊以涖之,動之不以禮,未善也。"

【《毛論》頁 1779】 盧東元曰:"此爲有天下國家者言。《易》曰:'何以守位?曰仁。'《孟子》曰:'天子不仁,不保四海。諸侯不仁,不保社稷。'皆此意也。下文涖之不莊,動之不以禮,皆有位者之事。文理接貫,不可移易。"……徐仲山嘗謂"及之"、"守之"以下六"之"字,皆指民言。果爾,則守位者亦守此有民之位耳。

【《毛四補》頁 1807】 ……凡十一"之"字,原是一義。包咸謂:"知能及治其官,而仁不能守,雖得之,必失之。"此以"知"字屬"官位"解。然以仁守官,則與《易·繫》"何以守位?曰仁"相合。以莊涖官,則與《曲禮》"涖官行法"相合,至於"動之"稍礙矣。惟顏特進云:"知以通其變,仁以安其性,十一之字俱指民言。"此似有見。但其曰通變,曰安性,則反以"知仁"二字從民上見得。與莊涖、動禮,全于君身,見莊禮者,仍是兩截。殊不知知足以及民,即知臨爲大君之宜。仁足以守民,即天子不仁,不保四海。知仁在我,不在彼也。

[三六]子曰:"君子貞而不諒。"

【《翟四》頁 5175】 《韓李筆解》曰:"諒,當爲讓字誤,承上文不讓於師言。"

[三七]子曰:"事君敬其事而後其食。"

【《翟四》頁5175】 《郡齋讀書志》曰:"《蜀石經》作'敬其事而後食祿'。"

[四〇]子曰:"辭達而已矣。"

【《閻四》頁244】 《聘禮》記:"辭多則史,少則不達。辭苟足以達,義之至也。"世皆不知"辭達而已"出於此。

[四一]師冕見,及階,子曰:"階也。"及席,子曰:"席也。"皆坐,子告之曰:"某在斯,某在斯。"師冕出。子張問曰:"與師言之道與?"子曰:"然,固相師之道也。"

【《方論》頁14453】 《少儀》云:"其未有燭而後至者,則以在者告。道瞽亦然。"《注》謂爲其不見,意欲知之也。道瞽即是相師。子曰相師之道,《少儀》云"道瞽亦然",知此是古禮矣。

季氏第十六

[一]季氏將伐顓臾,冉有、季路見於孔子曰:"季氏將有事於顓臾。"孔子曰:"求!無乃爾是過與?夫顓臾,昔者先王以爲東蒙主,且在邦域之中矣,是社稷之臣也,何以伐爲?"冉有曰:"夫子欲之,吾二臣者皆不欲也。"孔子曰:"求!周任有言曰:'陳力就列,不能者止。'危而不持,顛而不扶,則將焉用彼相矣?且爾言過矣,虎兕出於柙,龜玉毀於櫝中,是誰之過與?"冉有曰:"今夫顓臾,固而近於費,今不取,後世必爲子孫憂。"孔子曰:"求!君子疾夫舍曰欲之而必爲之辭。丘也聞有國有家者,不患寡而患不均,不患貧而患不安。蓋均無貧,和無寡,安無傾。夫如是,故遠人不服,則修文德以來之。既來之,則安之。今由與求也,相夫子,遠人不服而不能來也,邦分崩離析而不能守也,而謀動干戈於邦內。吾恐季孫之憂,不在顓臾,而在蕭牆之內也。"

【《翟四》頁5176】 "不患寡而患不均",《春秋繁露·度制篇》引孔子曰:"不患貧而患不均。"《魏書·張普惠傳》亦引孔子曰:"不患貧而患不均。"

【《王經》頁27–28】 爲,語助也。……"何以伐爲",以,用也,言何用伐也。

【《王經》頁50】 矣,猶乎也。……"則將焉用彼相矣",是也。

【《王經》頁96】 且,更端之詞也。若《論語》"且爾言過矣"是也。常語也。

【《王經》頁110】 是,猶寔也。……"求,無乃爾是過與",言爾寔過也。寔,字亦作實。

【《俞古》頁65】 "不患寡而患不均,不患貧而患不安",按:寡、貧二字傳寫互易,此本作"不患貧而患不均,不患寡而患不安"。貧以財言,不均亦以財言,不均則不如無財矣,故不患貧而患不均也。寡以人言,不安亦以人言,不安則不如無人矣,故不患寡而患不安也。《春秋繁露·度制篇》引孔子曰"不患貧而患不均",可據以訂正。

【《武經》頁8517】 "君子疾夫舍曰欲之",案:近讀從"欲之"爲句。考何氏《集解》:"孔曰:'疾如女之言'。"是以"夫"字斷句。又曰:"舍其貪利之說而更爲他詞。"是又以"舍"連下讀。

【《劉論》頁14219】 "季氏將伐顓臾",伐顓臾不書於《春秋》者,封內兵不錄,或聞夫子言而止也。"且在邦域之中矣,是社稷之臣也",成王錫魯公以附庸顓臾是也。董子述"附庸"之制,謂稱字者方三十里,名者方二十里,人者方十五里。顓臾不見于《春秋》,其大小未詳。

"蓋均無貧",董子曰:"有所積重,則有所空虛矣。大富則驕,大貧則憂,憂則盜,驕則暴,此衆人之情也。聖人見亂之所由生,故其制人道而差上下也。使民富不足以驕,貧不至于憂,以此爲度而調均之,是以財不匱而上下相安,故易治也。"

【《方論》頁14453】 《鄭注》云:"蕭之言肅也,牆謂屏也。君臣相見之禮,至屏而加敬焉,是之謂蕭牆。"案:說經誠不可略名物制度，必如康成顯牆爲屏，而後季孫之憂句，乃得確解。俗下講章云："季孫之憂不在顓臾之遠，而在蕭牆至近之處，可無戒哉？"以蕭牆之內爲季氏之家，不知禮：天子外屏，諸侯內屏，卿大夫以簾，士以帷。則蕭牆惟人君有耳，卿大夫以下但得設帷薄。管仲僭禮旅樹，《禮記》不言自管仲始，可見管仲之後，諸國卿大夫無有效之僭者，季氏之家安得有此？夫子言季孫之憂在蕭牆之內，愚竊謂斯時哀公欲去三桓，季氏實爲隱憂。又以出甲墮都之後，雖有費邑難爲，臧紇之邾，孫林父之戚，可藉以逆命。君臣既已有隙，一旦難作，即效意如之，譎請因於費而無可逞。又畏顓臾世爲魯臣，與魯犄角以逼己，惟有謀伐顓臾。克之，則如武子之取卞以爲己有，而益其疆。不克，則魯師實已勞憊於外，勢不能使有司討己以干戈。憂在內者攻疆，乃田常伐吳之故智，此後所爲正不可知，所謂內變將作者是也。然則蕭牆之內何人？魯哀公耳。不敢斥君，故婉言之。若曰季孫非憂顓臾而伐顓臾，實憂魯君疑己，而將爲不臣，所以伐顓臾耳。此夫子誅奸人之心，而抑其邪逆之謀也。

[二]孔子曰："天下有道，則禮樂征伐自天子出；天下無道，則禮樂征伐自諸侯出。自諸侯出，蓋十世希不失矣；自大夫出，五世希不失矣；陪臣執國命，三世希不失矣。天下有道，則政不在大夫。天下有道，則庶人不議。"

【《劉論》頁 14219－14220】 "自諸侯出，蓋十世希不失矣"，齊自僖公小霸，桓公合諸侯，歷孝、昭、懿、惠、頃、靈、莊、景凡十世，而陳氏專國。晉自獻公啟疆，歷惠、懷、文而代齊霸，襄、成、景、厲、悼、平、昭、頃，而公族復爲強臣所滅，凡十世。魯自隱公僭禮樂滅極至昭公出奔,凡十世。

"自大夫出,五世希不失矣",魯自季友專政,歷文、武、平、桓子,爲陽虎所執。齊陳氏,晉三家亦專政,而無陪臣之禍。終于竊國者,皆異姓公侯之後,其本國亡滅,故移於他國也。

"陪臣執國命,三世希不失矣",南蒯公山不擾陽虎皆及身而失,計其相接,故曰三世。

"天下有道,則政不在大夫。天下有道,則庶人不議",議,謂《春秋》上譏王公卿大夫也。政在大夫,故刺翬帥師、仲遂遂如晉、季孫宿遂入運、新城之盟信在趙盾、溴梁之盟信在大夫、周尹氏世立王子朝、齊崔氏世弒其君光。疾其末,故正其本,撥亂之旨也。

【《方論》頁14454】 "天下有道,則庶人不議",以上經"天下有道,則禮樂征伐自天子出",下經"天下有道,則政不在大夫"之語推之,此經即是一例語。庶人者又在大夫下,若陪臣者亦是也。議者圖議國政,倘云私議君上之得失,則庶人傳語,正是先王之制。王者斟酌焉,而事行不悖,豈得謂非有道? 蓋庶人有凡民、有府史胥徒之屬,凡民可以傳語,府史胥徒不當與謀國政。況有道之時,野無遺賢,俊傑在位,王公論道經邦,自不下資於庶人之微。《春秋傳》衛定姜曰:"舍大臣而與小臣謀,一罪也。"鄭子國曰:"國有大命而有正卿,童子言焉,將爲戮矣。"子貢曰:"君子有遠慮,小人何知。"並言古之正法。若曹劌論戰事,足見魯卿大夫之已鄙。重人告伯宗,足見晉卿大夫之無學。陽虎有言而魯國亂,鄙人論政而曹國亡,俱是無道之時,庶人之議得聞於世者也。

[三]孔子曰:"祿之去公室,五世矣;政逮於大夫,四世矣,故夫三桓之子孫微矣。"

【《毛論》頁 1780】　　祿去公室，即是政逮大夫，未有去彼不之此而中立者。然而一是五世，一是四世，若是其不齊，何也？曰："去公室，從公室數，則公適五世。逮大夫，從大夫數，則大夫適四世。不相左也。"然而其五世，何也？曰："宣、成、襄、昭、定也。"（齊按：中引《春秋》及《史記・魯世家》）其四世，何也？曰："文、武、平、桓也。"……舊注引孔安國說，以文、武、悼、平爲四世。……悼子未嘗爲卿，則政不逮矣。

【《劉論》頁 14220】　　"故夫三桓之子孫微矣"，魯小于齊、晉，三桓又同姓，世卿權同力等，不能如陳氏之代齊，又不如趙、韓、魏之分晉，故曰微也。

【《方論》頁 14454】　　"祿之去公室，五世矣；政逮於大夫，四世矣"，毛西河云："祿去公室，即是政逮大夫，未有去彼不之此而中立者。"閻百詩云："季文子行父實爲權姦之首，不待其子宿始專國政。"皆精確可信。左氏昭二十三年《傳》，宋樂祁曰："政在季氏三世矣，魯君喪政四公矣。"三十二年《傳》，史墨對趙簡子曰："季友有大功於魯，受費以爲上卿。"至於文子、武子，世增其業。魯文公薨，而東門襄仲弑適立庶，魯君於是乎失國政，政在季氏，於此君也四公矣。昭公時數喪政之世凡四公，則夫子於定公時言是五世。平子時言執政之人凡三世，則夫子於桓子時言是四世。據樂祁言，當平子之身，云政在季氏三世。由平子上溯三世，卻是武子。然武子立悼子爲適，於襄公二十三年至昭公七年，武子卒而悼子實已先死。周制：公族世爲大夫，必父老而子繼之。悼子既先武子卒，則並未執國政，而平子即嗣武子爲卿，是三世當數文子、武子、平子。史墨言："東門襄仲殺適立庶，魯君於是乎失政，政在季氏。"亦正指魯宣公、季文子時言。且見魯君失政之年，即季氏得政之歲。更徵之左氏宣十八年《傳》:"歸父欲去三桓,張公室。"《注》云:"時三桓彊,公室弱,故欲去之。"《傳》又記:"公薨,季文子遂逐東門氏。"益見行父之專恣。成十六年《傳》:"宣伯使告郤犨曰:魯之有季孟,猶晉之有欒范也,政令於是乎成。若欲得志於魯,請止行父而殺之。"宣伯雖行不軌,然其言行父專魯,自當不誣。再《史記·魯世家》云:"文公卒,襄仲立宣公。魯由此公室卑,三桓彊。"《漢書·五行志》,劉向亦有"魯三桓執國政,宣公欲誅之"之語。又《五行志》曰:"主大夫始顓事。"《顏注》云"謂季孫行父",並是切證。孔、鄭舊注,數文、武、悼、平爲四世。知文子始專魯政,而於夫子當桓子時言未合。朱子數武、悼、平、桓爲四世,知夫子與桓子同時,而于經史言文子專政未合。都緣忘卻悼子未嘗爲卿,不得數入執政之世,而誤數之耳。五世是魯宣至定,四世是季文至桓。去乎彼則入乎此,確不可易。惟是宣公時,孟、叔二家與季文子共事。所謂三桓者,孟則慶父之曾孫獻子蔑,蔑生莊子速,速生孝伯羯,羯生僖子貜,貜生懿子何忌,與季桓子同時。叔則身之孫莊叔得臣,臣生宣伯僑如、穆叔豹,豹生昭子婼,婼生成子不敢,敢生武叔州仇,與季桓子同時。孟與叔並已五世柄政。此經論三桓之子孫而統云四世者,蓋惟就季氏之世爲言,季氏,孟叔二家所宗也。考季友莊公母弟慶父叔牙,長而庶。禮,庶長稱孟,故慶父之後曰孟氏,不曰伯氏。《大傳》"公子有宗道,公子之公,爲其士大夫之庶者,宗其士大夫之適者",則二家宗於季氏。是以傳言季氏爲冢卿,二子爲介卿。叔孫穆子指楹曰:"雖惡之,其可去乎?"豎牛曰:"凡有季氏與無於我孰利。"皆曰:"無季氏,是無叔孫氏也。"均見宗子之家爲重,然則二家視季孫爲盛衰,舉季氏之世,而三桓可知矣。

[四]子曰："益者三友,損者三友。友直,友諒,友多聞,益矣。友便辟,友善柔,友便佞,損矣。"

【《翟四》頁5179】 "友便辟",《集解》："馬氏曰:便辟巧辟,人之所忌,以求容媚。讀辟爲避。"《公羊傳·定公四年》注引此章文,《疏》曰:"便辟,謂巧爲譬諭。今世間有一《論語》音'辟'爲'僻',非鄭氏之意,通人所不取矣。"

《漢書·佞幸傳贊》:"咎在親便嬖,所任非仁賢,故仲尼著損者三友。"《示兒編》曰:"《前漢·佞幸傳》正引此語。辟字從女,與《孟子》'便嬖不足使令于前'同,則辟讀爲寵嬖之嬖。亦通。"《釋文》曰:"辟,婢亦反。"《七經考文》曰:"一本辟作僻。"《後漢書·爰延傳》注引文,辟作僻。《太平御覽·交友部》述亦作"僻"。按:辟字,馬融讀避,鄭康成讀譬,班固讀嬖,俱不讀婢亦反。而陸氏僅著婢亦一音,則其他之多或未備,由可知矣。"友便佞",《說文解字》引《論語》曰:"友諞佞。"

【《惠九》頁3893】 馬、鄭皆讀"辟"爲"譬",謂巧爲譬諭,以求容媚。徐彥曰:"今世間有一《論語》音'便辟'爲'便僻'者,非鄭氏之意,通人所不取矣。"

【《臧經》頁1857】 《古論語》:"友諞佞。"(《說文·言部》)《魯論語》:"友便佞。"

【《孫讀》頁5408】 《論語》"友便辟","辟"字凡四解。《釋文》:"辟,婢亦反。"此讀辟爲僻,而《集注》從之者也。馬融《注》云:"巧辟人之所忌,以求容媚。"此讀辟爲避也。《公羊傳·定四年》疏云:"便辟謂巧爲譬喻,蓋出鄭康成《注》。"《疏》又云:"世間有一《論語》音'便辟'爲'便僻'者,非鄭氏之意。"即指《釋文》音,此讀"辟"爲"譬"也。又《漢書·佞幸傳贊》曰:"咎在親便嬖,所任非仁賢,故仲尼著損者三友。"此讀"辟"爲"嬖"也。

[六]孔子曰:"侍於君子有三愆:言未及之而言謂之躁,言及之而不言謂之隱,未見顏色而言謂之瞽。"

【《翟四》頁5177】 《釋文》曰:"《魯》讀躁爲傲,今從《古》。"《荀子·勸學篇》(見中華本卷一頁六左)曰:"未可與言而言謂之傲,可與言而不言謂之隱,不觀顏色而言謂之瞽,君子不傲、不隱、不瞽。"《鹽鐵論·孝養章》曰:"言不及而言者,傲也。"按:荀卿所用《論語》文,與《魯》讀同爲"傲"字。可見《魯論》所傳,得未經秦厄之眞也。《鹽鐵論》仍述作"傲",桓寬似亦習《魯論》人。

【《臧經》頁1837】 《古論語》:"言未及之而言謂之躁。"魯論語:"言未及之而言謂之傲。"

[七]孔子曰:"君子有三戒:少之時,血氣未定,戒之在色。及其壯也,血氣方剛,戒之在鬭。及其老也,血氣既衰,戒之在得。"

【《方論》頁14455】 邢昺疏"少之時"曰:"少謂人年二十九以下。"蓋以《曲禮》云"三十曰壯",由少及壯,則少是年二十九以下也。曰:"老謂五十以上。"是又望經文"衰"字爲說,不用《曲禮》"七十曰老"之義矣。其實《王制》云:"五十始衰。"則方衰之始,尚非既衰,斯時正古人命爲大夫,服官政之年,豈國家用既衰之人,或反迨人貪得之際而用之乎?孔穎達《禮疏》云:"六十至老境而未全老。"可證無五十以上爲老之說。《孟子·梁惠王篇》云:"七十者衣帛食肉。"又云："老者衣帛食肉。"亦足明老是七十也。

[八]孔子曰："君子有三畏：畏天命，畏大人，畏聖人之言。小人不知天命而不畏也，狎大人，侮聖人之言。"

【《朱經》頁 14851－14852】　大人以位言，《士相見禮》"與大人言"，言事君。《鄭注》："大人，卿大夫也。"《賈疏》引"狎大人"注："天子諸侯爲政教者。"《禮運》"大人世及以爲禮"，《鄭注》："大人謂諸侯。"昭十八年《左傳》："閔子馬曰：'夫必多有是說而後及其大人，大人患失而惑。'"《杜注》："大人，在位者。"若以大人爲聖人，則與聖人之言複矣。

[一一]孔子曰："見善如不及，見不善如探湯。吾見其人矣，吾聞其語矣。隱居以求其志，行義以達其道。吾聞其語矣，未見其人也。"

【《翟四》頁 5178】　《朱子集‧答江德功》曰："此章文勢斷續，或有闕文，或非一章，皆不可考。"《論語集說》以此合後章爲一，其說曰："見善如不及，謂見善矣，又若不及見之也。見不善如探湯，謂見不善矣，猶未免於嘗試之也。求之于今，則齊景公其人矣。隱居以求其志，志於求仁者也。行義以達其道，行吾得爲之義，以達夫當然之道於天下後世者也。求之于今，則未見其人也；求之于古，則夷、齊其人也。景公知夫子之聖而不能用，善晏子之言而不能行，是見善如不及也。田氏不之正，而倖公室之僅存，嗣君不之定，而幸孽子之得立，是見不善如探湯也。悠悠於善惡之間，故雖擁千乘之富,而無一德之稱。夷、齊兄弟遜立,捨國而逃,是隱居以求其志也。扣馬而諫,恥食周粟,是行義以達其道也。即夫人心之安,循夫天理之正,雖餓死首陽,而民到于今稱之,即是人以證是語,故曰'其斯之謂與'。"按:如蔡氏說,不惟上章文勢不見斷續,下章章首無"子曰"字,不必疑。而"誠不以富"二句,亦無煩移就,可謂洞澈千古,有功聖經之格論,特詳識之。

【《毛四》頁 1787】 范滂對王甫曰:"臣聞仲尼之言:'見善如不及,見惡如探湯。'"此易"不善"字爲"惡"字。且《注》云:"探湯,喻去疾也。"按《扁鵲傳》"湯液醴灑",所以治病者,故以探湯、去疾爲邪惡之喻。

[一二]齊景公有馬千駟,死之日,民無德而稱焉。伯夷、叔齊餓于首陽之下,民到于今稱之,其斯之謂與?

【《翟四》頁 5178】 《史通·雜說篇》引此,上加"子曰"字。《四書湖南講》曰:"上無'子曰'字,分明與前合爲一章。"……《論語稽求篇》曰:"此舊本原是'德'字,並無別本作'得'者,即《注疏》本可考也。惟《泰伯篇》'民無德而稱'是'得'字。程子欲加'誠不以富,亦祇以異'八字于此章之首,而安定胡氏又欲加八字于'其斯之謂與'之上,遂改'德'爲'得'字,則何可矣?"按《正義》曰:"此章貴德也,齊景死而無德可稱。夷、齊到今稱之,豈非其德之謂與?"王肅注此云:"此所謂以德爲稱,蓋謂即稱也,斯即德也。"宋儒改作"得"字,而近代刻本則仍改"德"字,惟祁氏藏宋板《集注》本是"得"字。

【《毛論》頁 1780】 齊按:即《翟四》所引,略去數字。

【《孫讀續》頁5421】 若齊景公者，徒以千駟夸耀於生前，則真無德可稱矣。伯夷、叔齊唯其有德，是以立名不朽也。"其斯之謂與"，"斯"字正據"德"言。故《邢疏》云："此章貴德也。"《集注》本誤"德"爲"得"，遂疑"其斯之謂"句無着，而欲移"誠不以富"二句爲此章之錯簡，非也。

【《劉論》頁14220】 夷、齊讓國者也，齊景公、衛孝公皆爭國者也，故舉以相論。斯，謂隱居求志也。

【《方論》頁14455】 何義門謂袁飛卿文云："地衍膏腴，出車有千乘之賦。爵崇屏翰，繫馬有千駟之煩。"從地說到車，從車說到馬，下語有原委。以爲陳文子有馬十乘，亦采地所出。若如俗解，則陳子文畜牧不及二百蹄，未可當《貨殖傳》中橋桃之百一，子張何故以能棄爲難而推之？謹按：《春秋·哀公五年》："齊侯杵臼卒。"八年《傳》："鮑牧又謂群公子曰：'使女有馬千乘乎？'"《注》："有馬千乘，使爲君也。"此即景公之千駟矣。又哀二年《傳》："畢萬匹夫也，有馬百乘。"明是百乘之家，采地一同者，則陳文子之十乘，自出食采無疑。（左氏襄二十二年《傳》："楚觀起有寵於令尹子南，未益祿而有馬數十乘。"又云："有寵於薳子者八人，皆無祿而多馬。"此則非采地所出。）

[一四]邦君之妻，君稱之曰夫人，夫人自稱曰小童。邦人稱之曰君夫人，稱諸異邦曰寡小君，異邦人稱之亦曰君夫人。

【《臧經》頁1857】 《古論語》："邦君之妻。"《魯論語》："國君之妻。"（《白虎通·嫁娶》兩引）《古論語》："邦人稱之曰君夫人。"《魯論語》："國人稱之曰君夫人。"（《白虎通·爵》，又《嫁娶》）

【《劉論》頁 14220】　春秋正適妾之名，仲子、成風以天王、太廟、異邦正之，不得稱夫人也。則妾子爲君，皆繫于子。君稱之曰母，自稱曰先君之妾，邦人稱之曰君母，稱諸異邦曰寡君之母，異邦人稱之亦曰君之母而已。

陽貨第十七

[一]陽貨欲見孔子,孔子不見,歸孔子豚。孔子時其亡也,而往拜之,遇諸塗。謂孔子曰:"來,予與爾言。"曰:"懷其寶而迷其邦,可謂仁乎?"曰:"不可。""好從事而亟失時,可謂知乎?"曰:"不可。""日月逝矣,歲不我與。"孔子曰:"諾,吾將仕矣。"

【《翟四》頁5180】 ……《論語釋文》曰:"歸,如字,鄭本作饋。《魯》讀爲歸,今從《古》。"《儀禮·士虞》疏、《孟子章句》,俱引《論語》作"饋"。《四書釋地又續》曰:"此與'歸女樂'注,並云:'歸,如字,一作饋。'按歸,如字解,則云入也,還也。杜預解歸者不反之辭,此于蒸豚、女樂何涉乎? 自當作饋,《孟子》書正作饋。《孔子世家》作:'遺魯君女樂文馬。'饋,餉也。遺,饋贈也。康成《注》'以物有所饋遺',是也。""孔子時其亡也",《韓李筆解》曰:"時當爲待。""遇諸塗",《釋文》曰:"塗字,當作途。"《論衡·知實篇》引作"途"。按:此節自"孔子曰"以上,或謂俱陽貨自爲問答,究語氣不爲無見。

【《閻四》頁231-232】 "懷其寶而迷其邦,可謂仁乎? 曰:不可。好從事而亟失時,可謂知乎? 曰:不可。"兩"曰"字,仍是陽貨語,非孔子。直至"孔子曰諾",始爲孔子。余蓋讀《史記·留侯世家》而悟出。《世家》云：……七"曰"字皆子房自爲問答語，於漢王無涉。

【《閻四》頁 245】 "歸孔子豚"，"齊人歸女樂"，《注》並云："歸，如字，一作饋。"按：歸，如字解，則云入也，還也。杜預解歸者不反之辭，此於蒸豚、女樂何涉，而下此字乎？自當作饋，孔子書正作饋，《孔子世家》作："遺魯君女樂文馬。"饋，餉也。遺，饋贈也。康成《注》以物有所饋遺。

【《毛論》頁 1780－1781】 "懷寶、迷邦"兩問兩答，皆陽貨與夫子爲主客。則"日月逝矣，歲不我與"下，何以重著"孔子曰"三字？豈前二答皆非夫子語，夫子之答祇此句耶？明儒郝京山有云："前兩'曰'字皆是貨口中語，自爲問答，以斷爲必然之理。此如《史記·留侯世家》張良阻立六國後，八不可語有云，……皆張良自爲問答。……此章自'孔子曰'以下才是孔子語，孔子答語祇此耳，故記者特加'孔子曰'三字以別之。千年夢夢，一旦喚醒，可爲極快。"……（齊按：閻百詩謂係自悟。）

【《臧經》頁 1857】 《古論語》："饋孔子豚。"《魯論語》："歸孔子豚。"

【《王經》頁 17】 《說文》云："曰，詞也。"《廣雅》曰："言也。"此常語也，有一人之言而自爲問答者，則加"曰"字以別之。……"懷其寶而迷其邦，可謂仁乎？曰：不可。"……（齊按：兩曰"不可"，皆陽貨之言，說見《四書釋地》。）

【《俞古》頁 16】 乃有一人之辭中，加"曰"字自爲問答者，此則變例矣。"懷其寶"……兩"曰"字仍是陽貨語，直至"孔子曰諾"，始爲孔子語。

［二］子曰："性相近也，習相遠也。"

【《顧曰》頁 38】 "性"之一字，始見於《商書》，曰："惟皇上帝，降衷于下民，若有恆性。"恆即相近之義。相近，近於善也。相遠，遠於善也。故夫子曰："人之生也直，罔之生也幸而免。"（原注：人之生也直，即《孟子》所謂性善）人亦有生而不善者，……然此千萬中之一耳。故公都子所述之三說，孟子不斥其非，而但曰："乃若其情，則可以爲善矣。"乃所謂善也，蓋凡人之所大同，而不論其變也。

【《朱經》頁 14852】 相近指性之善者言，相遠當指性之惡者。孔子未嘗明言性善，聖人之言無所不包，而渾然無迹，後儒言性究不能出其範圍。……《集注》此所謂性，兼氣質而言，亦本韓退之。欲以歸重性善之說，而非孔子本旨。

［四］子之武城，聞弦歌之聲。夫子莞爾而笑曰："割雞焉用牛刀？"子游對曰："昔者偃也聞諸夫子曰：'君子學道則愛人，小人學道則易使也。'"子曰："二三子，偃之言是也，前言戲之耳。"

【《王經》頁 87】 爾，猶然也。……"莞爾"之屬是也，亦常語。頁 88 耳，猶而已也。……"前言戲之耳"，是也。

［五］公山弗擾以費畔，召，子欲往。子路不悅，曰："末之也已，何必公山氏之之也？"子曰："夫召我者，而豈徒哉？如有用我者，吾其爲東周乎？"

【《翟四》頁5180－5181】　《史記·世家》："定公九年，孔子年五十，公山不狃以費畔。季氏使人召孔子，孔子欲往。"……《左傳·定公十二年》："季氏將墮費，公山不狃、叔孫輒，帥費人以襲魯，入及公側。仲尼命申句須、樂頎下伐之，費人北，二人奔齊。"杜氏《注》曰："時仲尼爲司寇。"按：《左傳》、《史記》各與《論語》事不同，《左傳》陽虎之畔在定公八年，時公山不狃雖未著畔跡，而與季寤等共囚陽虎，則季氏亦已料至畔矣。因於次年使人召孔子圖之，孔子未果往，而不狃盤踞於費，季氏無如之何也。十二年，孔子爲魯司寇，建墮費策，不狃將失所倚恃，遂顯與叔孫輒襲魯犯公，孔子親命申句須、樂頎伐之，公室以之平。季氏之召，終亦以之應矣。如此說之，則《左》、《史》兩家所載得以相通，而於事理亦可信。《論語》"召"字上，原無主名。舊解惟推測子路語，謂是公山氏召，實大誤也。揆子路語意，當介介於季氏之平素劣跡而云，何必因公山氏之之，以從畔伐畔也。上之謂往，下之謂季氏。所書經屢寫，句內偶脫一字，乃致與《左》、《史》文若矛盾耳。先儒承舊解，謂此爲聖人體道之大權。夫權之爲喻，或輕或重，審物以濟變也。如論季氏之平素，召不當往。而不狃之罪更有重焉，則不妨於應季氏，此正所謂權矣。若併不狃之悖亂略不審擇，則枉道而已，烏得謂之權乎？《論衡·問孔篇》作："子路曰：'未如也已。'"無"不說"二字。

　　"何必公山氏之之也"，《七經考文》曰："古本無一'之'字。《太平御覽·州郡部》述文，無一'之'字。"……按：杜氏《春秋序》以或有黜周王魯之說，引"如有用我者，吾其爲東周乎"，以明其說之非，則東周斷非別周，鄭康成所謂成周是也。《詩·黍離》正義引鄭《論語注》曰："敬王去王城，而遷於成周。自是以後，謂王城爲西周，成周爲東周。"故昭二十二年，王子猛入於王城，《公羊傳》曰：

"王城者何？西周也。"二十六年，天王入於成周，《公羊傳》曰："成周者何？東周也。"孔子設此言時，在敬王居成周後，故云"爲東周乎"。"爲"字實當作去聲，讀如《述而篇》"爲衛君"之爲，猶言助也。夫子云"豈徒哉"，言不徒制弗擾，如有用我，則將助周室，申明君臣上下大義，即季氏輩並正之矣。《集解》、《集注》皆云："興周道於東方。"意未嘗不含此而欠昭明。後此小儒，乃謂子欲因魯爲東周，或且謂因弗擾爲東周，殊乖繆甚。

【《惠九》頁3893】　何晏《注》云："興周道於東方，故曰東周。"此與《公羊》黜周王魯之說合。

【《武經》頁8517】　案：近讀從"已"字絕句，案《集解》："孔曰：之，適也。無可之則止。"是當以"也"字爲句。已爲止，又作一讀。依文推義，想見仲夫子出語敢決，如聞其聲，此以體認虛會得之。記者于仲夫子摹擬聲情，如"何必讀書"，"奚其正"之類，皆發語截然，故此亦當爲一例。

【《劉論》頁14220】　弗擾陽虎之黨也，夫子不見陽虎而欲往公山，故子路不達。如有用我者，天也。周自平王東遷謂之東周，《春秋》之作，以平王開亂賊之禍。魯定公、季平子、陽虎、公山，皆畔者也。天用夫子，當復西周之治，故不爲東周也。《史記》載夫子之言曰："昔周文武起豐鎬而王，今費雖小，倘庶幾乎。"此不爲東周之意也。"豈徒哉"，言豈爲我徒，猶言非吾徒也。

［六］子張問仁於孔子，孔子曰："能行五者於天下，爲仁矣。""請問之。"曰："恭、寬、信、敏、惠。恭則不侮，寬則得衆，信則人任焉，敏則有功，惠則足以使人。"

【《焦論》頁12380】　"敏則有功",《注》:"孔曰:應事疾則多成功也。"循按:敏訓疾,孔所本也。僖四年,遂伐楚,次于陘。《公羊傳》云:"其言次于陘何,有俟也。孰俟?俟屈完也。"《注》云:"生事有漸,故敏則有功。"《疏》云:"敏,審也。言舉事敏審,則有成功矣。"是敏之義爲審。僖廿三年《左傳》:"辟,不敏也。"《注》云:"敏,猶審也。"三十三年《左傳》:"禮成而加之以敏。"《注》云:"敏,審當於事。"亦以敏爲審。《周禮·地官·師氏》:"二曰敏德。"《注》云:"敏德,仁義順時者也。"當其可之謂時,順時則審當之謂也。《中庸》"人道敏政",《注》云:"敏,勉也。敏或爲謀。"訓勉,則讀敏爲"黽勉同心"之黽。或爲謀,則審當之義矣。蓋善謀而審當,所以有功。若徒以疾速便捷爲敏,非其義矣。故《公羊》云:"有俟。"而何氏以敏屬之"有俟",則非疾速便捷矣。推之敏於事,謂審當於事也。好古敏以求之,謂審以求之世。聖人教人,固不專以疾速爲重耳。

[七]佛肸召,子欲往。子路曰:"昔者由也聞諸夫子曰:'親於其身爲不善者,君子不入也。'佛肸以中牟畔,子之往也,如之何?"子曰:"然,有是言也。不曰堅乎,磨而不磷。不曰白乎,涅而不緇。吾豈匏瓜也哉?焉能繫而不食?"

【《錢十》頁5034】　問匏瓜繫而不食,《朱注》與舊說似異。謂匏瓜不能飲食,恐有語病。曰:"何氏《集解》言匏瓜得繫一處者,不食故也。吾自食物,當東西南北,不得如不食之物繫滯一處。"詳其文義,蓋謂匏瓜不可食,故得繫於一處,非謂瓜不能飲食,較之《朱注》爲長。

眉批:《論衡·問孔篇》:"言人當仕而食祿,我非匏瓜繫而不食。"

【《翟四》頁 5181】《史記‧世家》:"佛肸爲中牟宰,趙簡子攻范中行,伐中牟。"佛肸畔,使人召孔子,事在孔子過蒲適衛後。按:佛肸之畔,畔趙簡子也。簡子挾晉侯以攻范中行,佛肸爲范中行家邑宰,因簡子致伐,距之。于晉爲畔,于范中行猶爲義也。且聖人神能知幾:范中行滅,則三分晉地之勢成;三分晉地之勢成,則大夫自爲諸侯之禍起。其爲不善,較佛肸孰大小哉?子路見未及此,但知守其常訓;聖人雖有見焉,卻難以前知之幾,爲門弟子語也,故但以堅白恆理答之。

【《毛論》頁 1781】《何注》:……云不食,言不可食,非不能食也。云我是食物者,言我是可食之物,非謂能食之物也。能食之物不得稱食物,天下無植物而能飲能食者。……匏苦……不可食……

【《臧經》頁 1857】《古論語》:"涅而不緇。"《魯論語》:"泥而不滓。"(《史記‧屈原賈生傳》:"皭然泥而不滓者也。"《後漢書‧隗囂傳》:"賢者泥而不滓。"又《隸釋‧費鳳別碑》:"埿而不滓。"《隸續‧延尉仲定碑》:"泥而不滓。"禮堂謹案:《文選‧東方朔畫贊》云:"涅而無滓。"廣圻案:泥而不宰,見夔機《字源》,今《隸續》有錄無書。)

【《王經》頁 84】《廣雅》曰:"然,膺也(膺,通作應)。"……"然,有是言也",……"然"字但爲應詞,而不訓爲是。

【《焦論》頁 12380】"涅而不緇",《注》:"孔曰:涅可以染皂。"循按:《釋文》:"涅,乃結反。"《說文》云:"謂黑土在水中者也。"黑土在水中即汙泥爾,故《廣雅》訓涅爲泥。乃泥非染物,孔謂可以染皂者,《淮南‧齊俗訓》云:"素之質白,染之以涅則黑。"

《俶真訓》云:"今以涅染緇,則黑於涅。"高誘《注》云:"涅,礬石也。"《西山經》:"女床之山,其陰多石涅。"《郭注》云:"即礬石也。楚人名爲涅石,秦人名爲羽涅也,《本草經》亦名曰涅石也。"《神農本草經》:"礬石,一名羽砠。"砠即涅也,其可以染皁,蓋指今之皁礬。

【《劉論》頁 14220】 佛肸,趙鞅之宰。佛肸畔趙,趙鞅畔晉,一也。堅白之物未有不磷不緇者,不磷不緇,惟夫子之道足以當之。瓜,甘者。匏,苦者。匏不食,喻不見用於世。春秋之道,主乎撥亂反正,道窮而作也。

[九]子曰:"小子何莫學夫《詩》?《詩》可以興,可以觀,可以群,可以怨。邇之事父,遠之事君,多識於鳥獸草木之名。"

【《焦論》頁 12380】 "可以群",《注》:"孔曰:群居相切磋。"循按:《詩》之教溫柔敦厚,學之則輕薄嫉忌之習消,故可以群居相切磋。《邢疏》引《詩》"如切如磋",非其義。

[一〇]子謂伯魚曰:"女爲《周南》、《召南》矣乎?人而不爲《周南》、《召南》,其猶正牆面而立也與?"

【《方論》頁 14456】 據《四書釋地》,商丘,宋犖以南之爲國,見於《逸周書》,云:"南,國名。南氏有力[①]臣,力鈞勢敵,用分而二南之國。"及韓嬰序《詩》云:"其地在南郡、南陽之間。"閻氏用程大

---

① 力,疑當作"二",《逸周書》卷八云:"昔有南氏有二臣貴寵,力鈞勢敵,竟進争權。"

昌之說,以爲南,樂名,《詩》所謂"以雅以南",是非南國諸侯之謂。愚按:《詩譜》云:"紂命文王典治南國江、漢、汝市①旁之諸侯。"則南是南方。一方不止二國,似宋氏信《逸周書》爲短,閻氏不釋爲國爲長。又《詩·周南》有《漢廣》、《汝墳》,《召南》有《江汜》、《江沱》,若非典治南國,何以《詩》咏及此?《左傳》云:"江漢睢漳,楚之望也。"又曰:"漢陽諸姬,楚實盡之。"又曰:"楚文王所以封汝也。"明南國地在荆楚,爲國亦多。韓嬰云:"在南郡、南陽之間。"加"之間"字最爲賅括。《漢·地理志》:"南陽、南郡,並屬荆州。"又揚子《方言》:"衆信曰諒,周南、召南、衞之語也。"是別二南爲國。以此而言,實宋氏舉《韓詩序》之說爲長,閻氏謂非南國諸侯爲短。至"以雅以南",《箋》以南爲南夷之樂,《文王世子》"胥鼓南"注義同。《明堂位》云:"任,南蠻之樂也。"蓋"任"與"南"古音義不同。《鉤命決》亦云:"南蠻之樂曰南。"則南樂不得以二南當之。二南之詩,播之樂章,是爲正歌。燕禮謂之鄉樂,磬師謂之燕樂,無名爲南樂者也。

[一一]子曰:"禮云禮云,玉帛云乎哉?樂云樂云,鐘鼓云乎哉?"

【《王經》頁33】 云爾、云乎,皆語已詞也。……"玉帛云何哉"是也。

【《馬氏文通》卷四頁198】 云乎者,猶曰"謂之乎"也。

---

① 市,疑爲衍文。

[一三]子曰:"鄉原,德之賊也。"

《翟四》頁 5182 – 5183　《釋文》曰:"鄉如字,又許亮反。"《集解》:"周氏曰:(有二釋)……"《五經文字序》曰:"經典之字,音非一讀。若鄉原之鄉爲嚮,取材之材爲哉,兩音出於一家,而不決其當否。"《義疏》引張憑曰:(又說)……《韓李筆解》曰:"孔注'內荏'曰:內柔,佞也。古文原類柔,而鄉爲向,後人遂誤內柔爲向原。"《集注》曰:……《履齋示兒編》曰:"晦庵先生云:'原與愿同',非也。愿愨則爲謹厚之人,必不肯同流合污。所謂鄉原,實推原人之情意以求苟合於世。故曰一鄉之原人,而爲德之賊也。"按:《荀子·富國篇》云:"能齊,則悍者皆化而愿,躁者皆化而愨。"《君道篇》云:"材人愿愨,拘錄計數,是史吏之材也。"《正論篇》云:"上端誠則下愿愨,愿愨則易使。"其文皆正作"愿",朱子但云注讀,或宋本與今本異耶?《孟子》說"鄉原"云:"一鄉皆稱原人。"又云:"居似忠信,行似廉潔。"則原必當讀"愿"。此與《孟子集注》皆未著音,宜補之。

[一五]子曰:"鄙夫可與事君也與哉?其未得之也,患得之;既得之,患失之。苟患失之,無所不至矣。"

《翟四》頁 5183　……《文選·東京賦》注引《論語》:"鄙夫不可以事君。"……《潛夫論·愛日篇》:"孔子病夫未得之也患不得之,既得之患失之者。"蘇軾《上神宗書》引此章文,"患得之"作"患不得之"。沈作喆《寓簡》曰:"東坡解云,患得之當作患不得之。予觀退之《王承福傳》云:'其賢於世之患不得之而患失之,以濟其生之欲者。'則古本必如是。"《四書辨疑》曰:"當爲患不得之,今無不字,蓋闕文也。"《荀子·子道篇》:"孔子曰:小人者,其未得也則憂不得,既已得之,又恐失之,是以有終身之憂,無一朝之樂也。"《家語·在厄篇》與《荀子》略同。

【《毛四》頁1785】 《家語》于《論語》"其未得之也患得之",多"弗"字。王符《潛夫論》于《愛日篇》曰:"孔子病夫未之得也患不得之。"與《家語》同。

【《臧經》頁1853】 《古論語》:"苟患失之,無所不至矣。"《魯論語》:"苟患失之,亡所不至。"(《漢書·朱雲傳》)

【《王經》頁1】 與,猶以也。……"鄙夫可與事君與哉",言不可以事君也。(顏師古《匡謬正俗》曰:"孔子曰:鄙夫可以事君也與哉。"李善注《文選·東京賦》曰:"《論語》曰:鄙夫不可以事君。"變"與"言"以",正與經旨相合。)

【《王經》頁46】 與,爲問詞,與、哉同義,連言之則曰"與哉"。……"鄙夫可與事君也與哉",是也。猶"乎"與"哉"同義,而連言之則曰"乎哉"也。

【《焦論》頁12381】 "患得之",《注》:"患得之者,患不能得之,楚俗語。"循按:古人文法有急緩。不顯,顯也,此緩讀也。《公羊傳》:"如勿與而已矣。"何休《注》云:"如即不如,齊人語也,此急讀也。"以得爲不得,猶以如爲不如,何氏謂楚俗語,孔子魯人,何爲效楚言也?

[一六]子曰:"古者民有三疾,今也或是之亡也。古之狂也肆,今之狂也蕩;古之矜也廉,今之矜也忿戾;古之愚也直,今之愚也詐而已矣。"

【《翟四》頁5183】　《釋文》曰:"《魯》讀廉爲貶,今從《古》。"《後漢書·李雲傳論》注引《論語》:"古之狂也直,今之狂也詐而已矣。"

【《臧經》頁1857】　《古論語》:"古之矜也廉。"《魯論語》:"古之矜也貶。"

【《王經》頁48】　也,猶者也。……今也或是之亡也。

[一八]子曰:"惡紫之奪朱也,惡鄭聲之亂雅樂也,惡利口之覆邦家者。"

【《王經》頁106】　者,猶"也"也。……"惡紫之奪朱也,惡鄭聲之亂雅樂也,惡利口之覆邦家者","者"與"也"亦同義,故皇侃本作"惡利口之覆邦家也"。

[一九]子曰:"予欲無言。"子貢曰:"子如不言,則小子何述焉?"子曰:"天何言哉?四時行焉,百物生焉,天何言哉?"

【《翟四》頁5183】　《釋文》曰:"《魯》讀天爲夫,今從《古》。"按:兩"天何言哉"宜有別,上一句似從《魯論》所傳爲勝。

【《臧經》頁1857】　《古論語》:"天何言哉,天何言哉。"《魯論語》:"夫何言哉,夫何言哉。"

【《劉論》頁14220–14221】　聖人之文,天文也。天道至教,春秋冬夏、風雨霜露,無非教也。《春秋》之文,日月詳略,不書者勝於書,使人沈思而自省悟,不待事而萬事畢具,無傳而明,不言而著。子貢知之,故曰:"夫子之言性與天道,不可得而聞也。"

［二〇］孺悲欲見孔子，孔子辭以疾。將命者出戶，取瑟而歌，使之聞之。

【《翟四》頁5184】 ……《儀禮‧士相見禮》疏："孺悲欲見孔子，不由介紹，故孔子辭以疾。"《文選‧思舊賦》、《三國名臣序贊》，二注俱引《論語》曰："將命者出。"

［二一］宰我問："三年之喪，期已久矣。君子三年不爲禮，禮必壞；三年不爲樂，樂必崩。舊穀既沒，新穀既升，鑽燧改火，期已可矣。"子曰："食夫稻，衣夫錦，於女安乎？"曰："安。""女安則爲之。夫君子之居喪，食旨不甘，聞樂不樂，居處不安，故不爲也。今女安，則爲之！"宰我出，子曰："予之不仁也！子生三年，然後免於父母之懷。夫三年之喪，天下之通喪也，予也有三年之愛於其父母乎？"

【《翟四》頁5184】 《釋文》曰："期音基，一本作其。"……《史記‧封禪書》引《傳》曰："三年不爲禮，礼必廢；三年不爲樂，樂必壞。"……"食夫稻"三句，《釋文》曰："食音嗣。衣，於既反。"……《禮記‧三年問篇》："孔子曰：子生三年，然後免於父母之懷，夫三年之喪，天下之達喪也。"

【《臧經》頁1857】 《古論語》："夫三年之喪，天下之通義也。"（《仲尼弟子傳》）《魯論語》："夫三年之喪，天下之通喪也。"

［二三］子路曰："君子尚勇乎？"子曰："君子義以爲上。君子有勇而無義爲亂，小人有勇而無義爲盜。"

【《翟四》頁 5184】　《史記·弟子傳》："子曰：義之爲上，君子好勇而無義則亂，小人好勇而無義則盜。"《漢書·地理志》引孔子曰："君子有勇而亡誼則爲亂，小人有勇而亡誼則爲盜。"

[二四]子貢曰："君子亦有惡乎？"子曰："有惡。惡稱人之惡者，惡居下流而訕上者，惡勇而無禮者，惡果敢而窒者。"曰："賜也亦有惡乎？""惡徼以爲知者，惡不孫以爲勇者，惡訐以爲直者。"

【《錢十》頁 4976】　"惡居下流而訕上者"，惠定宇云："蔡邕《石經》無'流'字，當因《子張篇》惡居下流，涉彼而誤。"《鹽鐵論·文學》："居下而訕上。"《漢書·朱雲傳》："小臣居下訕上。"是漢以前皆無"流"字。

【《翟四》頁 5184－5185】　《漢石經》作："君子有惡乎？子曰：有。……""惡居下流而訕上者"，《漢石經》無"流"字。

《釋文》曰："《魯》讀窒爲室，今從《古》。"《義疏》本……《文選·西征賦》注引《論語》："子貢曰：賜也，亦有惡乎。"與《義疏》合。……《釋文》曰："徼，古堯反。鄭作絞，古卯反。"……《考文》曰："古本徼作檄，知作智，孫作遜。"……《中論·覈辨篇》引孔子曰："小人毁訾以爲辨，絞急以爲智，不遜以爲勇，斯乃聖人所惡。"以此爲孔子語。

【《惠九》頁 3893】　"惡居下流而訕上者"（如《錢十》所引，惟《鹽鐵論》下多"大夫曰"三字）。"惡果敢而窒者"，鄭氏曰："《魯論》窒作室，今從《古》。"案：《韓敕修孔廟後碑》亦以窒爲室，《漢書·功臣表》有清簡侯室中同，《史記》作"室中"。徐廣曰："室，一作窒。"知室與窒通。

【《臧經》頁 1837】 《古論語》:"惡果敢而窒者。"《魯論語》:"惡果敢而窒者。"《古論語》:"惡徼以爲知者。"《魯論語》:"惡絞以爲知者。"

微子第十八

［一］微子去之，箕子爲之奴，比干諫而死。孔子曰："殷有三仁焉。"

【《焦論》頁12381】 "殷有三仁焉"，《注》："仁者愛人，三人行異而同稱仁，以其俱在憂亂寧民。"循按：孔子以管仲爲仁，不取召忽之死，以爲匹夫匹婦之諒自經於溝瀆而人莫之知。又云"有殺身以成仁"，死而成仁，則死爲仁；死而不足以成仁，則不必以死爲仁。仁不在死，亦不在不死。總全經而互證之，可見也。三人之仁，非指去、奴、死爲仁也，商紂時天下不安甚矣，而微、箕、比干皆能憂亂安民，故孔子歎之。謂商之末有憂亂安民者三人，而紂莫能用，而令其去、令其奴、令其死也。不能憂亂安民而徒能死，石之紛如、徒人費，其人忠於所事則然，不可謂之殺身成仁。不能一匡天下而藉口於管仲之不死，則又不如召忽，不如石之紛如、徒人費矣。

［三］齊景公待孔子曰："若季氏，則吾我不能，以季孟之間待之。"曰："吾老矣，不能用。"孔子行。

【《翟四》頁5186】 《史記・世家》："景公將欲以尼谿田封孔

子,晏嬰進沮之。"

【《王經》頁 17】 有一人之言而自爲問答者,則加"曰"字以別之。……"曰:吾老矣,不能用也",是也(齊按:此處未自爲問答)。

【《俞古》頁 17】 亦有非自問自答之辭,而中間又用"曰"字以別更端之語者。……"曰:吾老矣,不能用也",皆加"曰"字以別更端之語也。

[四]齊人歸女樂,季桓子受之,三日不朝,孔子行。

【《翟四》頁 5186】 《釋文》曰:"歸,如字,鄭作饋,其貴反。"《漢書·禮樂志》:"齊人饋魯,而孔子行。"師古《注》引《論語》曰:"齊人饋女樂。"《後漢書·蔡邕傳》:"齊人歸樂,孔子斯征。"章懷《注》引《論語》曰:"齊人饋女樂。"……《史記·世家》:"孔子行攝相事,齊人聞而懼曰:……"《家語·子路初見篇》略同。《韓非子·內儲說》:"仲尼爲政於魯。"……按:孔子爲政於魯在定公時,韓非以爲哀公,誤也。其云諫之不聽乃去,則於聖人去父母國之道,獨爲周緻。當歸女樂時,孔子必嘗極諫。觀齊人之不敢直陳魯庭,桓子之不敢公行魯國,可以意會其故。《論語》、《孟子》俱不專於紀事,各見一邊,理無嫌也。《史記》不兼取韓非語,便成闕失。

【《臧經》頁 1857】 《古論語》:"齊人饋女樂。"《魯論語》:"齊人歸女樂。"

【《劉論》頁 14221】 定公十四年(《孔子世家》與《公羊》何《注》合,《魯世家》及《十二諸侯年表》作"十二年",蓋三年待考),齊人歸女樂,《春秋》不書者,內大惡諱,定、哀多微辭也。故唯去冬以明聖功之不終焉。

[五]楚狂接輿歌而過孔子,曰:"鳳兮鳳兮,何德之衰?往者不可諫,來者猶可追。已而已而,今之從政者殆而!"孔子下,欲與之言。趨而辟之,不得與之言。

【《翟四》頁5187】　《莊子·人間世篇》:"孔子適楚,楚狂接輿游其門曰:'鳳兮鳳兮,何如德之衰也。來世不可待,往世不可追也。天下有道,聖人成焉。天下無道,聖人生焉,方今之世,僅免刑焉。福輕乎羽,莫之知載。禍重乎地,莫之知避。已乎已乎,臨人以德。殆乎殆乎,畫地而趨。'"以下更有十餘語皆楚狂辭。《七經考文》曰:"古本'歌而過孔子'下,有'之門'二字,足利本同。"按:《高士傳》,楚狂姓陸名通,則接輿非其名,乃接孔子乘輿耳。後文"孔子下",不云"下輿",以輿已先見此也,既言接輿,何得再言游門?莊周趁一時之筆,而鄭康成遂訓後"下"字爲"下堂出門",蒙未敢以爲信也。《漢石經》作:"何而德之衰也,往者不可諫也,來者猶可追也。"……《漢書·晁錯傳》引《傳》曰:"往者不可及,來者猶可待。"《呂氏春秋·有始覽》引《周書》曰:"往者不可及,來者不可待。"今《周書》無。……"已而已而,今之從政者殆而",《釋文》曰:"《魯》讀'期斯已矣,今之從政者殆',今從《古》。"

【《惠九》頁3893】　"何德之衰",《唐石經》云:"何德之衰也。"案:蔡邕《石經》云:"鳳兮鳳兮,何而德之衰也,往者不可諫也,來者猶可追也。"下二"也"字,《唐石經》無。(《莊子》云:"孔子適楚,楚狂接輿游其門曰:'鳳兮鳳兮,何如德之衰也。'"如與而,古字通。)

【《閻四續》頁204】　"適楚"條,……"楚狂"二字連讀,乃楚國之狂者也。顧麟士曰:"接輿必是不知姓名,因其迎車而歌,而彊名之以紀其人。如荷蕢之類,非真其人字接輿。邢昺《疏》云爾,殊附會。"余謂孔安國《注》已如是，又《莊子・人間世篇》如是，豈惟邢昺？

【《閻四三續》頁 269】 王復禮草堂曰："《論語》止云楚狂，其名氏原不傳。然前云'楚狂接輿'，後云'孔子下'。不特兩相照應，抑且記事書法之妙。正見接輿而歌，所以欲下。其不復用'車'字者，以有'輿'字在前也。自《莊子》以接輿為名，又稱為狂接輿，演其歌辭至二十八句，多不用韻，此何足信？而注家從之，竟以為名，非也。若皇甫謐《高士傳》，又遠出作《論語》者之後，撰其人姓名曰陸通，益無足辨矣。"

【《臧經》頁 1857】 《古論語》："往者不可諫兮，來者猶可追也。"（《孔子世家》，也，亦當作兮。）《魯論語》："往者不可諫也，來者猶可追也。"（今本無二"也"，《漢石經》有。）《古論語》："已而已而，今之從政者殆而。"《魯論語》："期斯已矣，今之從政者殆。"

【《方論》頁 14456】 說者多謂楚狂之名氏不傳，因其與夫子之輿相接而歌，遂彊名之以紀其人，如荷蕢之類，非真其人字接輿。邢昺《疏》云爾，殊附會。閻百詩謂孔安國《注》已如是，又《莊子・人間世篇》如是，豈惟邢昺。觀旭案：《國策》范睢對秦王曰："箕子、接輿漆身而為癩，披髮而為狂。"則不惟傳其名，並傳其行矣。戰國去孔子未遠，當足為據。又鄭康成注"孔子下"云："下堂，出門也。"《莊子・人間世》云"孔子適楚，楚狂接輿游其門，曰鳳兮鳳兮"云云，則過非過車前，何得云因其接輿而歌，遂彊名之。

[六]長沮、桀溺耦而耕。孔子過之，使子路問津焉。長沮曰："夫執輿者為誰？"子路曰："為孔丘。"曰："是魯孔丘與？"曰："是也。"曰："是知津矣。"問於桀溺。桀溺曰："子為誰？"曰："為仲

由。"曰:"是魯孔丘之徒與?"對曰:"然。"曰:"滔滔者天下皆是也,而誰以易之?且而與其從辟人之士也,豈若從辟世之士哉?"耰而不輟。子路行以告,夫子憮然曰:"鳥獸不可與同群,吾非斯人之徒與而誰與?天下有道,丘不與易也。"

【《臧經》頁1857】 《古論語》:"悠悠者天下皆是也。"(《史記·孔子世家》、《文選·晉紀總論》注)《魯論語》:"滔滔者天下皆是也。"

【《王經》頁4】 《廣雅》曰:"以,與也。"……而誰以易之,言誰與易之也。

【《俞古》頁30】 寓名例。……夫二子者,問津且不告,豈復以姓名通於吾徒哉?特以下文各有問答,故爲假設之名以別之。曰沮、曰溺,惜其沈淪而不返也。桀之言傑然也,長與桀指目其狀也,以爲二人之真姓名,則泥矣。

[七]子路從而後,遇丈人,以杖荷蓧。子路問曰:"子見夫子乎?"丈人曰:"四體不勤,五穀不分,孰爲夫子?"植其杖而芸。子路拱而立。止子路宿,殺雞爲黍而食之,見其二子焉。明日,子路行以告。子曰:"隱者也。"使子路反見之,至,則行矣。子路曰:"不仕無義。長幼之節,不可廢也。君臣之義,如之何其廢之?欲潔其身,而亂大倫。君子之仕也,行其義也。道之不行,已知之矣。"

【《俞古》頁43-44】 不者,弗也。自古及今,斯言未變,初無疑義,乃古人有用"不"字作語詞者。不善讀之,則以正言爲反言,而於作者之旨大謬矣。……"四體不勤,五穀不分",按:兩"不"字皆語詞。丈人蓋自言,惟四體是勤,五穀是分而已,安知爾所謂夫子。若謂以不勤不分責子路,則不情甚矣。安有萍水相逢,遽加面斥者乎?

【《焦論》頁 12381】 "至則行矣",《注》:"孔曰:子路反至其家,丈人出行不在。""子路曰:不仕無義",《注》:"鄭曰:留言以語丈人之二子。"循按:皇甫謐《高士傳》引《論語》,至"至則行矣"而止。蓋謂子路復至,而丈人已先避去。如後世蘇雲卿、呂徽之之流。若然,則子路之言向誰發之邪?觀其稱長幼之節不可廢,爲向二子說無疑。前云見其二子,正爲子路此言張本,然則丈人亦偶出不在耳。陳天祥《四書釋疑》云:"丈人既欲自滅其跡,則不當止子路宿於其家而又見其二子也。"又云:"子路乃路行過客,既已辭去,安能知其必復來也?"斯言得之。

[八] 逸民:伯夷、叔齊、虞仲、夷逸、朱張、柳下惠、少連。子曰:"不降其志,不辱其身,伯夷、叔齊與!"謂柳下惠、少連:"降志辱身矣,言中倫,行中慮,其斯而已矣。"謂虞仲、夷逸:"隱居放言,身中清,廢中權。""我則異於是,無可無不可。"

【《臧經》頁 1857】 《古論語》:"朱張。"《魯論語》:"侏張。"《古論語》:"行中清。"(《孔子世家》)《魯論語》:"身中清。"《古論語》:"廢中權。"《魯論語》:"發中權。"

【《臧拜》頁 12495】 "身中清,廢中權",馬融曰:"清,純潔也。遭亂世自廢棄以免患,合於權也。"《釋文》:"廢,鄭作發。云動貌。"案:何平叔《集解序》云:"《古論》唯博士孔安國爲之訓說,而世不傳。至順帝之時,南郡太守馬融亦爲之訓說。"此言《古論》孔說不傳,後馬又爲《古論》訓也。又云:"漢末大司農鄭玄,就《魯論》篇章,考之《齊》、《古》以爲之注。"此言鄭注《魯論》,又參《齊》、《古》也。然則"廢"之作"發",乃《古論》假借爲"廢"。《魯論》本字作"發",馬讀如字爲誤,當從《鄭注》。謂發動中權道,始與虞仲事合。皇侃《義疏》引江熙曰:"超然出於塵埃之表,身中清也。晦明以遠害,發動中權也。"亦用鄭本。

【《朱經》頁14852】 《史記·孔子世家》作"行中清",彬謂"身作行"是也。中,即訓身。鄭君注《檀弓》、韋昭注《楚語》,皆曰"中身"也(詳見惠氏《九經古義》)。上言夷、齊不降志辱身,惠連降志辱身。此言隱居,似與不降不辱者同科,放言又與中倫中慮者相反,故行則潔清,廢乃通變也。行與廢對,《論語》:"道之將行也與?道之將廢也與。"《孟子》:"行或使之止,或尼之。"皆是。

【《焦論》頁12381】 "逸民",《注》:"逸民者,節行超逸者也。"循按:《說文》作"佚",佚與逸通。《莊子·田子方篇》:"顏淵問於仲尼曰:夫子步亦步,夫子趨亦趨,夫子馳亦馳。夫子奔逸絕塵,而回瞠若乎後矣。"《後漢書·逸民傳序》云:"蓋錄其絕塵不反,則以逸民爲民之奔逸絕塵,所謂超逸也。"《三國志》云:"猶未及髦之絕倫逸群也。"逸群,猶奔逸絕塵。

[一〇]周公謂魯公曰:"君子不施其親,不使大臣怨乎不以。故舊無大故,則不棄也,無求備於一人。"

【《翟四》頁5190】 舊文"施"爲"弛"。《釋文》曰:"弛,舊音絁,又詩紙反,又詩豉反。孔云以支反,一音敕紙反,落也,並不及舊音,本今作施。"《漢石經》"施"字與今本同。《集解》:"孔安國曰：'施，易也。不以他人之親易己之親。'"《程子外書》："正叔曰：'施，與也。不私與其親暱也。'"俱讀施如字。《韓李筆解》曰："施當為弛。"朱子《或問》曰："問：施何為弛？曰：陸氏《釋文》云爾。而吳氏考《開元五經文字》，亦作弛，是唐本初未嘗誤也。然孔說已訓為'易'，則漢本已作'施'，而讀如衛綰'傳之施易'者耳，此不可曉。然作'弛'者，于義為得。"又《與張敬夫論癸巳論語說》曰："謝氏訓施為施報之施，誤矣。呂與叔讀為弛，而不引《釋文》，未必其考于此，蓋偶合耳。"按：《周禮‧遂人》："與其施舍。"《注》云："施讀為弛。"《禮記‧孔子閒居》引《詩》："弛此文德。"《注》："弛作施。"施、弛兩字，古多通用。然《坊記》言"君子弛其親之過而敬其善"，此云"不弛"，雖語意各殊，終嫌其文之戾也。……《尚書》成王命君陳曰："無求備于一夫。"

【《惠九》頁 3893 – 3894】 《釋文》施作弛，云舊音絁。蔡邕《石經》仍作"施"。《左傳》曰："乃施邢侯。"《正義》云："《晉語》施邢侯氏，孔晁云廢其族也。"則《國語》讀為弛，訓之為廢。《家語》說此事，亦為弛。王肅曰："弛宜為施，施行也。"服虔云："施罪于邢侯。施，猶劾也。"棟案："劾者，謂罪法之要辭。不劾其親者，所以隱其罪，親親之義也。"（古施、弛字通，見《周禮注》）

按："乃施邢侯"，《經解》乃作"仍"，今從原稿。

【《臧經》頁 1879】 ……凡延及陳設義，當作施；凡廢解義，當作弛。古書既互通，俗人又多亂之。……孔曰："施，易也，不以他人之親易己之親。"《釋文》："不弛，舊音絁（疑）。又詩紙反、又詩豉反。孔云（衍）以支反，一音敕紙反，落也。並不及舊音。本今作施。施、易，音亦。"案："不施其親"，亦當作解廢意（注）。《孔注》作如字讀，蓋不知為假借也。《隸釋》卷十五載《漢石經論語》，亦作

"君子不施其親"。唐李翱《筆解》云:"施當爲弛,而《釋文》作不弛。"朱子《集注》謂:"福本同,義雖是,而文則改也。"

　　注:原稿作"亦當作廢解意",《經解》本作"亦當作解廢意"。編者按:依文意,此六字疑作"亦當作廢意解"。

子張第十九

[四]子夏曰："雖小道必有可觀者焉，致遠恐泥，是以君子不爲也。"

【《王困》頁 678】　《漢·藝文志》："小道可觀。"《蔡邕傳》："致遠則泥。"以子夏之言爲孔子。(《漢書·藝文志》："小說家者流，蓋出於稗官。街談巷語，道聽塗說者之所造也。孔子曰：'雖小道，必有可觀者焉，致遠恐泥，是以君子弗爲也，然亦弗滅也。'"《後漢書·蔡邕傳》："上封事曰：'小能小善，雖有可觀，孔子以爲致遠則泥。'"顏師古《東平思王傳》注，引"小道可觀"，亦以爲孔子語。)

【《錢十》頁 5034】　……伯厚所舉，尚有未盡。……然則古人固多誤乎，非也。《漢·藝文志》云："《論語》者，孔子應答弟子時人，及弟子相與言而接聞於夫子之語也。"故漢唐諸儒引用《論語》，雖弟子之言皆歸之孔子。後儒未達此意，輒謂諸弟子之言多有流弊。豈知《論語》所述，皆孔氏微言大義，端木、游、夏諸賢，其言皆聞諸夫子者乎？

【《翟四》頁 5192】　……《後漢書》蔡邕封事曰："……孔子以爲致遠則泥。"……按：邕所書《石經》，自爲子夏一人，當無兩據。封事以爲孔子，似因《班書》誤憶，而後人皆相承誤。

【《焦論》頁12381】 "雖小道，必有可觀者焉"，《注》："小道，謂異端。""致遠恐泥"，《注》："包曰：泥難不通。"循按：聖人一貫則其道大，異端執一則其道小。孟子以爲大舜有大焉，善與人同。能通天下之志故大，執己不與人同，其小可知，故小道爲異端也。可觀謂可以相觀而善，即攻乎異端也。百家九流彼此各異，使彼觀於此而相摩焉，此觀於彼而相摩焉，則異者相易而爲同，小者旁通而爲大。惟不能相觀而善，小終於小而不相通，則不能致遠矣。泥即執也，相觀則能致遠，不相觀則泥。故欲致遠則恐其泥，是以君子不爲也，即是以君子不泥也。《邢疏》謂必有小理可觀覽，非其義。

[七]子夏曰："百工居肆以成其事，君子學以致其道。"

【《臧經》頁1857】 《古論語》："百工居肆以成其事。"《魯論語》："百工居肆以致其事。"(《白虎通·辟雍》)

[一一]子夏曰："大德不踰閑，小德出入可也。"

【《翟四》頁5193】 ……《韓詩外傳》二卷曰："孔子遭程木子于剡之間，傾蓋而語終日。有間，顧子路曰：'束帛十匹，以贈先生。'子路曰：'由聞之夫子，士不中道相見。'孔子曰：'大德不踰閑，小德出入可也。'"《晏子春秋》："晏子對孔子曰：'吾聞大者不踰閑，小者出入可也。'"《集注剩義》曰："據此，則子夏之言將有所昉。"

按：……《荀子·王制篇》又引："孔子曰：'大節是也。小節一出焉，一入焉，中君也。'"亦與此意同。參觀之，尤悉其言之本末有弊。

[一二]子游曰:"子夏之門人小子,當灑掃應對進退則可矣。抑末也,本之則無,如之何?"子夏聞之曰:"噫,言游過矣! 君子之道,孰先傳焉,孰後倦焉? 譬諸草木,區以別矣。君子之道,焉可誣也? 有始有卒者,其唯聖人乎!"

【《惠九》頁3894】 陸德明云:"洒,正作灑。掃,今本作埽。"棟案:"陸說非也。《說文》曰:'洒,古文以爲灑埽字。'《周禮》'隸僕掌埽除糞洒',先鄭以爲洒當爲灑。後鄭據《古文論語》定爲洒。經傳中如《毛詩》:'弗洒弗埽,洒埽穹窒。於粲洒埽,洒掃庭內。'《晉語》:'供備洒埽之臣。'皆古文也。"《漢書·薛宣傳》云:"君子之道,焉可憮也。"蘇林曰:"憮,同也,兼也。"晉灼曰:"憮音誣。"師古曰:"《論語》載子夏之言,謂行業不同,所守各異,唯聖人爲能體備之。"家君曰:"蘇解得之。"

【《毛論》頁1783】 倦,即古券字,傳與券,皆古印契傳信之物。蓋傳者傅也,舊以兩行書繒帛,分持其一,凡出入關者,必合之乃得過,因謂之傳。而其後或用棨刻木爲合符,史稱傳信爲符信是也。券者契也,以木牘爲要約之書,用刀剖之,屈曲犬牙,分持其一以爲信,韓子所謂"宋人得遺契而數其齒"是也。是傳與券,皆彼此接受傳信之物,一如教者之與學人兩相印契,故借其名曰傳曰券。券即傳也,《說文》徐《注》曰:"今用傳字,無復作券",可驗也。倦即券也,《周禮·考工記》:"輈人左不券。"後鄭《注》,謂:"券字即今倦字。"可驗也。先傳後券,兩俱借義,虛實相當,了無捍蹠。

"傳"有二音,或謂師傳之傳,當作平聲;郵傳之傳,當作去聲者,非也。夫師傳者,或以前而授之後,或以此而禪之彼,正如驛傳、關傳然。所謂傳遞,亦所謂傳導也。師傳、老傳、傳室、傳國,與乘傳、馳傳,皆一傳字,有何異音?……《薛宣傳》:"……君子之道,焉可憮也。"《注》:"憮,同也。"

【《臧經》頁1857】 《古論語》:"君子之道,焉可誣也。"《魯論語》:"君子之道,焉可憮也。"(《漢書·薛宣傳》)

【《武經》頁8517】 案:近讀以"門人小子"爲句。考此子游所譏,宜以"子夏之門人"爲句。其門人中有幼者如小子,當灑掃應對進退則可矣。言外見子夏之門不分長幼,悉以末爲務也。

【《焦論》頁12382】 "君子之道,焉可誣也",《注》:"馬曰:君子之道,焉可使誣。言我門人但能灑掃而已也。"循按:《漢書·薛宣傳》云:"或以德顯,或以功舉,君子之道,焉可憮也。"蘇林曰:"憮,同也,兼也。"晉灼曰:"憮音誣。"師古曰:"《論語》載子夏之言,謂行業不同,所守各異,唯聖爲能體備之。"《說文·言部》云:"誣,加也。加之義,正與同兼義近。"憮字,《說文》訓愛,《毛詩·巧言傳》訓大,《爾雅》則訓傲。《漢書》憮字,乃誣字假借耳。誣字本義自通,馬以誣爲欺妄,則非誣字本義。

[一五]子游曰:"吾友張也爲難能也,然而未仁。"

【《焦論》頁12382】 "吾友張也爲難能也",《注》:"包曰:言子張容儀之難及。"循按:此文但言難能,未言所以難能者何在,故下連載曾子之言"堂堂",知堂堂爲難能,即知難能指堂堂,此《論語》自相發明之例也。《廣雅》:"堂堂,容也。"《漢書·儒林傳》:"魯徐生善爲頌。"蘇林曰:"漢舊儀有二郎,爲此頌。貌威儀事有徐氏，徐氏後有張氏。"不知經但能盤辟爲體容，天下郡國有容史，皆詣魯學之。師古曰："頌，讀與容同。"子張善爲容，故云師也辟。辟即盤辟也，又《論語》自相發明之例也。

按："有二郞"，原稿及《經解》，"郞"均作"即"，今依《漢書》注引蘇林說改。

[一六] 曾子曰："堂堂乎張也，難與並爲仁矣。"

【《毛論》頁 1783】 堂堂，夸大之稱，惟誇大不親切，故難並爲仁。《魏武兵書》："無擊堂堂之陣。"……皆以相對難近爲言。

[二二] 衛公孫朝問於子貢曰："仲尼焉學？"子夏曰："文武之道，未墜於地，在人。賢者識其大者，不賢者識其小者，莫不有文武之道焉。夫子焉不學？而亦何常師之有？"

【《翟四》頁 5194】 《史記·弟子傳》"陳子禽問子貢曰：仲尼焉學。子貢曰：文武之道"云云。按《孝經疏》云："劉瓛、張禹之儀，以爲仲者中也，尼者和也。孔子有中和之德，故謚曰仲尼。"又《檀弓》"魯哀公誄孔子"，《注》云："尼父，因其字以爲之謚。"《疏》云："尼則謚也。"中和之說稍近穿鑿，魯哀公事則甚信而可徵。《論語》一書，惟此以下四章稱"仲尼"，四章連次，篇末且有"其死也哀"之文，必俱孔子既卒後語。合《中庸》、《孝經》之稱謂觀之，則"尼"誠孔子謚矣。今人藉口三經，謂弟子子孫皆可呼其師與父祖之字，殆未深考。"賢者識其大者"二句，《漢石經》："識作志。"《漢書·劉歆傳》引亦作"志"。《孟子》"尹士章"章指，述亦作"志"。《野客叢書》曰:"識字無音,今人多讀如字,而蔡邕《石經》作志,是當讀識爲志也。"

【《惠九》頁 3894】 蔡邕《石經》,識作志。《述而》云:"多見而識之。"《白虎通》引作"志",鄭玄注《周禮・保章氏》云:"志,古文識。"《春秋》僖廿四年《傳》云:"以志吾過。"又昭四年《傳》云:"且曰志之。"十三年《傳》云:"歲聘以志業。"皆古文"識"。《論語》、《左傳》皆出孔壁中,故多古文。賈公彥曰:"古之文字少,'志意'之志與'記識'之志同。後代自有記識之字,不復以志爲識。何晏晉人,改志爲識,而古文遂不可考。後人因循莫能是正,可嘅也。"

【《臧經》頁 1857】 《古論語》:"陳子禽問子貢曰:仲尼焉學。"(《仲尼弟子傳》)《魯論語》:"衛公孫朝問於子貢曰:仲尼焉學。"

[二三] 叔孫武叔語大夫於朝曰:"子貢賢於仲尼。"子服景伯以告子貢。子貢曰:"譬之宮牆,賜之牆也及肩,闚見室家之好。夫子之牆數仞,不得其門而入,不見宗廟之美,百官之富,得其門者或寡矣。夫子之云,不亦宜乎!"

【《方論》頁 14456】 聞之丁希曾先生曰:"此'宮牆'宮字,是《爾雅》'大山宮小山'之宮,謂圍繞之。"觀旭案:《禮記》曰:"君爲廬宮之。"又曰:"儒有一畝之宮。"康成云:"宮爲牆垣也。"是其切證。《左傳》曹人或夢衆君子立於社宮,社非喪國不屋,則無宮室。而《禮》云:"君南鄉於北墉下。"則有牆垣。是社宮亦爲牆,古者以牆爲宮,故築牆曰宮之矣。

［二四］叔孫武叔毀仲尼，子貢曰："無以爲也！仲尼不可毀也。他人之賢者，丘陵也，猶可踰也。仲尼，日月也，人無得而踰焉。人雖欲自絕，其何傷於日月乎？多見其不知量也。"

【《翟四》頁5195】 "多見其不知量也"，邢氏《疏》曰："古人多、祇同。"《左傳》："多見疏也。"服虔本作"祇見"，晉宋杜本皆作"多"。《論語詳解》曰："《易》云：'無祇悔。'"九家本作"無多悔"，亦可證。

【《王經》頁27】 爲，語助也。……無以爲也。（以，用也。爲，語助。……言無用毀也。皇侃《論語疏》曰："使無以爲訾毀。"邢昺《正義》曰："無用爲此毀訾。"皆誤解"爲"字。）

【《王經》頁112】 襄公二十九年《傳》："祇見疏也。"《正義》祇作多，云："多見疏。"猶《論語》云："多見其不知量也。"服虔本作"祇見疏"，解云："祇，適也。"晉宋杜本皆作多，古人多、祇同音。

堯曰第二十

[一]堯曰:"咨!爾舜!天之曆數在爾躬,允執其中。四海困窮,天祿永終。"舜亦以命禹,曰:"予小子履,敢用玄牡,敢昭告于皇皇后帝:有罪不敢赦,帝臣不蔽,簡在帝心。朕躬有罪,無以萬方;萬方有罪,罪在朕躬。"周有大賚,善人是富。"雖有周親,不如仁人。百姓有過,在予一人。"謹權量,審法度,修廢官,四方之政行焉。興滅國,繼絕世,舉逸民,天下之民歸心焉。所重,民、食、喪、祭。寬則得衆,信則民任焉,敏則有功,公則說。

【《王困》頁145】 《論語》:"予小子履,敢用玄牡,敢昭告于皇皇后帝。"孔安國《注》云:"《墨子》引《湯誓》,其辭若此。"《疏》云:"《尚書‧湯誓》無此文,而《湯誥》有之。"又與此小異。惟《墨子》引《湯誓》,其辭與此正同。(元圻案:《墨子‧兼愛下篇》曰:"湯曰:惟予小子履,敢用玄牡,告于上天后。"曰:"今天大旱,即當朕身,履未知得罪於上下。有善不敢蔽,有罪不敢赦。簡在帝心,萬方有罪,即當朕躬,朕躬有罪,無及萬方。"案《墨子》引"湯曰",無"誓"字。且其文曰"今天大旱"下云:"不憚以身爲犧牲。"是湯禱雨之辭,非誓衆之辭矣。惟《國語》内史過引《湯誓》云:"余一人有罪,無以萬夫,萬夫有罪,在予一人。"其辭相類,孔氏遂併以《墨子》

爲引《湯誓》與?……)(此條所引《孔注》,即《集解》所載也。)

【《翟四》頁 5197】《四書辨疑》曰:"……又通看一章經文,自'堯曰'至'公則說',語皆零雜而無倫序,又無主名,不知果誰所言。古今解者終不見有皎然明白可通之說,亦不見有公心肯言不可通解者。惟東坡謂此章雜取《禹謨》、《湯誥》、《泰誓》、《武成》之文,顛倒失次,不可復考,此說爲近人情。"按:《古論·堯曰篇》僅此一章,此蓋是《論語》後序,故專爲篇,而文今不全,故覺其難通解也。……由是類觀,則此章暨《孟子》由舜堯章之爲一書後序,夫何疑耶?"子張問"以下,《古》原別分爲篇,蓋于書成後,續得附編,故又居後序之後。

【《惠九》頁 3894】"善人是富",《戰國策》云:"制海内,子元元,非兵不可。"高誘曰:"元元,善也。"姚察《漢書訓纂》曰:"古者謂人云善人,因善爲元,故云黎元。其言元元者,非一人也。"棟案:《大誓》云:"大賚于四海,而萬姓悅服。"則善人爲黎元察矣。何晏以爲有亂十人,失之。

【《臧經》頁 1857】《古論語》:"敢昭告于皇皇后帝。"《魯論語》:"敢昭告于皇天上帝。"(《白虎通·三軍》)

【《王經》頁 5】以,猶及也。……《周語》引《湯誓》曰:"余一人有罪,無以萬夫。"言無及萬夫也。

【《武經》頁 8517】案:近讀"履"字上屬,"予小子"爲句。據《大戴禮》盧氏《注》引《論語》曰:"履敢用元牡。"是又以"履"字下屬。義並通。

【《王困》頁 149】"雖有周親,不如仁人",孔安國注《論語》,言"雖有管、蔡爲周親,不如箕子、微子之仁人",與注《尚書》異。(原注:《書傳》云:"紂至親雖多,不如周家之少仁人。"朱文公《集注》從《書傳》。)齊按：今《集注》"少"字作"多"字，是。

【《焦論》頁12382】 "允執其中，四海困窮，天祿永終"，《注》："包曰：允，信也。困，極也。永，長也。言爲政信執其中，則能窮極四海，天祿所以長終。"循按：閻百詩《尚書古文疏證》云："四海困窮，不得如《漢注》作好。天祿永終，亦不得作不好。蓋允執厥中，一句一義耳。四海困窮，欲其俯而恤人之窮。天祿永終，則欲仰而承天之福。亦如《洪範》'考終命'，《大雅》'高朗令終'云爾。班彪著《王命論》：'則福祚流于子孫，天祿其永終矣。'《王嘉傳》：'亂國亡軀，不終其祿。'《薛宣朱博傳敘》：'位過厥任，鮮終其祿。'不終、鮮終，方屬弗祥。"

【《劉論》頁14221】 此篇以春秋繼二帝三王之統也。謹權量，如譏初稅畝、用田賦之屬。審法度，如改制質文。修廢官，如辨爵等王國百二十官之屬。興滅國，謂凡書滅，皆當興也。繼絕世，如孫以王父字爲氏、城緣陵、城成周、城杞、嘉紀季，皆善辭也。舉逸民，如嘉叔肸、曹喜時、吳札之義。重民，如征伐、城築之屬悉書。重食，如水旱、螟螽、大饑、告糴、有年之屬，他穀不書，惟麥禾獨書，尤重也。詳崩薨、卒葬、奔喪、會葬、歸賵、含襚，重喪也。詳禘祫、烝嘗，譏立廟、屋壞，重祭也。

[二]子張問於孔子曰："何如斯可以從政矣？"子曰："尊五美，屏四惡，斯可以從政矣。"子張曰："何謂五美？"子曰："君子惠而不費，勞而不怨，欲而不貪，泰而不驕，威而不猛。"子張曰："何謂惠而不費？"子曰："因民之所利而利之，斯不亦惠而不費乎？擇其可勞而勞之，又誰怨？欲仁而得仁，又焉貪？君子無衆寡，無小大，無敢慢，斯不亦泰而不驕乎？君子正其衣冠，尊其瞻視，儼然人望而畏

之,斯不亦威而不猛乎?"子張曰:"何謂四惡?"子曰:"不教而殺謂之虐,不戒視成謂之暴,慢令致期謂之賊,猶之與人也,出納之吝謂之有司。"

【《翟四》頁5200】 《四書纂箋》曰:"韻書屏字上聲者,注云敝也。去聲者,注云除也。屏四惡之屏,當去聲,而舊音丙,可疑。"……《荀子・坐宥篇》:"魯有父子訟者,拘之三月,其父請止。孔子舍之,季孫不說。孔子曰:'嫚令謹誅,賊也。令有時,斂也。無時,暴也。不教而責成功,虐也。已此三者,然後刑可即也。'"《韓詩外傳》三卷:"子貢謂季孫曰:'賜聞之:託法而治謂之暴,不戒致期謂之虐,不教而誅謂之賊,以身勝人謂之責。'""猶之與人也",《韓李筆解》曰:"猶之,當爲猶上。"

【《王經》頁6】 猶,猶均也。……"猶之與人也,出內之吝,謂之有司",猶之與人,均之與人也。

【《劉論》頁14221】 五美、四惡,皆春秋法戒也。秦項之失,皆以四惡也。

[三]子曰:"不知命,無以爲君子也;不知禮,無以立也;不知言,無以知人也。"

【《毛論》頁1984】 知命,即《易傳》"樂天知命",夫子"知天命"之命。陳晦伯作《稽疑》,引《韓詩》及董仲舒《對策》爲解,此真漢儒有師承之言。《韓詩外傳》云:"天之所生,皆有仁義禮智順善之心。不知天之所以命生,則無仁義禮智順善之心,謂之小人。故曰不知命,無以爲君子也。"董仲舒《策》曰:"天令之謂命,人受命于天,固超然異于群生,貴于物也。故曰天地之性人爲貴,明于天性,知自貴于物,然後知仁義禮智。安處善,樂循理,謂之君子。故孔子曰:"不知命,無以爲君子",此之謂也。"

【《臧經》頁1857】《魯論語》無此章。

【《焦論》頁12382】"不知命,無以爲君子也",《注》:"孔曰:命謂窮達之分。"循按:《論語》言"五十而知天命","不知命,無以爲君子。"又云:"死生有命。"又云:"道之將行也與,命也。道之將廢也與,命也。"至於命之爲命,則《孟子》詳言之云:"殀壽不貳,脩身以俟之,所以立命也。莫非命也,順受其正。是故知命者,不立乎巖牆之下,盡其道而死者,正命也。桎梏而死者,非正命也。"又云:"口之於味也,目之於色也,耳之於聲也,鼻之於臭也,四體之於安佚也,性也。有命焉,君子不謂性也。仁之於父子也,義之於君臣也,禮之於賓主也,知之於賢者也,聖人之於天道也,命也。有性焉,君子不謂命也。"皆發明孔子"知命"之說也。死生窮達,皆本於天命。宜死而營謀以得生,命宜窮而營謀以得達,非知命也。命可以不死,而自致於死;命可以不窮,而自致於窮,亦非知命也。故子畏於匡,回不敢死。死於畏,死於桎梏,死於巖牆之下,皆非命也,皆非順受其正也。知命者不立巖牆之下,然則立巖牆之下,與死於畏,死於桎梏,皆爲不知命。味色聲臭安佚,聽之於命,不可營求,是知命也。仁義禮智天道,必得位,乃可施諸天下。所謂道之將行,命也。不得位,則不可施諸天下。所謂道之將廢,命也。君子以行道安天下爲心,天下之命造於君子。孔子栖栖皇皇,不肯與沮溺、荷蓧同其辟世者,聖人於天道不謂命也。百姓之飢寒囿於命,君子造命,則使之不飢不寒。百姓之愚不肖囿於命,君子造命,則使之不愚、不不肖。口體耳目之命,已溺已飢者操之也;仁義禮智之命,勞來匡直者主之也。故己之命聽諸天,而天下之命任諸己,是知命也。君子爲得位者之稱,君一邑,則宜造一邑之命;君一國,則宜造一國之命。視百姓之飢寒不能拯之衽席,視百姓之愚不肖不能開其習俗。徒付之無可如何,是不知命,不知命故無以爲君子。知回何敢死之故,乃知死生有命之命。知天下有道,丘不與易之故,乃知道行道廢之命。第以守窮任運爲知命,非孔子所云知命也。

附：

劉逢祿《論語述何序》

敘曰：《後漢書》稱何邵公精研《六經》，世儒莫及。作《春秋公羊解詁》，覃思不窺門十有七年。又注訓《孝經》、《論語》、風角①七分，皆經緯典謨，不與守文同說。梁阮孝緒《七錄》、《隋·經籍志》，不載何注《孝經》、《論語》之目，則其亡佚久矣。惟虞世南《北堂書鈔》，有"何休《論語》"一條，大類董生正誼明道之旨。史稱董生造次必於儒者，又稱何君進退必以禮。二君者游於聖門，亦游、夏之徒也。《論語》總《六經》之大義，闡《春秋》之微言，固非安國、康成治古文者所能盡。何君既不爲守文之學，其本依於齊、魯、古《論》，張侯所定，又不可知。若使其書尚存，張於六藝豈少也哉？今追述何氏《解詁》之義，參以董子之說，拾遺補闕，冀以存其大凡。孔、鄭諸家所著，區蓋不言。其不敢苟同者，如魯僖禘，妾母不稱夫人，當亦引而不發之旨。九京可作，其不以入室操矛爲誚讓乎？

嘉慶十有七年冬至日，蘭陵劉逢祿譔

---

① 角，原作"甬"，誤，據《後漢書·何休傳》原文改。

圖書在版編目（CIP）數據

論語輯釋 / 陳大齊著；周春健校訂. -- 2 版（修訂本）.--北京：華夏出版社，2016.10
（中國傳統：經典與解釋）
ISBN 978-7-5080-8892-1

Ⅰ.①論…Ⅱ.①陳…②周…Ⅲ.①《论语》－研究 Ⅳ.①B222.25

中國版本圖書館 CIP 數據核字(2016)第 156427 號

論語輯釋

作　　者	陳大齊
校　　訂	周春健
責任編輯	王霄翎
責任印制	劉　洋
出版發行	華夏出版社
經　　銷	新華書店
印　　刷	三河市少明印務有限公司
裝　　訂	三河市少明印務有限公司
版　　次	2016 年 10 月北京第 2 版 2016 年 10 月北京第 1 次印刷
開　　本	880×1230　1/32
印　　張	9.25
字　　數	200 千字
定　　價	49.00 元

華夏出版社　地址：北京市東直門外香河園北里 4 號　　郵編：100028
　　　　　　網址：www.hxph.com.cn　　　　　　　　電話：(010)64663331(轉)
若發現本版圖書有印裝質量問題，請與我社營銷中心聯繫調換。

西方传统：经典与解释
Classici et Commentarii
HERMES
刘小枫◎主编

古今丛编

孟德斯鸠的自由主义哲学——《论法的精神》疏证
[美]潘戈 著

莫尔及其乌托邦
[德]考茨基 著

试论古今革命
[法]夏多布里昂 著

托兰德与激进启蒙
刘小枫 编

图书馆里的古今之战
[英]斯威夫特 著

但丁：皈依的诗学
[美]弗里切罗 著

在西方的目光下
[英]康拉德 著

大学与博雅教育
董成龙 编

探究哲学与信仰——基尔克果与苏格拉底
[美]郝岚 著

民主的本性——托克维尔的政治哲学
[法]马南 著

梅尔维尔的政治哲学——《切雷诺》及其解读
李小均 编/译

席勒美学的哲学背景
[美]维塞尔 著

果戈里与鬼
[俄]梅列日科夫斯基 著

自传性反思
[德]沃格林 著

黑格尔与普世秩序
[美]希克斯 等著

新的方式与制度——马基雅维利的《论李维》研究
[美]曼斯菲尔德 著

科耶夫的新拉丁帝国
[法]科耶夫 等著

《利维坦》附录
[英]霍布斯 著

巨人与侏儒
[美]布鲁姆 著

或此或彼（上、下）
[丹麦]基尔克果 著

海德格尔式的现代神学
刘小枫 选编

双重束缚
[美]基拉尔 著

古今之争中的核心问题
——施米特的学说与施特劳斯的论题
[德]迈尔 著

论永恒的智慧
[德]苏索 著

宗教经验种种
[美]詹姆斯 著

尼采反卢梭
[美]凯斯·安塞尔-皮尔逊 著

舍勒思想评述
[美]弗林斯 著

诗与哲学之争
[美]罗森 著

神圣与世俗
[罗]伊利亚德 著

论古人的智慧
[英]培根 著

但丁的圣约书
[美]霍金斯 著

古典学丛编

雅典谐剧与逻各斯
——《云》中的修辞、谐剧性及语言暴力
[美]奥里根 著

莱园哲人伊壁鸠鲁
罗晓颖 选编

《劳作与时日》笺释
吴雅凌 撰

希腊古风时期的真理大师
[法]德蒂安 著

古罗马的教育
[英]葛怀恩 著

古典学与现代性
刘小枫 编

表演文化与雅典民主政制
[英]戈尔德希尔、奥斯本 编

西方古典文献学发凡
刘小枫 编

古典语文学常谈
[德]克拉夫特 著

古希腊文学常谈
[英]多佛 等著

撒路斯特与政治史学
刘小枫 编

希罗多德的王霸之辨
吴小锋 编/译

第二代智术师——罗马帝国早期的文化现象
[英]安德森 著

英雄诗系笺释
[古希腊]荷马 著

统治的热望
——修昔底德笔下的阿尔喀比亚德和帝国政治
[美]福特 著

论埃及神学与哲学——伊希斯与俄赛里斯
[古希腊]普鲁塔克 著

凯撒的剑与笔
李世祥 编/译

伊壁鸠鲁主义的政治哲学
[意]詹姆斯·尼古拉斯 著

修昔底德笔下的人性
[加]欧文 著

修昔底德笔下的演说
[美]斯塔特 著

古希腊政治理论
[美]格雷纳 著

神谱笺释
吴雅凌 撰

赫西俄德：神话之艺
[法]居代·德·拉孔波 等著

赫拉克勒斯之盾笺释
罗逍然 译笺

《埃涅阿斯纪》章义
王承教 选编

维吉尔的帝国
[美]阿德勒 著

塔西佗的政治史学
曾维术 编

古希腊诗歌丛编

诗歌与城邦
[美]费拉格、纳吉 主编

阿尔戈英雄纪（上、下）
[古希腊]阿波罗尼俄斯 著

俄耳甫斯教祷歌
吴雅凌 编译

俄耳甫斯教辑语
吴雅凌 编译

古希腊肃剧注疏集
希腊肃剧与政治哲学
[美]阿伦斯多夫 著

古希腊礼法
希腊人的正义观
[英]哈夫洛克 著

廊下派集
廊下派的城邦观
[英]斯科菲尔德 著

希伯莱圣经历代注疏
希腊化世界中的犹太人
[英]威廉逊 著

第一亚当和第二亚当
[德]朋霍费尔 著

新约历代经解
属灵的寓意
[古罗马]俄里根 著

基督教与古典传统

无执之道——埃克哈特神学思想研究
[德]文森 著

恐惧与战栗
[丹麦]基尔克果 著

托尔斯泰与陀思妥耶夫斯基
[俄]梅列日科夫斯基 著

论宗教大法官的传说
[俄]罗赞诺夫 著

海德格尔与有限性思想（重订版）
刘小枫 选编

上帝国的信息
[德]拉加茨 著

基督教理论与现代
[德]特洛尔奇 著

亚历山大的克雷芒
[意]塞尔瓦托·利拉 著

中世纪的心灵之旅——波纳文图拉神学著作选
[意]圣·波纳文图拉 著

德意志古典传统丛编

穆佐书简
[奥]里尔克 著

纪念苏格拉底——哈曼文选
刘新利 选编

夜颂中的革命和宗教——诺瓦利斯选集卷一
[德]诺瓦利斯 著

大革命与诗话小说——诺瓦利斯选集卷二
[德]诺瓦利斯 著

黑格尔的观念论
[美]皮平 著

浪漫派风格——施莱格尔批评文集
[德]施莱格尔 著

美国宪政与古典传统

美国1787年宪法讲疏
[美]阿纳斯塔普罗 著

品达注疏集

幽暗的诱惑——品达、晦涩与古典传统
[美]汉密尔顿 著

阿里斯托芬集

《阿卡奈人》笺释
[古希腊]阿里斯托芬 著

色诺芬注疏集

居鲁士的教育
[古希腊]色诺芬 著

色诺芬的《会饮》
[古希腊]色诺芬 著

柏拉图注疏集

哲学的奥德赛——《王制》引论
[美]郝兰 著

爱欲与启蒙的迷醉——论柏拉图的《会饮》
[美]贝尔格 著

为哲学的写作技艺一辩——《斐德若》疏证
[美]伯格 著

柏拉图式的迷宫——《斐多》义疏
[美]伯格 著

人应该如何生活
[美]布鲁姆 著

情敌
[古希腊]柏拉图 著

哲学如何成为苏格拉底式的
[美]朗佩特 著

苏格拉底与希琵阿斯
王江涛 编译

理想国
[古希腊]柏拉图 著

谁来教育老师——《普罗塔戈拉》发微
刘小枫 编

立法者的神学——柏拉图《法义》卷十绎读
林志猛 编

柏拉图对话中的神
[德]薇依 著

厄庇诺米斯
[古希腊]柏拉图 著

智慧与幸福——柏拉图的《厄庇诺米斯》
程志敏 选编

论柏拉图对话
[德]施莱尔马赫 著

柏拉图《美诺》疏证
[美]克莱因 著

政治哲学的悖论——苏格拉底的哲学审判
[美]郝岚 著

神话诗人柏拉图
张文涛 选编

阿尔喀比亚德
[古希腊]柏拉图 著

叙拉古的雅典异乡人——柏拉图《书简七》探幽
彭磊 选编

阿威罗伊论《王制》
[阿拉伯]阿威罗伊 著

《王制》要义
刘小枫 选编

柏拉图的《会饮》
[古希腊]柏拉图 等著

苏格拉底的申辩
[古希腊]柏拉图 著

苏格拉底与政治共同体
[美]尼科尔斯 著

政制与美德——柏拉图《法义》疏解
[美]潘戈 著

《法义》导读
[法]卡斯代尔·布舒奇 著

论真理的本质
[德]海德格尔 著

哲人的无知
[德]费勃 著

米诺斯
[古希腊]柏拉图 著

亚里士多德注疏集

品格的技艺
[美]加佛 著

亚里士多德哲学的基本概念
[德]海德格尔 著

《政治学》疏证
[意]托马斯·阿奎那 著

尼各马可伦理学义疏
——亚里士多德与苏格拉底的对话
[美]伯格 著

哲学之诗——亚里士多德《诗学》解诂
[美]戴维斯 著

对亚里士多德的现象学解释
[德]海德格尔 著

城邦与自然——亚里士多德与现代性
刘小枫 编

论诗术中篇义疏
[阿拉伯]阿威罗伊 著

哲学的政治——亚里士多德《政治学》疏证
[美]戴维斯 著

莎士比亚绎读

莎士比亚的历史剧
[英]蒂利亚德 著

莎士比亚笔下的爱与友谊
[美]布鲁姆 著

莎士比亚戏剧与政治哲学
彭磊 选编

莎士比亚的政治盛典
[美]阿鲁里斯/苏利文 编

丹麦王子与马基雅维利
罗峰 选编

洛克集

上帝、洛克与平等
[美]沃尔德伦 著

卢梭集

论哲学生活的幸福
[德]迈尔 著

致博蒙书
[法]卢梭 著

政治制度论
[法]卢梭 著

哲学的自传——卢梭的《孤独漫步者的遐思》
[法]卢梭 著

文学与道德杂篇
[法]卢梭 著

设计论证——卢梭的《社会契约论》
[美]吉尔丁 著

卢梭的自然状态
[美]普拉特纳 等著

卢梭的榜样人生——作为政治哲学的《忏悔录》
[美]凯利 著

莱辛注疏集

汉堡剧评
[德]莱辛 著

关于悲剧的通信
[德]莱辛 著

《智者纳坦》研究版
[德]莱辛 等著

启蒙运动的内在问题——莱辛思想再释
[美]维塞尔 著

莱辛剧作七种
[德]莱辛 著

历史与启示——莱辛神学文选
[德]莱辛 著

论人类的教育——莱辛政治哲学文选
[德]莱辛 著

尼采注疏集

尼采引论
[德]施特格迈尔 著

尼采与基督教——尼采的《敌基督》论集
刘小枫 编

尼采眼中的苏格拉底
[美]丹豪瑟 著

尼采的使命——《善恶的彼岸》绎读
[美]朗佩特 著

尼采与现时代——解读培根、笛卡尔与尼采
[美]朗佩特 著

动物与超人之间的绳索
[德]A.彼珀 著

施特劳斯集

苏格拉底问题与现代性[增订本]
——施特劳斯演讲与论文集:卷二
[美]列奥·施特劳斯 著

政治哲学与启示宗教的挑战
[德]迈尔 著

霍布斯的宗教批判
[美]列奥·施特劳斯 著

斯宾诺莎的宗教批判
[美]列奥·施特劳斯 著

门德尔松与莱辛
[美]列奥·施特劳斯 著

哲学与律法——论迈蒙尼德及其先驱
[美]列奥·施特劳斯 著

迫害与写作艺术
[美]列奥·施特劳斯 著

柏拉图式政治哲学研究
[美]列奥·施特劳斯 著

阅读施特劳斯
[美]斯密什 著

《会饮》讲疏
[美]列奥·施特劳斯 著

柏拉图《法义》的论辩与情节
[美]列奥·施特劳斯 著

什么是政治哲学
[美]列奥·施特劳斯 著

古典政治理性主义的重生
[美]列奥·施特劳斯 著

施特劳斯与流亡政治学
[美]谢帕德 著

犹太哲人与启蒙——施特劳斯演讲与论文集：卷一
[美]列奥·施特劳斯 著

回归古典政治哲学——施特劳斯通信集
[美]列奥·施特劳斯 著

隐匿的对话——施米特与施特劳斯
[德]迈尔 著

苏格拉底与阿里斯托芬
[美]列奥·施特劳斯 著

驯服欲望——施特劳斯笔下的色诺芬撰述
[法]科耶夫 等著

论僭政（重订本）——色诺芬《希耶罗》义疏
[美]施特劳斯科耶夫 著

施米特集

施米特对自由主义的批判
[美]麦考米特 著

宪法专政——现代民主国家中的危机政府
[美]罗斯托 著

施米特对自由主义的批判
[美]约翰·麦考米克 著

伯纳德特集

古典诗学之路（重订版）
——相遇与反思：与伯纳德特聚谈
[美]伯格 编

弓与琴（重订版）——从柏拉图解读《奥德赛》
[美]伯纳德特 著

神圣的罪业
[美]伯纳德特 著

大学素质教育读本

古典诗文绎读 西学卷·古代编（上、下）

古典诗文绎读 西学卷·现代编（上、下）

中国传统：经典与解释
Classici et Commentarii
经典与解释
刘小枫 陈少明◎主编

《毛诗》郑王比义发微 / 史应勇 著
宋人经筵诗讲义四种 / [宋]张纲 等撰
道德真经藏室纂微篇 / [宋]陈景元 撰
道德真经四子古道集解 / [金]寇才质 撰
皇清经解提要 / [清]沈豫 撰
经学通论 / [清]皮锡瑞 著
药地炮庄 / [明]方以智 著
药地炮庄笺释·总论篇 / [明]方以智 著
青原志略 / [明]方以智 原编
冬灰录 / [明]方以智 著
冬炼三时传旧火 / 邢益海 编
松阳讲义 / [清]陆陇其 著
起凤书院答问 / [清]姚永朴 撰
周礼疑义辨证 / 陈衍 撰
《铎书》校注 / 孙尚扬 肖清和 等校注
韩愈志 / 钱基博 著
论语辑释 / 陈大齐 著
《庄子·天下篇》注疏四种 / 张丰乾 编
荀子的辩说 / 陈文洁 著
古学经子 / 王锦民 著
经学以自治 / 刘少虎 著
从公羊学论《春秋》的性质 / 阮芝生 撰

经典与解释辑刊（刘小枫 陈少明 主编）

1 柏拉图的哲学戏剧
2 经典与解释的张力
3 康德与启蒙
4 荷尔德林的新神话
5 古典传统与自由教育
6 卢梭的苏格拉底主义
7 赫尔墨斯的计谋
8 苏格拉底问题
9 美德可教吗
10 马基雅维利的喜剧
11 回想托克维尔
12 阅读的德性
13 色诺芬的品味
14 政治哲学中的摩西
15 诗学解诂
16 柏拉图的真伪
17 修昔底德的春秋笔法
18 血气与政治
19 索福克勒斯与雅典启蒙
20 犹太教中的柏拉图门徒
21 莎士比亚笔下的王者
22 政治哲学中的莎士比亚
23 政治生活的限度与满足
24 雅典民主的谐剧
25 维柯与古今之争
26 霍布斯的修辞
27 埃斯库罗斯的神义论
28 施莱尔马赫的柏拉图
29 奥林匹亚的荣耀
30 笛卡尔的精灵
31 柏拉图与天人政治
32 海德格尔的政治时刻
33 荷马笔下的伦理
34 格劳秀斯与国际正义
35 西塞罗的苏格拉底
36 基尔克果的苏格拉底
37 《理想国》的内与外
38 诗艺与政治
39 律法与政治哲学
40 古今之间的但丁
41 拉伯雷与赫尔墨斯秘学
42 柏拉图与古典乐教
43 孟德斯鸠论政制衰败
44 博丹论主权

刘小枫集

诗化哲学〔重订本〕
拯救与逍遥〔修订本〕
走向十字架上的真
这一代人的怕和爱〔增订本〕
现代性与现代中国：现代性社会理论绪论
沉重的肉身
圣灵降临的叙事〔增订本〕
罪与欠
西学断章
现代人及其敌人
儒教与民族国家
拣尽寒枝
施特劳斯的路标
重启古典诗学
共和与经纶
设计共和
古典学与古今之争
卢梭与我们
好智之罪：普罗米修斯神话通释
民主与爱欲：柏拉图《会饮》绎读
民主与教化：柏拉图《普罗塔戈拉》绎读
巫阳招魂：《诗术》绎读

编修〔博雅读本〕

凯若斯：古希腊语文读本〔全二册〕
古希腊语文学述要
雅努斯：古典拉丁语文读本
古典拉丁语文学述要
危微精一：政治法学原理九讲
琴瑟友之：钢琴与古典乐色十讲